Jessica Heesen
Medienethik und Netzkommunikation

Jessica Heesen

Medienethik und Netzkommunikation

Öffentlichkeit in der individualisierten Mediengesellschaft

Humanities Online

Bibliografische Information der Deutschen Nationalbibliothek
Die Deutsche Nationalbibliothek verzeichnet diese Publikation in der Deutschen Nationalbibliografie; detaillierte bibliografische Daten sind im Internet über http://dnb.ddb.de abrufbar.

D 93

Frankfurt am Main
www.humanities-online.de
info@humanities-online.de

Erste Auflage 2008
ISBN 978-3-934157-61-3

Gesetzt aus der Stempel Garamond
Umschlaggestaltung: Uwe Adam
Printed in Germany

Dieses Buch ist auch als E-Book erhältlich: www.humanities-online.de

Inhalt

Einleitung

Das Aufkommen interaktiver Medientechniken verlangt eine Neubestimmung des Öffentlichkeitsbegriffs, der seit dem 19. Jahrhundert durch die Massenmedienkommunikation geprägt ist. Auch Definitionen des Öffentlichkeitsbegriffs aus erkenntnistheoretischer und normativer Perspektive werden von der Medienentwicklung berührt. Die vorliegende Arbeit beschäftigt sich mit der Verbindung von Bestimmungen der Öffentlichkeiten apparativer Medien mit solchen Begriffen von Öffentlichkeit, die auf erkenntnistheoretische und normative Diskurse zurückgehen.

Der Begriff Öffentlichkeit umfasst ein ganzes Spektrum von Bedeutungen, zum Beispiel ist mit Öffentlichkeit das für alle sichtbare gemeint, aber auch das Staatswesen oder eine vorgestellte öffentliche Meinung. Die Arbeit betrachtet den Öffentlichkeitsbegriff aus zwei grundlegenden Unterscheidungen: die eine geht aus einer empirisch-deskriptiven Perspektive hervor und erfasst damit solche Öffentlichkeiten, die durch Medien der elektronischen Kommunikation hergestellt werden. Die andere Betrachtungsweise von Öffentlichkeit ist analytisch höherstufig angesiedelt und beschäftigt sich mit der Rolle von Öffentlichkeit für die Sicherung von Geltungsansprüchen – also mit der Frage, inwiefern Öffentlichkeit bestimmt, was *allgemein* als richtig in normativer Hinsicht und als wahr in erkenntnistheoretischer Perspektive betrachtet wird, mit anderen Worten, was wir als gesichertes Wissen akzeptieren.

Interaktivität ist das herausragende Strukturmerkmal der neuen Medientechniken. Die Arbeit beschäftigt sich somit einerseits mit der Frage, wie sich unser Verständnis von Öffentlichkeit durch interaktive Medien verändert, und fragt andererseits: Wie gestaltet sich die Verbindung von normativen und erkenntnistheoretischen Aspekten von Öffentlichkeit mit diesen medientechnisch induzierten Veränderungen?

Medien als Mittel der Welterschließung

Über Medien als Mitteln der Welterschließung konstituieren sich Wirklichkeiten und Handlungsdispositionen, die ethische wie moralische Fragen aufwerfen. Mit der Herstellung von Öffentlichkeiten durch apparative Medien wird diesem Prozess der Wirklichkeitserfassung eine normative Ebene unterlegt.

Ein im weiten Sinne normativer Öffentlichkeitsbegriff ist der (häufig implizite) reflexive Bezugspunkt politischer Konzepte, der zurückliegenden und der aktuellen Forschung wie auch der vorliegenden Arbeit. Öffentlichkeit ist ein Diskurszusammenhang, der eine allgemeine Beteiligungsmöglichkeit bietet. Seine Funktion besteht in der Findung und Darstellung sozialer und moralischer Normen. Wie in der vorliegenden Studie gezeigt werden kann, geht es auch bei der Schaffung einer globalen Informationsgesellschaft um die technische Implementierung eines normativen Öffentlichkeitsbegriffs.

Öffentlichkeit ist somit eine *normative Handlungsbasis*, die einer wertbezogenen Analyse bedarf. In einem gegenüber den Fragen der journalistischen Ethik erweiterten Verständnis reflektiert Medienethik in dieser Arbeit auf die normativen Implikationen einer durch Medienhandeln und Medienöffentlichkeiten disponierten Wirklichkeitswahrnehmung. Medienphilosophie und -ethik verbinden sich, wo durch apparative Medien die Entwicklung von Werten mit der Konstruktion von Wirklichkeit verbunden wird. Öffentlichkeit nimmt hier die Rolle einer pragmatisch-lebensweltlichen Entsprechung von Intersubjektivität ein und versichert so Geltungsansprüche für die Wahrheit und Richtigkeit von Kommunikation auf grundsätzlicher Ebene.

Wo und was ist öffentliche Kommunikation in den Online-Medien?

Für eine Annäherung an die Beantwortung der Frage, in welcher Form Öffentlichkeit in der Internetkommunikation vorliegt, werden auf deskriptiv-empirischer Ebene mit J. Gerhards und F. Neidhardt drei Kommunikationsebenen unterschieden: Episodische Kommunikation, öffentliche Veranstaltungen und Massenkommunikation. Gemeinsam mit den Ergebnissen einer Ausführung über Orte und Räume öffentlicher Kommunikation gibt diese Ebenenbestimmung Aufschluss über das Ob und Wie öffentlicher Kommunikation in komplexen Kommunikationszusammenhängen. Es wird in diesem Zusammenhang ausgeführt, dass die Herstellung eines Raums durch die Wechselwirkung zwischen Menschen stattfindet. Orte hingegen sind Teilbereiche einer gegenständlichen Umgebung, die mit bestimmten kulturellen, symbolischen oder individuellen Bedeutungen versehen sind. Orte können ein gegenständlicher Bereich von Öffentlichkeit sein. Die spezifische Wahrnehmung eines Ortes ist immer auch von der Bedeutungsgenerierung in Interaktionsräumen abhängig, die der Ort selbst wieder rekursiv beeinflusst (A. Giddens). Die Differenzierung zwischen Ort und Raum lässt eine Verhältnisbestimmung von gegenständlich kontextualisierten Lebenswelten mit solchen Erfahrungs- und Kommunikationsräumen zu, die medial hergestellt sind und eröffnet gleichzeitig den Aufweis verschiedener Wirklichkeitsordnungen in Bezug auf virtuelle Handlungsumgebungen.

Systematische Erneuerung des Öffentlichkeitsbegriffs

In einem zentralen Bereich der Arbeit wird ein Beitrag zur Systematik des Öffentlichkeitsbegriffs eingeführt, der dem ideengeschichtlichen Hintergrund des Begriffs wie auch seiner Anwendbarkeit für interaktive und netzartige Kommunikationstechnologien gerecht wird. Die leitenden Unterscheidungen lauten *beobachtende Öffentlichkeit, sozialisierende Öffentlichkeit* und *politische Öffentlichkeit.*

Der Begriff Öffentlichkeit entfaltet sich entsprechend in drei grundlegenden Feldern. 1. Im Kontext der Herstellung von *Wirklichkeiten* (beobachtende Öffentlichkeit). 2. In Bezug auf die Ausbildung personaler *Identitäten* (sozialisierende Öffentlichkeit). 3. Im Rahmen der Ausgestaltung des gesellschaftlichen *Handelns* (politische Öffentlichkeit).

Im Unterschied zu anderen Theorien der öffentlichen Kommunikation (insbesondere J. Habermas), geht es in dem hier entwickelten Konzept um eine Integration lebensweltlicher Reproduktionsleistungen in den Bereich des medialen Handelns. Dieser Ansatz soll einer Verflüssigung der Grenzen zwischen vermachteter Öffentlichkeit (System) und Lebenswelt durch individualisierte Kommunikationsnetzwerke Rechnung tragen.

Beobachtende Öffentlichkeit

Unter dem Begriff beobachtende Öffentlichkeit werden die *Effekte der Beobachtung auf die Weise der Kommunikation* und zum anderen die Wirkung der Beobachtung *auf die Art der Bewertung von Kommunikation* beschrieben. Die mit Abstand meisten Theorien betrachten die Anwesenheit eines beobachtenden Publikums als notwendige Voraussetzung für die Herstellung von Öffentlichkeit. Aus diesem Strukturmerkmal lassen sich Effekte für die Beschaffenheit der Kommunikation ableiten, die bis in eine inhaltliche Bestimmung des Öffentlichkeitsbegriffs hineinreichen. Es geht also darum, inwiefern Medieninhalte durch ihre öffentliche Rezipierbarkeit in Bezug auf

Interpretation (durch das Publikum) und Auswahl (durch die Medienakteure) prädisponiert sind. Darüber hinaus zeigt die Beobachtung der Kommunikation das Zustandekommen von intersubjektiv versicherten Verständigungsräumen an. Allgemeinheit und Beobachtungsmöglichkeit spielen eine entscheidende Rolle für die Sicherung von Geltungsansprüchen in Bezug auf die Wahrheit und normative Güte von Kommunikation.

Im Rahmen dieser Analysen der Antizipation der Beobachterperspektive werden das Fernsehen als gesellschaftliches Leitmedium und das Internet als das populärste interaktive Medium miteinander verglichen. Um den Gegenstandsbereich einer solchen Analyse für die interaktive Kommunikation überhaupt erst eruieren zu können, werden für das Internet zuvor typische Kommunikationsformate auf ihren Öffentlichkeitscharakter hin untersucht (Blogs, private Homepages, Chats).

Für die Analyse der Antizipationen der Beobachterperspektive stehen die Selektionskriterien der Nachrichtentheorie wie etwa der *Aufmerksamkeitsfaktor* (Diskontinuierung, Konfliktdarstellung oder Prominenz) oder Theorien der Medienwirkungsforschung zum Einfluss der öffentlichen Meinung auf die Themensetzung der Massenmedien im Vordergrund. Die wirklichkeitskonstitutive Leistung des Internets und des Fernsehens wird insbesondere unter den Begriffen *Öffentlichkeitseffekt* und *Orientierungswissen* aufgegriffen. Als Öffentlichkeitseffekt wird die besondere Wirkung eines öffentlichen Kommunikationserlebnisses bezeichnet (E. Noelle-Neumann). Das Wissen von einer allgemeinen Rezeption des gleichen Medienprodukts führt zu dessen Anerkennung als Orientierungswissen und auch zu dessen Aufwertung auf normativer Ebene. An dieser Stelle zeigt sich das Problem einer nur strukturell begründeten Aufwertung von Kommunikationsinhalten und Personen, das im Verlauf der Arbeit für die interaktive Kommunikation unter diskurs- und machttheoretischen Aspekten diskutiert wird.

Sozialisierende Öffentlichkeit

Die sozialisierende Öffentlichkeit ist durch ihren Einfluss auf die *Ausbildung von Identität und auf die individuelle gesellschaftliche Integration* bestimmt. Insbesondere Medienöffentlichkeiten tragen zu diesem Integrationsprozess bei, indem sie dem Individuum in einer modernen ausdifferenzierten Gesellschaft Orientierungswissen bieten. Medien sind Bestandteil des individuellen Erfahrungsraums, leiten das

Bild von der gesellschaftlichen Wirklichkeit und sind Reflexionsgrundlage für die Ausbildung der individuellen und gemeinschaftlichen Identität.

Für die Ausarbeitungen zur sozialisierenden Öffentlichkeit stehen die Aspekte *Öffentliche Meinung, Information und Identität* im Vordergrund. Der Begriff öffentliche Meinung umschreibt die »ungeschriebenen Gesetze« einer Gesellschaft und auch einen Standpunkt der Allgemeinheit zu politischen Fragestellungen. Interaktive Medien eröffnen die Möglichkeit zu einer allgemein zugänglichen Kommunikation, die gerade aufgrund ihrer Unabhängigkeit von einer örtlichen Situierung einen Freiraum kommunikativen Handelns schafft. Das Internet – im Unterschied zu den der öffentlichen Meinung eng verbundenen One-to-Many-Medien – ist insofern eine mögliche Quelle für die Findung und Etablierung von Normen abseits von konventionellen Formen der sozialen Kontrolle. Überdies schaffen interaktive Medien eigene medienspezifische Räume personaler Kommunikation, die als virtuelle Handlungsumgebungen einfließen in den Prozess der Konstituierung einer personalen Identität.

Das herausgehobene Beispiel der *privaten Homepage* steht stellvertretend für Gattungen des Internet, die das Individuum in den Vordergrund rücken und gleichzeitig den sozialen Netzwerkcharakter von Kommunikation betonen (Web 2.0). Eine individuelle Homepage fixiert die Darstellung der Person in den Knotenpunkten eines Netzwerks von Informationen, eigenen Produktionen, Textsammlungen und Links. Gleichzeitig zeigt die detaillierte Analyse den Bezug individualisierter Netzpublikationen zur Idee der Authentizität, die im Zusammenhang des Wahrheitsproblems im dritten Teil der Arbeit wieder aufgegriffen wird.

Politische Öffentlichkeit

Öffentliche Kommunikation, insofern sie als politische Öffentlichkeit bezeichnet werden kann, ist notwendig durch eine *thematische Beziehung auf das Allgemeinwohl* gekennzeichnet. Im Rekurs auf John Dewey wird politische Öffentlichkeit zudem abgegrenzt als ein kommunikatives Forum, das sich auf einen Raum geteilter Handlungsfolgen und gemeinschaftlicher Handlungsinteressen bezieht; mit anderen Worten, Öffentlichkeit geht aus der Notwendigkeit demokratischer *Handlungsfolgenkontrolle* hervor.

Die Bestimmung von Handlungsfolgen wie auch die Identifizierung von Handlungsoptionen fällt in komplexen Umgebungen zunehmend schwer. Auch die Internetkommunikation entspricht dieser Tendenz: Die Wahrnehmung der Kommunizierenden staffelt sich nicht von einem physischen Ort aus (G. Anders), sondern Nutzerinnen und Nutzer sind mittels einer ortsungebundenen und gegebenenfalls dezentrierten Präsenz im Netz Subjekte vielfältigster Interaktionen mit unterschiedlichen Realitäten. In der Online-Kommunikation fallen insofern Kommunikation und politische Handlungsfelder sozialräumlich auseinander (O. Jarren). Es wird betont, dass das politische Potenzial der interaktiven Kommunikation nicht in einer Substituierung der One-to-Many-Kommunikation liegt, sondern in ihrem Netzwerkcharakter als solchem, der sie zu dem Aufbau eigener sozialer Umwelten mit transnationalen und problemzentrierten Öffentlichkeiten befähigt.

Trotz einer gewissen Relevanz problemzentrierter Teilöffentlichkeiten (Governance) in national entgrenzten Politikfeldern bleiben höherstufige Legitimationsprobleme in Bezug auf Öffentlichkeit bestehen. Öffentlichkeit ist reflexive Instanz der Handlungsrechtfertigung in individueller und gesellschaftlicher Perspektive. Eine normative Bestimmung individueller Handlungsmöglichkeiten durch die Allgemeinheit führt zu einem Spannungsverhältnis zwischen individueller Freiheit und staatspolitischer Ordnung. Nach Habermas soll ein diskursethisch begründeter normativer Öffentlichkeitsbegriff den Widerspruch zwischen der individuellen Vielfalt der Lebensstile und Auffassungen und der für ein Gemeinwesen notwendigen Einigung auf eine gemeinsame Handlungspraxis ausgleichen. Viele Positionen stellen den rationalen Kern des öffentlichen Diskurses jedoch in Frage und diagnostizieren eine Ideologisierung des Privatbereichs durch das partizipatorische Demokratieverständnis (in Aspekten M. Foucault, R. Koselleck, N. Luhmann). Potenziale des Internet in Bezug auf die Erzeugung kommunikativer Macht werden hier und im späteren Argumentationsverlauf gegenüber möglichen totalisierenden Tendenzen der Netzkommunikation abgewogen.

Normativität und interaktive Medien

Die Potenziale der öffentlichen Netzkommunikation im Vergleich mit den Rechtsnormen und medienethischen Grundsätzen der Massenmedien werden im dritten Teil der Arbeit im Zusammenhang einer Analyse der Funktionsaufträge des Rundfunks differenziert bewertet. Eine in den Vergleich zwischen Rundfunk und Online-Medien einführende Explikation zu *Interaktivität als Leitdifferenz* verdeutlicht die strukturellen Unterschiede zwischen Rundfunk und Netzwerkkommunikation. Für eine systematische Analyse der sprachlichen Verwendung des Begriffs Interaktivität werden das Maß an Wechselseitigkeit und personaler Ausrichtung der Interaktionsbeziehung als Kriterien gewählt. Auf diese Weise kann gezeigt werden, ob beziehungsweise wie mediale und informationstechnische Interaktivität überhaupt Erwartungen in Bezug auf eine normativ gehaltvolle Kommunikation erfüllen können. Interaktivität ist der Schlüssel zu einer Individualisierung der Medien und somit der Anlass für eine konzeptionelle Verhältnisbestimmung zwischen öffentlicher Kommunikation einerseits und institutionell nicht verankerten, individuellen Medienproduktionen andererseits. Unter diesen Gesichtspunkten rücken insbesondere folgende durch Interaktivität hervorgerufene Wirkungen und Problemlagen in den Vordergrund:

(1) Die Auswirkung auf die *Entstehung von Öffentlichkeit* in Kommunikationsnetzwerken wie dem Internet. Interaktive Medienkommunikation ist hier wie bereits angesprochen gleichbedeutend mit der Verwirklichung eines medialen, delokalisierten Handlungsraums.

(2) Die Auswirkungen in Bezug auf *normative Erwartungen*, die mit Medienöffentlichkeiten verbunden sind. Die Möglichkeit zur aktiven Teilnahme an einer allgemeinen Kommunikation stellt den oder die Einzelne/n in den Kontext eines bislang institutionell abgesicherten Wertekanons öffentlichen medialen Handelns. Können die Erwartungen, die mit Öffentlichkeit in Hinblick etwa auf Geltungsansprüche verbunden sind, gewahrt werden, oder entstehen Teilbereiche von Öffentlichkeit, die außer den strukturellen Voraussetzungen nichts mehr mit Öffentlichkeit als »transzendentaler Illusion« (Luhmann) oder politischen Legitimationsmodellen gemein haben?

(3) Die Neubestimmung der Idee der *Emanzipation des Subjekts* durch einen selbstständigen Mediengebrauch.

(4) Die Auswirkungen interaktiver Nutzungsmöglichkeiten auf *Inhalt und Spektrum der Angebote* im Internet, in der Sprache der Massenmedien also die Wirkung auf das Programm.

Aufgaben der Medien für die Gemeinschaft

Die Aufträge und Werte öffentlicher Kommunikation, wie sie für den öffentlich-rechtlichen Rundfunk gesetzlich formuliert sind, beziehen sich insbesondere auf *Qualität (Wahrheit, Meinungsbildungsrelevanz), Öffentlichkeit, Förderung der Freiheit und Schutz der Privatsphäre.*

Diese Wertannahmen werden philosophisch-systematisch für Massen- und Onlinekommunikation reflektiert.

Aus erkenntnistheoretischer Perspektive ist in diesem Zusammenhang der Wahrheitsbegriff zentral. Nach einer Auseinandersetzung mit Problemen der Wahrheitspflicht für das Internet auf der Basis der journalistischen Ethik wird die Wahrheit der Medien auf höherstufiger Ebene in Auseinandersetzung mit N. Luhmann, G. Anders und J. Baudrillard als Problem der Realitätserfassung behandelt. Mediale Interaktivität ist eine maßgebliche technische Voraussetzung für die Implementierung virtueller Handlungen und Erfahrungen in den individuellen Wirklichkeitshorizont. Interaktiv oder massenmedial erzeugte Realitäten sind deshalb auf ihre Relevanz und Verantwortung für die individuelle und allgemeine Handlungskoordinierung zu befragen.

Relativierungen des Wirklichkeits- und des Wahrheitsbegriffs von Seiten der klassischen wie auch der konstruktivistischen Medientheorie müssen nicht zu einer Schwächung des journalistischen Ethos führen. Auf der Grundlage der Diskursethik (J. Habermas, K.-O. Apel) kann gezeigt werden, dass die Geltungsansprüche Wahrheit, normative Richtigkeit und subjektive Wahrhaftigkeit von Unsicherheiten der Erkenntnis auf grundsätzlicher Ebene insofern unberührt bleiben, wie sie der intersubjektiven Verständigung in Hinblick auf Integration und Handlungskoordination dienen.

Freiheit und Individualisierung der Mediennutzung im Konflikt

Eine der maßgeblichen Aufgaben der Medien besteht in der Förderung der Freiheitsrechte. Der Rundfunk einerseits und das Internet andererseits spiegeln ideologische Brüche im Kontext des Freiheitsverständnisses wider. Es wird dargelegt, dass die Internetnutzung einem Verständnis korrespondiert, das Freiheit als Unabhängigkeit von allen Beschränkungen in normativer und materieller Perspektive interpretiert, wogegen der Rundfunk sich auf einen normgeprägten und kontextuell relativierten Autonomiebegriff bezieht.

Im abschließenden Teil der Arbeit wird gesondert nach zwei aus normativer Perspektive besonders bedeutenden Implikationen medialer Interaktivität gefragt. Wie verhalten sich als eben solche Individualisierung (U. Beck, A. Honneth) und Freiheit zueinander, und wie verhält sich Öffentlichkeit zu den Autonomieansprüchen interaktiver Mediennutzung?

Die Konzentration auf den Einzelnen in den interaktiven Medien ist ambivalent, da die angestrebte Entfaltung des Individuums einer strukturellen Förderung des Eigennutzgedankens gegenübersteht, der selbst wieder der Schaffung eines Höchstmaßes an Freiheit für alle entgegenläuft. Es muss unterschieden werden zwischen einer freiheitlichen Individualisierung, gekennzeichnet durch die Attribute selbstbestimmt, einmalig und kreativ, und einer repressiven Individualisierung, charakterisiert durch Standardisierung und die Abhängigkeit von entfremdeten Strukturen (Th. W. Adorno, U. Beck).

Totalität der elektronischen Kommunikation

Mehr noch als die Massenkommunikation führt die Netzwerkkommunikation zu einer Normalisierung des Scheinvertrauten (G. Anders). Um die Totalisierungstendenzen medialer Wirklichkeitserfahrung zu kompensieren, aber auch um dem Ort und seinen spezifischen Anmutungsqualitäten (G. Böhme) Geltung zu verschaffen, ist – neben der Pluralität auf der Ebene der Meinungsbildung – eine Pluralität der möglichen Erfahrung von Wirklichkeit zu fordern. Mit der Schaffung von Bereichen ohne Informations- und Kommunikationstechnik erfährt der Grundsatz der kommunikativen Selbstbestimmung (A. Roßnagel) eine positive Erweiterung, der von dem Druck einer allgegenwärtigen Erreichbarkeit entlastet und Selbstentfaltung um die Perspektive einer *selbstständigen* Vergegenwärtigung sozialer und gegenständlicher Kontexte erweitert. Wenn auch das Zurückdrängen der oftmals nützlichen und hilfreichen elektronischen Kommunikation aus der alltäglichen Umgebung unbegründet und illusionär erscheint, so gibt es doch gute Gründe für die gedankliche wie auch die praktische Einrichtung von IT-freien Gebieten. Die *Idee* von IT-freien Zonen dient als kontrafaktische Orientierungshilfe und als Gedankenexperiment zur Erweiterung der Vorstellungskraft in der Erfahrung von Wirklichkeiten. Darüber hinaus erfährt die Möglichkeit zur Kommunikationsverweigerung einen symbolischen Ausdruck, der Selbstbestimmungsinteressen und Diskurse zu artikulieren hilft. *Konkret* können IT-freie Zonen auf individueller Ebene temporär (keine Nutzung für einen bestimmten Zeitraum) oder lokal (es sind keine entsprechenden Technologien vorhanden) eingerichtet werden. Dabei geht es nicht darum, im Sinne einer Entfremdungstheorie die Medienerfahrung als Ganze zu negieren, denn wie gezeigt wird, entfalten mediale Umwelten eigene Wirklichkeiten, die normativ so ambivalent sind wie andere soziale Kontexte auch. Es geht jedoch darum, informationstechnischen Totalisierungstendenzen durch differente Reflexionsperspektiven zu begegnen, die eine Vergegenwärtigung der medialen Herstellungen von Wirklichkeiten, das heißt der Selektion, Modifikation und Selbstreferenzialität, überhaupt erst möglich macht.

Pluralistische Medienkommunikation für die Allgemeinheit

Die Pflege der Meinungsäußerungsfreiheit ist Grundlage der Informations- und Medienethik wie auch unabdingbare Voraussetzung zum Erhalt der Entscheidungs- und Handlungsfreiheit. Der Meinungsäußerungsfreiheit entspricht auf gleicher Ebene das Recht auf Informationsfreiheit. Das Internet unterstützt aufgrund seiner Pluralität und seiner einfachen Möglichkeiten zur Bereitstellung und zum Empfang von Informationen die Informationsfreiheit. Massenmedien, die durch einen Funktionsauftrag gebunden sind, empfehlen sich jedoch weiterhin als Forum des allgemeinen und öffentlichen Meinungsstreits. Themenselektion, Allgemeinverständlichkeit, Interessenausgleich und institutionelle Kontrolle etwa sind Eigenschaften und Leitkriterien der Berichterstattung, die gerade *komplementär* zur Internetkommunikation geeignet sind, einen normativ anspruchsvollen gesellschaftlichen Diskurs in solidarischer Verantwortung hervorzubringen. Nur wenn das Internet als Medium der nicht-reglementierten Medienproduktion Bestand hat, werden seine Potenziale für die bürgerschaftliche Willensbildung und die gesellschaftliche Integration ausgeschöpft. Medienfreiheit und der emanzipatorische Anspruch der interaktiven Mediennutzung lassen sich nur dann einlösen, wenn Individualisierung konzeptionell mit institutionell abgesicherten Formen der Differenzwahrung verbunden ist.

1. Medienöffentlichkeiten, Erkenntniskritik und Wertediskurs

1.1. Medien der Wahrnehmung und der Kommunikation

Im 20. Jahrhundert rückte der Medienbegriff in das Zentrum gesellschaftlicher Selbstverständigungsdiskurse. Die Informationstechnik nimmt eine hervorgehobene Rolle in der Prägung kultureller Deutungsmuster ein. In der Medienforschung ist eine Hinwendung zu den kulturellen wie auch den noch grundlegenderen erkenntnistheoretischen Dimensionen des Medienbegriffs zu beobachten. Medien sind Mittel der menschlichen Welterschließung, als der Weise, wie wir Wirklichkeiten im Prozess des Erkennens als für uns erkennbare gestalten. Über diese Formen der medial vermittelten Wirklichkeitswahrnehmung werden wiederum Handlungsdispositionen geschaffen, die ethische wie moralische Fragen aufwerfen.

Wohl wenige andere Begriffe haben das 20. Jahrhundert in einem ähnlich hohen Maße geprägt wie der Medienbegriff. Das zurückliegende Jahrhundert ist historisch mit einer immensen Fortentwicklung und Verbreitung der Medientechnologien verbunden. Der Hörfunk stand zu Beginn der 1920er Jahre am Anfang der Entwicklung der elektronischen publizistischen Medien, die in den 1950er Jahren mit der allgemeinen Etablierung des Fernsehens fortschritt. In den 1980er Jahren sorgte in der Bundesrepublik Deutschland, in anderen Ländern schon früher, die Einführung von Breitbandkabeln und Satellitenrundfunk für eine Expansion der Programmangebote und eine fortsetzende Privatisierung eines in den meisten Ländern der Europäischen Union vormals öffentlich-rechtlich organisierten Rundfunkangebots. Flankiert wurde diese Entwicklung von dem allmählichen Aufkommen des Internet und der dazu gehörigen elektronischen Post. Dieser Anwendungsbereich der Informations- und Kommunikationstechnik erlebte in den 1990er Jahren einen Boom. An der Schwelle zum 21. Jahrhundert bahnte sich eine weitere Technologie den Weg, die unter der Bezeichnung Ubiquitous Computing die Miniaturisierung und Implementierung der Informationstechnik in den Bereich der gegenständlichen Umwelt, also die Herstellung einer »intelligenten« Umgebung, ermöglicht.

Aber nicht nur für den Bereich der Sachtechnik nahm die Bedeutung der elektronischen Medien zu, der Medienbegriff rückte gleichzeitig in das Zentrum gesellschaftlicher Selbstverständigungsdiskurse. In der öffentlichen Diskussion wird und wurde er vor allem in sozial- und politikwissenschaftlicher Perspektive unter den Aspekten »Macht der Medien«, »Mediendemokratie« oder in Bezug auf die journalistische Ethik behandelt. Im philosophischen und medienwissenschaftlichen Diskurs hat eine Rückbesinnung auf einen historisch grundgelegten Begriff von Medialität stattgefunden, der sich weitgehend unabhängig von den Diskursen zur elektronischen Medienkommunikation über erkenntnistheoretische Dimensionen von Medialität zu vergewissern sucht.

Angesichts dieser zahlreichen Ebenen des Medienbegriffs und der überwältigenden Gegenwärtigkeit apparativer Medien im Alltag der Industrienationen sind Aspekte der Mediennutzung, ähnlich wie Herausforderungen, die etwa durch Biotechnologien oder Globalisierungsfortschritte hervorgerufen werden, zu einem reflexiven Bezugspunkt aktueller Debatten über gesellschaftliche Entwicklungsperspektiven geworden. Mit J. D. Bolter kann man die Informations- und Kommunikationstechnik (IT) als eine *defining technology* bezeichnen:

> A defining technology develops links, metaphorical or otherwise, with a culture's science, philosophy, or literature; it is always available to serve as a metaphor, example, model, or symbol. A defining technology resembles a magnifying glass, which collects and focuses seemingly disparate ideas in a culture into one bright, sometimes piercing ray. Technology does not call forth major cultural changes by itself, but it does bring ideas into a new focus by explaining or exemplifying them in new ways to larger audiences.[1]

Die Informationstechnik findet in zwei sich teilweise überschneidenden Bereichen Anwendung: zum einen als Computertechnik für Wissenschaft, Güterproduktion, Vermarktung, Logistik oder Telematik insgesamt. Hier steht der Datenverkehr zwischen Softwareprogrammen im Vordergrund. Zum anderen als Mittel der Kommunikation zwischen Menschen, der interpersonalen Kommunikation, sei es in den publizistischen Medien oder in Bezug auf die Individualkommunikation wie zum Beispiel Telefon oder E-Mail.

Kommunikationstechniken haben nicht nur aufgrund ihrer räumlichen Ausdehnung und ihres Anwendungsspektrums einen besonders weit reichenden Einfluss, sondern auch deshalb, weil sie im Bereich der interpersonalen Kommunikation Vermittlungsfunktionen in öffentlichen Gesellschaftsbereichen und lebensweltlichen Kontexten

1 Jay David Bolter, Turing's man. Western Culture in the Computer Age, London 1984, 11.

wie Berufsleben oder Familie haben, wo sie unsere verbale Kommunikation als *Ausdrucks*mittel und *Reflexions*mittel prägen. Sie kommen dort zum Einsatz, wo sich Gesellschaften und Individuen über sich selbst, über ihre Handlungsweisen und Wertvorstellungen verständigen. Die Bereitschaft zur Mediennutzung ist jedoch selbst wieder Ausdruck bestimmter Präferenzen. Der Informations- und Kommunikationstechnik werden bei wachsender gesellschaftlicher Etablierung stetig mehr Möglichkeiten geboten, die Form der Kommunikation zu strukturieren, aber auch die Definitionsmacht über metaphorische oder symbolische Orientierungen zu erhalten. Medientechniken, wie Technologien allgemein, eröffnen bestimmte Pfade zur Erschließung der menschlichen Umwelt. Sie bestimmen, in welcher Weise wir uns der gegenständlichen und sozialen Realität nähern. In erkenntnistheoretischer Perspektive sind Technologien »Filter«, die zwischen dem Subjekt und der erfahrbaren Umwelt stehen. Sie sind damit Mittel der menschlichen Welterschließung, also der Weise, wie wir Wirklichkeiten im Prozess des Erkennens als für uns erkennbare gestalten.

Das grundsätzliche Problem der Veränderung von Wahrnehmungsperspektiven wie auch kultureller und gesellschaftlicher Verhältnisse durch die Medientechnik gewann mit dem Aufkommen der kritischen Medientheorie seit der zweiten Hälfte des 20. Jahrhunderts vermehrte Aufmerksamkeit. Unter dem Motto »the medium is the message« brachte der Medienwissenschaftler Marshall McLuhan[2] die Wandlung des Mediums vom bloßem Vermittlungsorgan zum selbstständigen Träger von Bedeutungen zum Ausdruck. Der kanadische Medienwissenschaftler Harold A. Innis behauptete die Fähigkeit der Medien zur Schaffung eigener Umwelten und untersuchte die Effekte der Kommunikationstechnik auf die Formen sozialer Organisation.[3] Insgesamt ist die Tendenz abzulesen, Themen der Kommunikations- oder Medientheorie in einem wachsenden Maß mit grundlegenden kulturwissenschaftlichen Fragestellungen zu verknüpfen.[4]

2 Marshall McLuhan, Die magischen Kanäle. Frankfurt am Main 1970 (engl.: Understanding media. The extensions of man).

3 Harold Adams Innis, The bias of communication. Reproduktion der Ausgabe 1951, Toronto 1964. Ders., Empire and communications. Hg. v. D. Godfrey, Victoria/Toronto 1986 (Erstauflage 1950).

4 Zum Beispiel: Régis Debray, Manifestes médiologiques. Paris 1994; Vilém Flusser, Die Revolution der Bilder. Der Flusser-Reader zu Kommunikation, Medien und Design. Mannheim 2. Aufl. 1996; John B. Thompson, The media and modernity. A social theory of the media. Stanford, California 1995. Joshua Meyrowitz, Die Fernsehgesellschaft. Wirklichkeit und Identität im Medienzeitalter, übs. v. Michaela Huber, Weinheim 1987; Stefan Müller-

Konstruktivistische medienwissenschaftliche Strömungen haben die Beteiligung der apparativen Medien an der Selbstorganisation sozialer Wirklichkeit und der entsprechenden individuellen Bewusstseinsformen durch die Medien betont.

> Mit Medien sollen deshalb hier alle jene materialen Techniken und gesellschaftlich verbreiteten Formen ihrer Verwendung gemeint sein, welche die kollektive Gestaltung von Wahrnehmung und Erfahrungsbildung in der Lebenswelt bestimmen. [...] Kurz gesagt geht es um die Beteiligung von Medien an der Emergenz nichtintentionaler lebensweltlicher Strukturen.[5]

Konstruktivistische Medientheorien wie auch Theorien zum Verhältnis von Medientechnik und Kultur tendieren zu einer *Auflösung eines gegenständlichen zu Gunsten eines erkenntnistheoretischen Medienbegriffs*. Medien kommen beispielsweise nach S. J. Schmidt eine Schlüsselfunktion bei der Kopplung personaler Selbstreflexion und sozialer Lebensbereiche zu. Medien als Räume der Strukturierung gesellschaftlicher Wissensbestände nehmen hier die zentrale Rolle für die Weisen dieser Kopplung wie auch die Konstruktion eines gesellschaftlichen Wirklichkeitsmodells ein, so dass Schmidt die Begriffe Kultur und Medium in seinem Konzept der Medienkultur identifizieren kann.[6]

Kultur- und technikphilosophischen Abhandlungen gemeinsam geht es um eine grundsätzliche Untersuchung der Weisen, in denen Medien Handlungsdispositionen schaffen. In technikphilosophischen Abhandlungen wird Technik insgesamt als Medium begriffen, das eine Konzeptualisierung von Möglichkeitsräumen und äußeren Gegebenheiten hervorbringt und auf diese Weise die Realisierungsbedingungen unserer Handlungen prägt.[7]

Wenn auch die Ansätze der Medienphilosophie einerseits aus einem höherstufigen Konzept von Medialität und andererseits die der Medienwissenschaft bislang hauptsächlich aus den Erfahrungen mit den Massenmedien Hörfunk, Fernsehen und Kinofilm gewonnen wurden, so sind sie doch auch für den Bereich der interaktiven digitalen Medien

Doohm/Klaus Neumann-Braun (Hg.), Öffentlichkeit, Kultur, Massenkommunikation. Beiträge zur Medien- und Kommunikationssoziologie (Studien zur Soziologie und Politikwissenschaft), Oldenburg 1991.

5 Monika Elsner u. a., Zur Kulturgeschichte der Medien, in: Klaus Merten/Siegfried J. Schmidt/Siegfried Weischenberg (Hg.), Die Wirklichkeit der Medien. Eine Einführung in die Kommunikationswissenschaft, Opladen 1994, 163–187, 163 f.

6 Siegfried J. Schmidt, Kognitive Autonomie und soziale Orientierung, Frankfurt am Main 1994.

7 Vgl. Christoph Hubig, Mittel, Bielefeld 2002, 23 f.

tragfähig. Gemeinsam ist allen Positionen die Betonung des wechselseitigen Bedingungsverhältnisses zwischen medientechnischen Entwicklungen und bestimmenden gesellschaftlichen Erfahrungsweisen, Organisationsformen und Wertvorstellungen, sei es in ihrer Anwendung als täglicher Gebrauchsgegenstand oder als Mittel der individuellen Wirklichkeitserschließung.

1.2. Wertvorstellungen orientieren die Medientechnik

Das Leitbild Informationsgesellschaft ist Ausdruck des wechselseitigen Bedingungsverhältnisses von gesellschaftlichen Wunschvorstellungen und technisch Machbaren. Bei der Schaffung einer globalen Informationsgesellschaft geht es um die technische Implementierung eines normativen Leitbegriffs. Die Informationstechnik kann in diesem Zusammenhang als substantiierte Form des Universalismus in der Denktradition der Aufklärung bezeichnet werden. Aus der Verbindung der demokratischen Grundsätze »allgemeine Partizipation« und »Diskursivität« mit dem Universalisierungsgedanken als ethischem Begründungsmodell geht ein normativer Begriff von Öffentlichkeit hervor.

Theodor W. Adorno brachte 1953 in einer Rede vor dem Publikum der Technischen Hochschule Karlsruhe seine Auffassung über das Verhältnis von Technik und Gesellschaft folgendermaßen zum Ausdruck: »Es gibt keine technologische Aufgabe, die nicht in die Gesellschaft fällt. Ihre Aufgaben kommen Ihnen [den Ingenieuren J.H.] in Gestalt von Aufträgen von der Gesellschaft zu.«[8] Wie sich das Verhältnis zwischen Technik und Gesellschaft näher gestaltet, ist Gegenstand unzähliger Forschungsarbeiten der unterschiedlichsten wissenschaftlichen Disziplinen. Adorno legt seine Vorstellung dazu für die Ingenieure dar, indem er von *Aufgaben* von der Gesellschaft spricht. Das Stellen einer Aufgabe beinhaltet die Ausrichtung auf einen bestimmten Zweck, für dessen Erreichen Lösungsansätze gesucht werden. Doch wie sollen diese Zwecke gesetzt werden? Sie bedürfen ebenso wie die Mittel zu ihrer Durchsetzung verschiedener Formen der Rechtfertigung. Diese Notwendigkeit der Rechtfertigung technischer Innovationen hatte Adorno im Blick, als er von den Aufgaben der Techniker, der Ingenieure (oder in neuerer Zeit: der Informatiker/innen) sprach. Gemeint

8 Theodor W. Adorno, Über Technik und Humanismus, in: Hans Lenk/Günther Ropohl (Hg.), Technik und Ethik, 2. Aufl. Stuttgart 1993, 22–31, 23.

ist damit die Gegenwärtigkeit der Reflexion auf die Wechselwirkung zwischen technischen Objekten einerseits und ihrer soziokulturellen Formkraft andererseits im Hinblick auf eine »menschenwürdig [eingerichtete] Gesellschaft«[9] als dezidiert moralische Aufgabenstellung.

Insbesondere der Wertproblematik wird in der aktuellen Technikethik in diesem Zusammenhang große Aufmerksamkeit geschenkt. Eine Richtlinie des Vereins Deutscher Ingenieure (VDI) zur Technikbewertung formuliert: »*Werte* kommen bei technischen Zielsetzungen und Entscheidungen mithin in zweifacher Weise zur Geltung: [...] innerhalb der allgemeinen gesellschaftlich-kulturellen Rahmenbedingungen [und] als individuelle Orientierungsgesichtspunkte für Präferenzen.«[10] Auch die Technikgeneseforschung hat sich in der Debatte um den Leitbildbegriff mit der Frage nach der Rolle gesellschaftlicher Wertvorstellungen für die Technikentwicklung auseinandergesetzt.[11] Leitbilder wie zum Beispiel »Vernetzung« oder »Konvergenz« sind Orientierungsgrößen und Motivationen für die Umsetzung technischer Entwicklungen, die in der Regel unter technischen Laien und in der Gesellschaft allgemein durch eine hohe Akzeptanz legitimiert sind. Leitbilder sind relativ offen für unterschiedliche Interpretationen. Sie wirken aufgrund ihrer Allgemeinheit unproblematisch. Leitbilder und Leitbegriffe integrieren unterschiedliche Vorstellungen vor allem aufgrund ihrer Ungenauigkeit und ihrer Anwendbarkeit auf die unterschiedlichsten Phänomene. Sie geben Dingen und Vorkommnissen einen einheitlichen Begriff, mit dem aber in unterschiedlichen Kontexten verschiedene Assoziationen verbunden sind. Sie reduzieren einerseits komplexe Zusammenhänge und ermöglichen andererseits aufgrund ihrer Unterbestimmtheit die Integration verschiedener Vorstellungen aus kultureller, emotionaler oder sozialer Perspektive. »Leitbilder bündeln die Intuitionen und das (Erfahrungs-) Wissen der Menschen darüber, was ihnen einerseits als machbar und andererseits als wünschbar erscheint.«[12] Leitbilder verdeutlichen, dass Techniken

9 Ebd., 29.

10 VDI-Richtlinie 3780, Technikbewertung. Begriff und Grundlagen, 1991, 6. Zur Bedeutung der Wertethik für die Technikbewertung vgl. Christoph Hubig, Technik- und Wissenschaftsethik. Ein Leitfaden, Heidelberg 1993.

11 Zum Leitbildbegriff vgl. Hans Dieter Hellige (Hg.), Technikleitbilder auf dem Prüfstand. Leitbild-Assessment aus Sicht der Informatik- und Computergeschichte, Berlin 1996.

12 Lutz Marz/Meinolf Dierkes, Leitbildprägung und Leitbildgestaltung. (Zum Beitrag der Technikgenese-Forschung für eine prospektive Technikfolgen-Regulierung), in: Gotthard Bechmann/Thomas Petermann (Hg.), Interdisziplinäre Technikforschung. Genese, Folgen, Diskurs, Frankfurt/New York 1994, 35–72, 38.

nicht einfach in ihrer Funktionalität zu begreifen sind, sondern dass sie darüber hinaus für etwas Anderes stehen, das zur Konstituierung der jeweiligen technischen Medien beiträgt. Mit dem Leitbildkonzept ist über seine analytischen Stärken hinaus der Gedanke verbunden, schon in einem sehr frühen Stadium der technischen Entwicklung die damit einhergehenden Ideale und geistesgeschichtlichen Kontexte sichtbar zu machen. Auf diese Weise könne nach Meinolf Dierkes und Lutz Marz ein weiteres ethisch-normatives Mittel der Technikfolgenbewertung und der Techniksteuerung gewonnen werden.[13]

Häufig sind Technikfolgenabschätzung und -bewertung jedoch erst dann gefragt, wenn Konflikte bei der Etablierung eines technischen Produkts auftreten (zum Beispiel Kernkraftwerke), oder aber, wenn die Eröffnung längerfristiger Nutzungsoptionen bestimmter Techniken im Sinne eines Dammbruchs neue unerwünschte Techniken hervorbringt (zum Beispiel von der Analyse der Gene zu deren Manipulation). Werte und Zwecksetzungen, die zu der Entwicklung von Technologien geführt haben, können gegen sich selbst gewendet werden, indem sie in einem komplexen und unflexiblen technischen System aus dem Handlungsfeld der »Autoren« – der Bürgerinnen und Bürger, die der Idee nach in demokratischen Gesellschaften über Verfahrensregeln und Gesetzgebungsprozesse Einfluss geltend machen[14] – der technischen Ordnungen heraustreten und damit deren Selbstbestimmungsinteressen verletzen.

Das für den Zusammenhang der vorliegenden Arbeit bedeutsame Leitbild Informationsgesellschaft avancierte zu einem Motor der aktuellen gesellschaftlichen Entwicklung. Es manifestiert sich einerseits bereits in einer Vielzahl technischer Entwicklungen, andererseits ist es aber auch Ausdruck bestimmter sozialer und politischer Zukunftsvisionen, die einer diskursiven Auseinandersetzung offen stehen. An der Auseinandersetzung mit dem Leitbild Informationsgesellschaft soll gezeigt werden, dass es eine besondere Nähe zu einem für die westlichen Gesellschaften grundlegenden Öffentlichkeitsbegriff hat.

13 Vgl. Lutz Marz/Meinolf Dierkes, Leitbildprägung und Leitbildgestaltung. Zum Beitrag der Technikgenese-Forschung für eine prospektive Technikfolgen-Regulierung, Veröffentlichungsreihe der Abteilung Organisation und Technikgenese des Forschungsschwerpunkts Technik-Arbeit-Umwelt des Wissenschaftszentrums Berlin für Sozialforschung (WZB), FS II, 92-105.

14 Vgl. Jürgen Habermas, Anerkennungskämpfe im demokratischen Rechtsstaat, in: Charles Taylor, Multikulturalismus und die Politik der Anerkennung. Mit Kommentaren von Amy Gutmann (Hg.), Steven C. Rockefeller, Michael Walzer, Susan Wolf. Mit einem Beitrag von Jürgen Habermas, 147–196, 163 f., Frankfurt am Main 1993.

Der Begriff Informationsgesellschaft hat einen der prominentesten, wenn nicht *den* prominentesten Rang in der Reihe der Leitbilder des angebrochenen Jahrtausends. Er hat eine Reihe von Konnotationen wie beispielsweise Innovation, Wissen, Mobilität, Transparenz, Partizipation oder Globalisierung. Seine thematische Breite verdeutlicht die Unbestimmtheit des Begriffs, gleichzeitig verweist sie auf die gesellschaftliche Eingriffstiefe der neuen Technologien. Die Selbsttransformation der Industriegesellschaften hin zu den so genannten Informationsgesellschaften geht auf den Trend zurück, Warenproduktion, Warenverkehr, Kommunikation und Wissensbestände elementar mit den Informations- und Kommunikationstechnologien zu verknüpfen. Die IT ist jedoch nicht nur das Instrument einer neuen praktischen Handhabung, sie ist gleichzeitig Trägerin einer weltanschaulichen Komponente. *Das Leitbild Informationsgesellschaft bezieht sich auf ein umfassendes und grundlegendes System von Werten.* Im Unterschied zum Begriff Industriegesellschaft ist Informationsgesellschaft keine Ex post-, sondern eine Ex ante-Bezeichnung. Sie zeichnet eine gewünschte weltweite Entwicklung vor. Die Beteiligung aller Nationen am Gesellschaftsmodell ›Informationsgesellschaft‹ wird von den großen Industrienationen wie auch von den Vereinten Nationen uneingeschränkt als wünschenswert betrachtet,[15] wogegen in Bezug auf die Industrialisierung vormals agrarischer Gesellschaftsformen allein schon aufgrund der hohen Umweltbelastung viel Skepsis laut wird.

Die Informationsgesellschaft ist scheinbar ein alle Nationen umfassendes Projekt, das ähnlich wie die großen Zukunftsideale »Nachhaltigkeit« oder »Gerechtigkeit« erst durch die allgemeine Beteiligung seinen eigentlichen Wert erhält. Die Idee der Informationsgesellschaft ist mit bestimmten Annahmen in Bezug auf ihre allgemeine, universale Akzeptabilität und ihre Wünschbarkeit, wenn nicht sogar Notwendigkeit für die gesellschaftliche Fortentwicklung gefüllt. Es handelt sich um einen Begriff von hoher normativer Prägung, das heißt, er beinhaltet Wertannahmen und starke Sollensanforderungen.

> Our challenge is to harness the potential of information and communication technology to promote the development goals of the Millennium Declaration, namely the eradication of extreme poverty and hunger; achievement of universal primary education; promotion of gender equality and empowerment of women; reduction of child mortality; improvement of maternal health; to combat HIV/AIDS, malaria and

15 »... everyone, everywhere should be enabled to participate in and no one should be excluded from the benefits of the global information society« (G8, Okinawa Charter on Global Information Society, www.dotforce.org/reports/it1.html).

> other diseases; ensuring environmental sustainability; and development of global partnerships for development for the attainment of a more peaceful, just and prosperous world. We also reiterate our commitment to the achievement of sustainable development and agreed development goals, ...[16]

Betrachtet man den inneren Zusammenhang zwischen dieser Sozialutopie und den so genannten neuen digitalen Medien als solchen, so scheint er de facto nicht besonders stark zu sein. Ähnlich euphorische Visionen von der Verbesserung der Lebensumstände hätten zum Beispiel auch die Etablierung des Flugverkehrs (Erreichbarkeit), des Films (Information und Anschaulichkeit) oder des Telefons (Kommunikation) auslösen können. Im Kontext dieser Innovationen waren die visionären Erwartungen zwar auch vorhanden, doch in Bezug auf ihre ethische Dimension wesentlich geringer ausgeprägt. Es ist eine Binsenwahrheit, dass letztendlich nicht technische Mittel, sondern politische und wirtschaftliche Weichenstellungen über Fragen der Gerechtigkeit entscheiden. Sogar solche bedeutenden medizinischen Fortschritte aus jüngerer Zeit wie die Entwicklung von Medikamenten gegen Malaria und AIDS haben nicht dazu geführt, die gesamte Welt daran Teil haben zu lassen. Wenn die Informationsgesellschaft, wie viele behaupten, nichts anderes als die Fortentwicklung der Industriegesellschaft ist, warum soll die Informationstechnik nicht wie viele Pharmaprodukte oder konventionelle Fertigungstechniken mittels Zöllen, Patenten und anderen Handelsbeschränkungen den technisch hoch entwickelten Ländern vorbehalten bleiben? Dass insbesondere die Informationstechnik mit hohen moralischen Erwartungen überfrachtet wird, zeigt, dass es der Schaffung der globalen Informationsgesellschaft nicht nur um einen technischen Strukturwandel, sondern um *die technische Implementierung eines normativen Leitbegriffs* geht.

Die Informationstechnik schließt an eine bestimmte Denktradition an: Sie bietet die technische Entsprechung zum Universalismus als eine der geistesgeschichtlichen Grundlagen der Aufklärung. Die Epoche der Aufklärung verschaffte dem Universalisierungsgrundsatz eine hohe Autorität. Die methodische Verallgemeinerbarkeit der naturwissenschaftlichen Erkenntnis war Wegbereiterin des technischen und medizinischen Fortschritts. Im Bereich der Ethik sollte die Prüfung der Universalisierbarkeit die Unparteilichkeit und damit die Gerechtigkeit

16 World Summit on the Information Society, Declaration of Principles »Building the Information Society: a global challenge in the new Millennium,« Dezember 2003), Abschnitt 2, ohne Hervorhebungen (www.itu.int/wsis).

einer Handlung garantieren (I. Kant). Das methodische Prinzip der Verallgemeinerungsfähigkeit fand in den westlichen Demokratiemodellen als Partizipation aller mündigen Bürgerinnen und Bürger an der Leitung des Staatswesens seinen politischen Niederschlag. Im 20. Jahrhundert wurde der Gedanke der Universalisierung insbesondere in Bezug auf die normative Dimension der diskursiven Kommunikation aktuell. Universalisierbarkeit gilt hier als Kennzeichnung einer spezifischen Diskursrationalität (K.-O. Apel, J. Habermas).

Die Verbindung des Universalisierungsgedankens mit den demokratischen Grundsätzen »allgemeine Partizipation« und »Diskursivität« führt zu einem modernen normativen Begriff von Öffentlichkeit. Er bezeichnet die kritische Funktion des öffentlichen Bereichs, garantiert durch die Herstellung von rechtlich abgesicherten Kontrollmöglichkeiten der staatlichen Institutionen.[17] Obwohl dieser Öffentlichkeitsbegriff in Bezug auf das politische System sowie in Bezug auf ethische und religiöse Weltanschauungsfragen indifferent angelegt wurde, ist er de facto an das Gesellschaftsmodell der hoch entwickelten Industriestaaten gebunden.[18]

Die neue Informationstechnik und mit ihr das Internet bietet erstmals in der Geschichte der Medien das Angebot zu einer allgemein zugänglichen interaktiven Kommunikation, das nicht auf Individualkommunikation (wie beim Telefon) beschränkt bleibt. Sie stellt damit Kommunikationsverhältnisse her, die dem charakteristischen Merkmal von Öffentlichkeit, die allgemeine Zugänglichkeit, entsprechen. Aufgrund der interaktiven und weitgehend unbeschränkten Nutzungsmöglichkeiten des Internet kann es für diskursive und demokratische Verfahren genutzt werden. Gleichzeitig ist es ein global ausgedehntes Kommunikationsnetzwerk, in dem viele das geeignete Medium zur Herstellung einer Weltöffentlichkeit vermuten. Da in der vorgestellten Informationsgesellschaft theoretisch jeder und jede in einem universalen Kommunikationsnetz frei zu einem Thema Stellung beziehen kann, könnte man überspitzt ausgedrückt von einer praktischen »Realisierung« oder

17 Jürgen Habermas, Ist der Herzschlag der Revolution zum Stillstand gekommen? Volkssouveränität als Verfahren. Ein normativer Begriff der Öffentlichkeit?, in: Forum für Philosophie Bad Homburg (Hg.), Die Ideen von 1789 in der deutschen Rezeption, Frankfurt am Main 1989, 7–37.

18 Zur Kritik an der ethisch-normativen Bestimmung des Öffentlichkeitsbegriffs vgl. zum Beispiel: Michel Foucault, Die Ordnung des Diskurses, mit einem Essay von Ralf Konersmann, Frankfurt am Main 1997; oder auch die Liberalismus-Kommunitarismus-Diskussion, in der gezeigt werden konnte, dass der Liberalismus gegenüber Weltanschauungen nicht neutral ist, sondern selbst Ausdruck bestimmter Wertsetzungen ist.

»Vergegenständlichung« des Universalisierungsgrundsatzes sprechen. Man könnte sagen, dass in der Informationsgesellschaft der Universalisierungsgrundsatz von einer kontra-faktischen Ebene (Entscheidungen fällen, als ob alle zustimmen könnten) auf eine quasi-faktische Ebene (tatsächliche Zustimmungsmöglichkeit) erweitert wird.

Mit der Informations- und Kommunikationstechnik soll eine Form von allgemeiner Kommunikation hergestellt werden, die durch ihre spezifische Struktur, ihre immanente Logik, zu bestimmten normativen Ergebnissen führt. *Die Überwindung der digitalen Spaltung*, also die Aufhebung der Ungleichheit der internationalen Verteilung von Kommunikationsinfrastruktur, *entspricht somit der inneren Logik der Universalisierung als ethischem Begründungsmodell.* Gleichzeitig korrespondiert eine Aufhebung der digitalen Spaltung dem aus dem Rundfunk bekannten Gedanken der Etablierung eines Universaldienstes[19] mit dem Ziel der Herstellung einer kritischen Öffentlichkeit innerhalb der jeweils angeschlossenen Nationen. Die Informations- und Kommunikationstechnik ist einem normativen Öffentlichkeitsbegriff somit in besonderer Weise verbunden.

1.3. Öffentlichkeit als normative Handlungsbasis

Medienethik reflektiert auf die normativen Implikationen einer durch Medienhandeln und Medienöffentlichkeiten disponierten Wirklichkeitswahrnehmung. Die Medienethik beschäftigt sich zum einen mit der Frage nach dem Handeln mit und in den Medien unter bestimmten Wertannahmen; zum anderen setzt sie sich mit der Wirkung der Medien in Bezug auf persönliche Haltungen und darüber hinaus mit der Konstruktion von Wirklichkeiten beziehungsweise Handlungsräumen auseinander. Medienphilosophie und -ethik verbinden sich, wo apparative Medien die Generierung von Werten mit der Konstruktion von Wirklichkeit verknüpfen, wo Öffentlichkeit also als pragmatisch-lebensweltliche Entsprechung von Intersubjektivität Geltungsansprüche für die Richtigkeit und Wahrheit von Aussagen versichert.

Der Öffentlichkeitsbegriff in einer weiten Bestimmung eröffnet zahlreiche Bezüge zu grundlegenden Themen von Medienphilosophie und

19 Der Begriff Universaldienst bringt für den Rundfunk den Anspruch zum Ausdruck, die informationelle Grundversorgung der gesamten Bevölkerung zu sichern. Der Universaldienst soll mit der Schaffung einer Medienöffentlichkeit jedem Individuum die Teilhabe am gesellschaftlichen und politischen Leben ermöglichen.

-ethik. Für die Medienethik sind grundlegend zwei Gegenstandsbereiche zu unterscheiden. Zum einen eine *Ethik der Medien*, zum anderen eine *Ethik der Medienwirkung*. Eine Ethik der Medien diskutiert das Handeln mit und in den Medien anhand bestimmter Werte. Sie bezieht sich auf einen weitgehend unkontroversen Wertekanon. Dazu gehören Medienfreiheit, Öffentlichkeit, Schutz der Privatsphäre sowie Wahrheit und Pluralität der Berichterstattung.

Eine Ethik der Medien*wirkung* erstreckt sich auf den gesellschaftlichen wie auch auf den individuellen Bereich. Im Sinne einer Heuristik geht sie einerseits der Annahme nach, *moralische Einstellungen würden durch Medien verändert*. Andererseits untersucht sie auf einer höherstufigen Ebene, *inwiefern die Wahrnehmung von Handlungsoptionen und die Handlungsoptionen selber durch Medien bestimmt werden*. Individuelle Sozialintegration und demokratische Selbstorganisation finden statt über Wissensvermittlung und über die Erschließung von (institutionellen) Handlungsräumen. Die Medien tragen zu diesem Prozess der sozialen und politischen Integration bei, indem sie dem und der Einzelnen in einer modernen ausdifferenzierten Gesellschaft das notwendige Orientierungswissen bieten. Mit ihrem Beitrag zur Informations- und Wissensvermittlung haben die Medien Teil am Prozess der öffentlichen Meinungsbildung und sind gleichzeitig Reflexionsgrundlage der individuellen Sozialisation.

Die Reflexion medial bedingter Dispositionen als Grundlage ethisch relevanter Handlungsvollzüge verweist auf den Gegenstandsbereich der Medienphilosophie, die sowohl Medien in ihrer apparativen Gestalt, aber auch als Schlüssel zum Verständnis menschlicher Wirklichkeitswahrnehmung in den Blick nimmt.[20] *Der Begriff Öffentlichkeit nimmt für Medienphilosophie und -ethik eine Schlüsselstellung ein, da Öffentlichkeit für die Ausprägung des Wirklichkeitsverständnisses eine grundlegende Rolle spielt und gleichzeitig auch Produkt eines nach bestimmten Kriterien und Anforderungen arbeitenden Systems apparativer Medien ist.* Öffentlichkeit hat den Status einer Statthalterin für die Überprüfung der Geltungsansprüche (also der Zutreffendheit beziehungsweise Wahrheit) von Aussagen und auch für die Richtigkeit von Einstellungen und Handlungen. Hannah Arendt erläutert dazu:

20 Zu der Verbindung von Ethik und Medienphilosophie vgl. auch Klaus Wiegerling, Medienethik als Symbolphilosophie. Handeln im Zeitalter virtueller Welterzeugungen und Weltordnungen, in: Thomas Hausmanninger/ Rafael Capurro (Hg.), Netzethik. Grundlegungsfragen der Internetethik (Schriftenreihe des ICIE, Bd. 1), München 2002, 89–107.

> [›öffentlich‹ bedeutet …], daß alles, was vor der Allgemeinheit erscheint, für jedermann sichtbar und hörbar ist, wodurch ihm die größtmögliche Öffentlichkeit zukommt. Daß etwas erscheint und von anderen genau wie von uns selbst als solches wahrgenommen werden kann, bedeutet innerhalb der Menschenwelt, daß ihm Wirklichkeit zukommt. Verglichen mit der Realität, die sich im Gehört- und Gesehenwerden konstituiert, führen selbst die stärksten Kräfte unsers Innenlebens … ein ungewisses, schattenhaftes Dasein, es sei denn, sie werden verwandelt, gleichsam entprivatisiert und entindividualisiert, und so umgestaltet, daß sie eine für öffentliches Erscheinen geeignete Form finden.[21]

Auch wenn die Substanz des öffentlichen Diskurses, die Wahl der öffentlichen Themen und die Bedeutung von öffentlichen Personen im Laufe der Medienentwicklung immer wieder als Verfallsgeschichte kritisiert wird, gewinnt Öffentlichkeit allein durch die wachsende Ausdehnung des Mediengeschehens zunehmend an Bedeutung. Erst die kontinuierliche Absicherung der individuellen Wirklichkeitserfassung in einem öffentlichen Kontext als höherstufigem Medium versichert sie als intersubjektiv gerechtfertigtes Wissen. Öffentlichkeit ist der unhintergehbare Bestandteil jeder auf allgemeine Anerkennung und Verständigung reflektierenden Handlung, insofern sie als *pragmatisch-lebensweltliche Entsprechung von Intersubjektivität* und somit als Garantin von Geltungsansprüchen in säkularen, demokratischen Staaten bezeichnet werden kann.

Im Öffentlichkeitsbegriff verbinden sich ethisch-normative und erkenntniskritische Fragestellungen – er bündelt disparate Phänomene und unterschiedlichste Theoriebildungen, seine begriffliche Eigenart entspricht in diesem Sinne den Charakteristika des Max Weberschen Idealtypus.

> [Der Idealtypus] wird gewonnen durch einseitige Steigerung eines oder einiger Gesichtspunkte und durch Zusammenschluß einer Fülle von diffus und diskret, hier mehr, dort weniger, stellenweise gar nicht, vorhandenen Einzelerscheinungen, die sich jenen einseitig herausgehobenen Gesichtspunkten fügen, zu einem in sich einheitlichen Gedankengebilde. In seiner begrifflichen Reinheit ist dieses Gedankenbild nirgends in der Wirklichkeit empirisch vorfindbar, es ist eine Utopie …[22]

21 Hannah Arendt, Vita Activa, oder, Vom tätigen Leben, Stuttgart 1960, 49f. (Hervorhebung weggelassen, J. H.).

22 Max Weber, Idealtypus, Handlungsstruktur und Verhaltensinterpretation (Auszüge), in: Max Weber, Methodologische Schriften. Studienausgabe. Mit einer Einführung besorgt von Johannes Winckelmann, Frankfurt am Main 1968, 65–168, 43.

2. Öffentlichkeiten

2.1. Konzepte öffentlicher Kommunikation

Das Aufkommen interaktiver Medientechniken verlangt eine Neubestimmung des Öffentlichkeitsbegriffs, der seit dem 19. Jahrhundert durch die Massenmedienkommunikation geprägt ist. Eine Diskussion entsprechender neuer Problemlagen wird unter den Differenzierungen beobachtende, sozialisierende und politische Öffentlichkeit vorgenommen. Ein normativer Öffentlichkeitsbegriff ist der (häufig implizite) reflexive Bezugspunkt der zurückliegenden und der aktuellen Forschung wie auch der vorliegenden Arbeit. Eine erste grundlegende Bestimmung kennzeichnet Öffentlichkeit als Diskurszusammenhang, der eine allgemeine Beteiligungsmöglichkeit bietet. Seine Funktion besteht in der Findung und Darstellung sozialer und moralischer Normen. Zur weiteren Begriffsdifferenzierung auf deskriptiv-empirischer Ebene werden mit Gerhards und Neidhardt drei Ebenen der öffentlichen Kommunikation unterschieden: Episodische Kommunikation, öffentliche Veranstaltungen und Massenmedienkommunikation.

Systematisierungen des Öffentlichkeitsbegriffs erfolgen zumeist entlang der Entgegensetzung zur Privatsphäre oder durch die Entgegensetzung zum Begriff des Geheimnisses.[1] Eine andere bekannte Unterscheidung ist die zwischen kritisch-normativen und soziologisch-deskriptiven Theorien von Öffentlichkeit.[2] Für die Theoriebildungen in Bezug auf den Öffentlichkeitsbegriff ist in Philosophie und Soziologie bislang ein normativ gehaltvoller Begriff von Öffentlichkeit leitend gewesen. Öffentlichkeit bietet demnach die Folie für eine gelingende Sozialintegration und sie ist gleichzeitig Forum des allgemeinen Diskurses, wie er für den Bestand eines demokratischen Gemeinwesens konstituierend ist. Im Rahmen einer normativen Bestimmung des Öffentlichkeitsbegriffs verbindet sich seine diskursive Ausrichtung mit den Voraussetzungen jeder gemeinschaftlichen beziehungsweise gesellschaftlichen Aktivität: der Ermöglichung innergesellschaftlicher Verständigung sowie dem effektiven institutionellen und individuellen

1 Vgl. Joachim Westerbarkey, Das Geheimnis. Zur funktionalen Ambivalenz von Kommunikationsstrukturen, Opladen 1991.

2 Vgl. Lucian Hölscher, »Öffentlichkeit«, in: Historisches Wörterbuch der Philosophie. Hg. v. Joachim Ritter/Karlfried Gründer, Basel 1984.

gesellschaftlichen Handeln als Bedingungen zur Reproduktion einer funktionsfähigen Demokratie.[3] Die nicht-normativen Konzepte wie Systemtheorie, Konstruktivismus oder machttheoretische Auseinandersetzungen erfolgten immer in einem kritischen Bezug auf die tradierten Interpretationen und Ideale dieses bürgerlich-liberalen Öffentlichkeitsbegriffs. Dessen lange Zeit dominante Stellung führte zu einer Identifizierung des Öffentlichkeitsbegriffs mit politischer Öffentlichkeit. Andere Aspekte, wie die integrierende, sanktionierende oder kulturelle Funktion von Öffentlichkeit blieben lange eine Randerscheinung der Diskussion.[4]

Mit der kritischen Aufarbeitung des liberalen Öffentlichkeitskonzeptes hat die Unterscheidung zwischen philosophisch-normativen und soziologisch-deskriptiven Studien jedoch an Orientierungskraft verloren. Soziologische Theorien arbeiten häufig mit Erklärungsmodellen, die nicht empirisch-deskriptiv verifizierbar sind, sondern Interpretationen sozialer Phänomene vor dem Hintergrund heuristischer oder weltanschaulicher Herangehensweisen leisten.[5] Dies ist beispielsweise sichtbar in der Differenzierung verschiedener Ebenen öffentlicher Kommunikation, wie sie in den meisten Untersuchungen vorgenommen werden und auch in dieser Arbeit wichtig sind. Wertannahmen spielen hier eine Rolle, weil sie für die Erstellung von bestimmten Handlungsschemata maßgeblich sind. Solche grundlegenden Annahmen wären etwa die Bestimmung der Qualität der Kommunikation nach ihrem öffentlichen Wert (»Verständigung«, »Reflexivität«, »Reputation«) oder die Beschreibung der Kommunikationssituation unter dem Gesichtspunkt allgemeine Beteiligungsmöglichkeit. Implizit werden auf diese Weise oft Sollensansprüche an den Öffentlichkeitsbegriff formuliert. Gleichzeitig sind auch umgekehrt empiriebezogene Interpretationsansätze Bestandteil kritisch-normativer Theorien. Die

3 Vgl. Jürgen Habermas, Strukturwandel der Öffentlichkeit. Untersuchungen zu einer Kategorie der bürgerlichen Gesellschaft. Mit einem Vorwort zur Neuauflage 1990, Frankfurt am Main 5. Aufl. 1996.

4 Vgl. Elisabeth Noelle-Neumann, Öffentliche Meinung, in: Dies./Winfried Schulz/Jürgen Wilke (Hg.), Fischer Lexikon Publizistik, Massenkommunikation, Frankfurt am Main, aktualisierte, vollständig überarbeitete Neuausgabe 1994, 366–382.

5 Zum Beispiel Richard Sennett, Verfall und Ende des öffentlichen Lebens. Die Tyrannei der Intimität, Frankfurt am Main 2. Aufl. 1983; oder Jürgen Gerhards/Friedhelm Neidhardt, Strukturen und Funktionen moderner Öffentlichkeit: Fragestellungen und Ansätze, in: Stefan Müller-Doohm/Klaus Neumann-Braun (Hg.), Öffentlichkeit, Kultur, Massenkommunikation. Beiträge zur Medien- und Kommunikationssoziologie (Studien zur Soziologie und Politikwissenschaft), Oldenburg 1991, 29–89.

Unterscheidung zwischen normativen und deskriptiven Theorien von Öffentlichkeit wird somit beiden Seiten nicht gerecht. Sie tendiert zu einer Unterbewertung der normativen Anteile der deskriptiven Theorien und der deskriptiven Bereiche innerhalb der normativen Theorien. Für die neuere Forschung zum Öffentlichkeitsbegriff ist die explizite Trennung von Theorien, die sich mit einer regulativen Idee von Öffentlichkeit beschäftigen, von jenen, die ihren Schwerpunkt auf die Beschreibung der Konstituierung von Öffentlichkeit legen, kaum mehr maßgeblich. Im Vordergrund der wissenschaftlichen Auseinandersetzung seit den 1990er Jahren stehen die Verbindung zwischen Öffentlichkeit und Macht, die Pluralisierung des Öffentlichkeitsbegriffs und die Tendenzen zur Entpolitisierung des Öffentlichen.

Die Soziologen Jürgen Gerhards und Friedhelm Neidhardt haben eine dreifache Aufteilung der Ebenen der öffentlichen Kommunikation vorgenommen. Sie treffen eine Unterscheidung zwischen den »Encounters« (Begegnungen), öffentlichen Veranstaltungen und der Massenmedienkommunikation, auf deren Charakteristika im Verlauf dieser Arbeit immer wieder zurückgegriffen werden wird. Gerhards und Neidhardt systematisieren diese Ebenen nach zwei Hinsichten: erstens nach der Menge der Kommunikationsteilnehmerinnen und -teilnehmer und zweitens nach dem Grad der Striktheit der strukturellen Organisation der Kommunikationssituation.[6] Als einfaches Interaktionssystem beschreiben Gerhards und Neidhardt die so genannten Encounters, die sie auch als episodische Kommunikation oder kleine Öffentlichkeiten bezeichnen. Sie nennen eine Vielzahl von Orten solcher öffentlichen Kommunikation: »Gespräche im Bus oder in der Eisenbahn, am Arbeitsplatz, an der Pommes-Bude oder in der Schlange an der Kasse des Lebensmittelgeschäfts bilden die elementarsten Formen einer ›kleinen‹ Öffentlichkeit.«[7] Charakteristische Stärken dieser einfachen Kommunikationsformen seien ihre relative Strukturlosigkeit, ihre Offenheit für Teilnehmer und Themen und ihre weitgehende Immunität gegen politische Kontrolle. Sie können Flucht- und auch Startpunkt für Autonomisierungsprozesse der allgemeineren Öffentlichkeit sein.[8]

Gerhards und Neidhardt lassen in ihrer Darstellung der episodischen Kommunikation offen, ob sie auch auf zwei Personen beschränkt sein kann. Die Beispiele legen aber nahe, dass dies der Fall ist (»Schlange an der Kasse«, »Gespräch im Bus«). Auch andere Autoren sehen eine

6 Vgl. Gerhards/Neidhardt, Strukturen und Funktionen, 49.
7 Vgl. ebd., 50.
8 Vgl. ebd., 50ff.

öffentliche Kommunikationssituation trotz der Beschränkung auf zwei oder wenige Personen gegeben. So sieht Richard Sennett das Aufkommen des öffentlichen Lebens an die Interaktion zwischen Fremden gekoppelt, wobei er den Aspekt der Fremdheit, aber nicht die Anzahl der Kommunikationsteil-nehmer/innen in den Vordergrund stellt.[9] Deutlicher noch führt J. Westerbarkey aus: »Öffentlichkeit ist [...] keine Institution, sondern ein kognitives Sozialverhältnis, im weitesten Sinne eine unterstellbare soziale Qualität von Wissen (nämlich aktuell und reflexiv *mit-geteiltes* Wissen), und es genügen zwei Personen und *ein* Thema, um sie herzustellen.«[10]

Auf der zweiten Kategorisierungsebene öffentlicher Kommunikation verliert Öffentlichkeit nach Gerhards und Neidhardt einen Teil ihrer Flexibilität, gewinnt dafür aber die Zentrierung auf ein bestimmtes Thema hinzu. Sie nennen diese Öffentlichkeitsform »öffentliche Veranstaltungen«. Die thematische Zentrierung wird vor allem durch die Leitung der Veranstaltung gewährleistet. In einer öffentlichen Veranstaltung finden Diskussionen oder auch die Herstellung einer für diesen Zusammenhang öffentlichen Meinung im Rahmen einer durch Referenten und Diskussionsleitung vorgegebenen Struktur statt. Orte solcher Veranstaltungen können kleine und große Säle, Theater, Plätze oder Hallen, also öffentliche Versammlungsorte sein.

Als dritte Ebene von Öffentlichkeit beschreiben Gerhards und Neidhardt die Massenmedienkommunikation. Die Massenkommunikation biete die Möglichkeit zu einer breiten und dauerhaften Beeinflussung der öffentlichen Meinung. Sie büße im Unterschied zu den öffentlichen Veranstaltungen und der episodischen Kommunikation die empirisch-sinnliche Präsenz der Kommunikationsteilnehmerinnen und -teilnehmer ein. »Das Publikum wird abstrakter (keine Präsenzöffentlichkeit), zudem viel größer, in seinen Handlungsmöglichkeiten aber reduzierter: Die Gestaltungsformen des Publikums beschränken sich – sieht man von Leserbriefen und Anrufen ab – auf das Ausschalten bzw. die Abbestellung der ›veröffentlichten Meinung‹.«[11] Die massenmediale Öffentlichkeit bestehe aus den produzierenden und verantwortlichen Journalisten und Medienproduzenten einerseits und einem passivem Publikums andererseits. Gerade diese Trennung ermögliche aber die Herstellung einer großen Öffentlichkeit in modernen komplexen Ge-

9 Vgl. Sennett, Verfall und Ende des öffentlichen Lebens, 33.

10 Joachim Westerbarkey, Öffentlichkeit als Funktion und Vorstellung. Versuch, eine Alltagskategorie kommunikationstheoretisch zu rehabilitieren, in: Wolfgang Wunden (Hg.), Beiträge zur Medienethik. Bd. 2: Öffentlichkeit und Kommunikationskultur, Hamburg u. a. 1994, 53–64, 58.

11 Gerhards/Neidhardt, Strukturen und Funktionen, 54.

sellschaften. »Nur unter Verzicht auf Anwesenheitskriterien läßt sich die Chance der Teilnahme aller gewährleisten.«[12]

Für den Zusammenhang der vorliegenden Studie sind nun die folgenden formalen und funktionalen Bestimmungen des Öffentlichkeitsbegriffs leitend: Öffentlichkeit ist ein *Diskurszusammenhang*, der formal durch das Attribut »zugänglich für Alle« bestimmt ist.[13] Diese Offenheit betrifft sowohl die aktive wie die beobachtende Teilhabe an Öffentlichkeit. Das *Kriterium der Allgemeinheit* ist deshalb ausschlaggebend, weil es diese Kommunikationsform in den Kontext intersubjektiver Normen und sozialer Kontrolle stellt und ihr damit ein besonderes Gewicht für die Schaffung der gesellschaftlichen Wirklichkeit verleiht. Nach der für diese Arbeit leitenden Bestimmung würden in Abweichung von Gerhards/Neidhardt, Sennett oder Westerbarkey Dialoge zu zweit ohne Beobachtung nicht unter den Öffentlichkeitsbegriff fallen. Selbst wenn das Thema eines solchen Dialogs von öffentlichem Interesse ist, realisiert er als geschlossene Kommunikationssituation nicht das Kriterium einer allgemeinen Zugänglichkeit. Solche Zweiergespräche oder Gespräche in kleinen Gruppen, deren Mitglieder durch Beziehungen untereinander verbunden sind, sind treffender als Individualkommunikation beziehungsweise geschlossene Kommunikation zu öffentlichen Themen zu bezeichnen. Trotzdem sind solche Formen des Austauschs nicht unwichtig, im Gegenteil haben sie eine Öffentlichkeit stiftende Funktion, sind selbst aber noch nicht deren Bestandteil.

Die bedeutenden Funktionen von Öffentlichkeit sind die *Findung und Darstellung sozialer und moralischer Normen* auf individueller Ebene (Sozialisierung, Integration) und auf gesellschaftlich-institutioneller Ebene (Politik, Steuerung). Damit ist an dieser Stelle weder etwas über den Prozess der Normenerstellung noch über ihre Qualität ausgesagt. Diese Funktionsbeschreibung versucht auch solche Theorien zu berücksichtigen, die sich kritisch von normativen Öffentlichkeitstheorien abgrenzen. Auch bei systemtheoretischen oder deskriptiven Ansätzen zur Konstituierung von Öffentlichkeit herrscht die Ansicht vor, dass Öffentlichkeit ein leitendes Bild von individuellen und gesellschaftlichen Handlungsräumen beziehungsweise Verhaltensoptionen vorgibt.[14]

12 Ebd., 55.

13 Diese übliche Bestimmung entspricht der juristischen Minimaldefinition von öffentlich, die sich zum Beispiel auf öffentliche Güter oder Orte bezieht; für das vorliegende Thema wird sie jedoch auf einen Diskurszusammenhang konzentriert.

14 Vgl. Michel Foucault, Die Ordnung des Diskurses. Mit einem Essay von Ralf Konersmann, Frankfurt am Main 1997; Reinhart Koselleck, Kritik und

Im Folgenden soll ein Systematisierungsangebot zum Öffentlichkeitsbegriff vorgestellt werden, dass auf neue Aspekte von Medientechnik und Mediennutzung reagiert. Dabei werden vor allem solche Aspekte berücksichtigt, die durch das Aufkommen der interaktiven, individualisierten Medien den Öffentlichkeitsbegriff neu bestimmen. Es soll gezeigt werden, dass die auf das Individuum beziehungsweise das Partikulare bezogenen Möglichkeiten und Effekte des neuen Mediengebrauchs so stark sind, *dass sie die Identifizierung eines politischen Gebrauchs des Öffentlichkeitsbegriffs im engeren Sinne erschweren*. Individualisierte Medien rücken den Aspekt der Sozialisierung durch den Mediengebrauch in den Vordergrund. Sozialisierung beschreibt den Prozess der individuellen gesellschaftlichen Integration. Sie hebt ab auf die subjektive und die subjektkonstitutive Seite gesellschaftlicher Erfahrung. Sozialisierung im Zusammenhang mit dem Öffentlichkeitsbegriff betont somit die Interaktion zwischen dem Individuum und einer vorgestellten Allgemeinheit, wogegen der politische Öffentlichkeitsbegriff die Wechselbeziehung von institutionellen und staatlichen Einrichtungen einerseits und der vorgestellten Allgemeinheit andererseits akzentuiert. Vor dem Hintergrund einer zunehmenden Individualisierung der Mediennutzung geraten solche Aspekte in den Blick, die die subjektive Seite des öffentlichen Mediengebrauchs verdeutlichen. Innerhalb des Beziehungsdreiecks Öffentlichkeit, Institutionen und Individuum rückt mit den neuen Medientechniken der Austausch zwischen Öffentlichkeit und Individuum in den Vordergrund.

In der vorliegenden Ausarbeitung werden verschiedene Ansätze zum Öffentlichkeitsbegriff unter den leitenden Unterscheidungen *beobachtende Öffentlichkeit* (1), *sozialisierende Öffentlichkeit* (2), *politische Öffentlichkeit* (3) neu zusammengeführt. Es handelt sich hierbei um eine Scheidung der Begriffe auf analytischer Ebene. Die verschiedenen realen Ausprägungen von Öffentlichkeit sind zwar durch bestimmte Charakteristika geprägt, sie sind jedoch immer nur in Mischformen vorzufinden.

Unter dem Begriff beobachtende Öffentlichkeit werden die *Effekte der Beobachtung auf die Weise der Kommunikation und die Art der Bewertung von Kommunikation* beschrieben. Die mit Abstand meisten Theorien betrachten die Anwesenheit eines beobachtenden Publikums als notwendige Voraussetzung für die Herstellung von Öffentlichkeit. Aus diesem Strukturmerkmal lassen sich einerseits Effekte für die Beschaffenheit der Kommunikation ableiten, die bis in eine inhaltliche

Krise. Eine Studie zur Pathogenese der bürgerlichen Welt, Frankfurt am Main 1979; Niklas Luhmann, Die Realität der Massenmedien, Opladen 2. Aufl. 1996.

Bestimmung des Öffentlichkeitsbegriffs hineinreichen. Andererseits zeigt die Beobachtung der Kommunikation das Zustandekommen von intersubjektiv versicherten Verständigungsräumen an. Allgemeinheit und Beobachtungsfähigkeit spielen damit eine entscheidende Rolle für die Sicherung von Geltungsansprüchen in Bezug auf die Wahrheit und normative Güte von Kommunikation.

Die sozialisierende Öffentlichkeit ist durch ihren Einfluss auf die *Ausbildung von Identität und auf die individuelle gesellschaftliche Integration* bestimmt. Insbesondere Medienöffentlichkeiten tragen zu diesem Integrationsprozess bei, indem sie dem Individuum in einer modernen ausdifferenzierten Gesellschaft Orientierungswissen bieten. Sie sind Bestandteil des individuellen Erfahrungsraums, leiten unser Bild von der gesellschaftlichen Wirklichkeit und sind Reflexionsgrundlage für die Ausbildung der individuellen und gemeinschaftlichen Identität.

Öffentliche Kommunikation, insofern sie als politische Öffentlichkeit bezeichnet werden kann, ist notwendig durch eine *thematische Beziehung auf das Allgemeinwohl* gekennzeichnet. Politische Öffentlichkeit geht aus dem Wunsch nach Handlungsfolgenkontrolle hervor. Die zusätzliche Einbeziehung der Handlungsebene grenzt einen Bezugsrahmen für die sinnvolle Verknüpfung öffentlicher Diskurse mit vorzufindenden Realitäten ein. Es sind hauptsächlich konkrete Handlungsräume, die die Herstellung einer politischen Öffentlichkeit bestimmen.

Der Begriff Öffentlichkeit entfaltet sich somit in drei grundlegenden Feldern. 1. In Bezug auf die Weisen der Herstellung von *Wirklichkeiten* (beobachtende Öffentlichkeit). 2. In Bezug auf die Ausbildung personaler *Identitäten* (sozialisierende Öffentlichkeit). 3. In Bezug auf die Ausgestaltung des gesellschaftlichen *Handelns* (politische Öffentlichkeit).

Im Folgenden werden die drei hier kurz skizzierten leitenden Unterscheidungen zum Öffentlichkeitsbegriff ausgeführt. Zuvor jedoch wird der Frage nach der räumlichen Ausdehnung von Öffentlichkeit nachgegangen. Wo sind die Orte der öffentlichen Kommunikation? Eine Bestimmung der Orte und Räume öffentlicher Kommunikation ist notwendig zu ihrer Situierung in einem lebensweltlichen Kontext. Die Bestimmung der spezifischen Kontexte von Öffentlichkeit erlaubt Aufschluss über ihr Publikum, ihre Handlungsumgebung und ihre mögliche Verständigungsdimension. Orte beziehungsweise Räume der öffentlichen Kommunikation sind somit Bedingungen, die deren Wirkmächtigkeit bestimmen.

2.2. Orte und Räume öffentlicher Kommunikation

Die Herstellung eines Raums findet statt durch die Wechselwirkung zwischen Menschen. In Räumen (wie dem Cyberspace) können Öffentlichkeiten ohne einen gegenständlichen Bereich entstehen. Orte hingegen sind Teilbereiche einer gegenständlichen Umgebung, die mit bestimmten Bedeutungen und symbolischen Zuschreibungen versehen sind. Orte können ein gegenständlicher Bereich von Öffentlichkeit sein.

> Die Wechselwirkung zwischen Menschen wird – außer allem, was sie sonst ist, – auch als Raumerfüllung empfunden. [...] Kant definierte den Raum einmal als ›die Möglichkeit des Beisammenseins‹ – das ist er auch soziologisch, die Wechselwirkung macht den vorher leeren und nichtigen zu etwas für uns, sie erfüllt ihn, indem er sie ermöglicht. [15]

So der Soziologe Georg Simmel in seinen Ausführungen zum Raumbegriff. Die bekannteste Metapher für den *virtuellen* Raum – eines typischen Kommunikationsraums interaktiver Medien – ist der *Cyberspace,* eine Wortschöpfung des Science-Fiction-Autors William Gibson.[16] Der Begriff zeigt, welche Assoziationen der Raumbegriff birgt. Es geht um einen Eindruck von Weite, von Unbestimmtheit, um einen Erfahrungsraum ohne physische Grenzen. Die Parallele zum Weltraum mitsamt den damit verbundenen menschheitsgeschichtlichen Mythen und Visionen ist nah und erwünscht. Ähnlich wenig konkretisierbar ist die Beschreibung des Raumbegriffs in vielen alltagssprachlichen Verwendungsweisen. Im Gegensatz zu dem Begriff Ort erfasst der Raumbegriff auch jene Bereiche, die nicht allein durch die Festlegung auf eine bestimmte, physikalisch existierende Stelle zu beschreiben sind. *Raum ist in diesem Sinne die Bezeichnung für ein Medium personaler Interaktionen.* Auch Anthony Giddens betont die Bedeutung des Raums für die – häufig metaphorische – Rahmung von Interaktionsbeziehungen: »In Orten (›locales‹) wird der Raum als Bezugsrahmen für Interaktion verfügbar gemacht, während umgekehrt diese Interaktionsbezugsrahmen für die Spezifizierung der Kontextualität des Raumes verantwortlich sind.«[17] Die spezifische Wahrnehmung eines Ortes ist somit immer

15 Georg Simmel, Soziologie. Untersuchungen über die Formen der Vergesellschaftung (Georg Simmel Gesamtausgabe, hg. v. Otthein Rammstedt, Band 11), Frankfurt am Main 1992, 689 f.

16 William Gibson, Neuromancer. London 1984.

17 Anthony Giddens, Die Konstitution der Gesellschaft. Grundzüge einer Theorie der Strukturierung. Mit einer Einführung von Hans Joas (Theorie

auch von der Bedeutungsgenerierung in Interaktionsräumen abhängig, die der Ort selbst wieder rekursiv beeinflusst. Anders als der Raum lässt ein Ort sich in der Regel genau abgrenzen. Ein Ort besteht immer aus mindestens zwei Komponenten: einer objektiven Umgebung und einer bestimmten historischen beziehungsweise intersubjektiven oder individuellen Sinngebung dieses abgrenzbaren Gebiets. Vereinfacht ausgedrückt: über jeden Ort lässt sich etwas erzählen, was mit der spezifischen Beziehung der Menschen mit diesem Bereich ihrer Umgebung zu tun hat. Um ein lyrisches Beispiel zu geben: das kann die Linde am Brunnen vor dem Tor sein, oder ein prosaisches: der Fahrradständer, an dem ich jeden Morgen mein Rad abstelle. *Orte sind die Teilbereiche einer gegenständlichen Umgebung, die mit bestimmten kulturellen, traditionellen oder individuellen Bedeutungen versehen sind.* Um teil zu haben an dieser spezifischen Bedeutung eines Ortes, kann der Ort aufgesucht werden. Der Ort teilt sich mit über seine gegenständliche Erscheinung. Ein imposantes Rathaus zum Beispiel »erzählt« von der erfolgreichen Geschichte der Stadt, eine Kirche von der Herrlichkeit Gottes. Andere Orte wirken nicht unmittelbar auf den Besucher oder die Besucherin, sondern verweisen nur auf ihren Stellenwert in dem individuellen oder kollektiven Bewusstsein der mit diesem Ort bekannten Personen, den »Eingeweihten«. Hierfür wäre ein Grab als Beispiel zu nennen. Diese Orte zeigen nichts als Hinweise auf die mit ihnen verbundene Bedeutung. Orte können einen Wandel durchmachen von einem Ort, der seine Bedeutung unmittelbar eröffnet, zu einem symbolischen Ort wie zum Beispiel der »Ground Zero«, der zuerst als Ort der Trümmer des World Trade Center nach den Terroranschlägen vom 11. September 2001 und nun als Gedenkstätte zu besichtigen ist.

Ein Ort hat durch seine sinnlich umfassende Präsenz eine besondere Wirkung oder Wirkmächtigkeit. Anders als auf einzelne Sinne eingeschränkte Medien wie ein Buch oder das Internet bietet er einen unmittelbaren Eindruck. Diese Vielzahl und Unmittelbarkeit der Erfahrung verleihen dem Ort eine besondere Autorität in Bezug auf die Richtigkeit einer Erfahrung oder die Prüfung theoretischer Annahmen. Redewendungen wie »der Ortstermin«, »die Begehung« oder »sich ein Bild vor Ort machen« weisen hin auf die besondere Rolle des Ortes als Fixpunkt und Verifizierungsmöglichkeit subjektiver oder kollektiver Einstellungen und Theorien.

Einen herausgehobenen Stellenwert haben vor diesem Hintergrund die öffentlichen Orte, also solche Orte, die das gemeinsame gesell-

und Gesellschaft, hg. v. Hans Joas/Claus Offe, Bd. 1), Frankfurt/New York 1995, 170.

schaftliche Bewusstsein in einem besonders hohen Maße beeinflussen. Der Terminus öffentlicher Ort ist hier nicht begrenzt auf das alltägliche Verständnis als allgemein zugänglicher Ort, sondern bezieht sich auf solche Bereiche der natürlichen oder menschlich geschaffenen Umwelt, die eine bestimmte Bedeutung nicht nur für einzelne Personen, sondern für die Allgemeinheit haben. *Öffentliche Orte substantiieren die lebensweltlichen und kulturellen Determinanten einer sozialen Gemeinschaft. Sie verbinden die gegenständliche mit der intersubjektiv-kommunikativen Komponente einer gemeinschaftlichen Identität.* Man kann somit unterscheiden zwischen einem *gegenständlichen* und einem *kommunikativen* Bereich von Öffentlichkeit. Der Raumbegriff hingegen kennzeichnet die Möglichkeit zur Herstellung kommunikativer Öffentlichkeiten ohne einen direkten Bezug zu einem gegenständlichen Bereich. Diese Unterscheidung ist insofern wichtig als durch interaktive Medien Räume der öffentlichen Kommunikation an Bedeutung gewinnen, ohne dass gegenständliche öffentliche Orte mit diesen Räumen in einem Zusammenhang stehen müssen.

Das Verhältnis von Öffentlichkeit zu Ort und Raum wird im Folgenden unter drei verschiedenen Hinsichten behandelt: Es kann unterschieden werden zwischen 1. den Versammlungsorten, 2. den Massenmedien als Räumen partikularer öffentlicher Kommunikation und Interaktion, 3. dem Internet als virtuellem Raum der öffentlichen Kommunikation.

2.2.1. Versammlungsorte

An Versammlungsorten finden in der Regel öffentliche Veranstaltungen statt. Öffentliche Veranstaltungen sind gekennzeichnet als Präsenzöffentlichkeiten mit einem überschaubaren Kreis von Teilnehmerinnen und Teilnehmern. Wenn es sich um politische oder um Bildungsveranstaltungen handelt, sind sie auf ein bestimmtes Thema zentriert. Die thematische Zentrierung und die Strukturierung der Veranstaltung werden durch eine Leitung gewährleistet. Orte solcher Veranstaltungen können Säle, Theater, Plätze oder Hallen sein.[18] In der antiken Polis und in den mittelalterlichen Städten und Dörfern war die öffentliche Kommunikation mit bestimmten Versammlungsorten notwendig verbunden. Mit dem Aufkommen der Massenmedien und der wachsenden Ausdifferenzierung der modernen Gesellschaften wurde

18 Zum Thema öffentliche Veranstaltungen vgl. Gerhards/Neidhardt, Strukturen und Funktionen moderner Öffentlichkeit.

die öffentliche Kommunikation von den gegenständlichen Versammlungsorten weitgehend unabhängig.

2.2.2. Massenmedien als Raum partikularer Interaktion

Massenmedien sind unabhängig von öffentlichen Veranstaltungsorten. Diskurs und Kommunikation finden hier als partikulare Interaktion statt, der Öffentlichkeit hauptsächlich durch die Beobachtung durch einen allgemeinen Adressatenkreis zukommt.

Massenkommunikation setzt eine entwickelte technische Infrastruktur voraus. Im Unterschied zu den öffentlichen Veranstaltungen ist sie am Sender-Empfänger-Modell orientiert (One-to-many-Kommunikation). Sie bietet weder die Möglichkeit zur gleichzeitigen physischen Präsenz aller Kommunikationsteilnehmerinnen und -teilnehmer noch zu einer allgemeinen aktiven Beteiligung am Kommunikationsgeschehen. Massenmedien werden häufig mit öffentlicher Kommunikation identifiziert. An dieser Stelle ist es hilfreich, sich die oben vorgeschlagene Unterscheidung von Orten und Räumen in Erinnerung zu rufen. Der Ort wurde als Teilbereich einer gegenständlichen Umgebung, der mit bestimmten kulturellen, traditionellen oder individuellen Bedeutungen versehen ist, bezeichnet. Der Raum als Möglichkeit zu personaler Interaktion, die auch in Absehung von geografischen Konstanten verwirklicht werden kann.

Auch wenn dies umgangssprachlich so üblich ist, kann nun tatsächlich vom Rundfunk (Hörfunk und Fernsehen) als öffentlichem Ort oder Raum die Rede sein? Zur Beantwortung der Frage nach den Orten öffentlicher Kommunikation kann man in Bezug auf die Massenmedienkommunikation eine Unterscheidung treffen zwischen dem Ort der Medien*rezeption* und dem Ort der Medien*produktion*. In Bezug auf die Rezeption kommt man zu dem folgenden Ergebnis: Massenmediale öffentliche Kommunikation findet an öffentlichen und an privaten Orten statt. Die Rezeption der elektronischen Massenmedien findet an Orten statt, an denen Empfangsgeräte existieren. Für den einzelnen Medienrezipienten ist das in den meisten Fällen stets derselbe Ort, zum Beispiel der Fernseher zu Hause. Radioproduktionen werden hingegen häufig auch unterwegs, an wechselnden Orten gehört. Es handelt sich in beiden Fällen um private Orte oder Orte ohne größere öffentliche Bedeutung, welche aber für die *Beobachtung* öffentlicher Kommunikation genutzt werden. Für die Medien*produktion* kann man festhalten, dass die konkreten Orte, an denen Radio- und Fernsehbeiträge hergestellt werden, meistens keinen öffentlichen Charakter im herkömmlichen Sinne haben, sie erhalten ihn nicht notwendig über ihre räumliche Eigenart als Versammlungsort. Dies wird besonders augenfällig in Hinblick auf Fernsehstudios als professionellen Räumen der Herstellung einer Medienöffentlichkeit, die für die Allgemeinheit unzugänglich sind. Studios und andere Produktionsstätten erlangen den Charakter eines öffentlichen Ortes über die vorübergehende Herstellung einer Massenkommunikationssituation, also die filmische und/oder akustische Übertragung. Die Kommunikation ist hier nur insofern öffentlich, als sie durch eine Öffentlichkeit beobachtet werden kann.

Massenmedienkommunikation hat ihren Ausgang und ihr Ziel also an physisch betretbaren Orten, wobei diese Orte selbst aber, im Unterschied zu den Versammlungsorten, für das Zustandekommen der Kommunikation als öffentliche nicht von Bedeutung sind. Vor diesem Hintergrund könnte man in Bezug auf die Massenmedien jedoch den Begriff Kommunikations*raum*, als Kennzeichnung eines Interaktionsverhältnisses ohne konkrete Situierung, verwenden. Allerdings können Massenmedien wiederum nur bedingt als öffentlicher Interaktionsraum beschrieben werden, da hier nicht die Allgemeinheit, sondern nur verhältnismäßig wenige Personen aktiv kommunizieren. Es handelt sich weniger um einen öffentlichen Interaktionsraum, als vielmehr um die öffentliche Rezeption und Beobachtung der Kommunikation beziehungsweise Interaktion weniger Personen.

Die Rede von den Massenmedien als Ort oder Raum der öffentlichen Kommunikation bezieht sich also nicht auf eine allgemeine Kommunikation, sondern auf die allgemeine Beobachtung von Kommunikation und ist insofern eine metaphorische Zuschreibung zur Situierung einer vorgestellten öffentlichen Meinung und zur ideellen Verortung der wichtigen Themen und der Werte einer Gesellschaft. [19]

19 Zu der Frage der Situierung der öffentlichen Kommunikation in den Massenmedien führt John B. Thompson in ähnlicher Weise aus: »Mediated publicness is a *non-localized* space in the sense that it is not tied down to particular spatial-temporal locales« (246). Im Weiteren geht er jedoch davon aus, dass Interaktionen zwischen Personen ausschließlich an konkreten Orten stattfinden könnten, wogegen Massenmedien nur eine Sphäre von Möglichkeiten für das Hervortreten medialisierter symbolischer Formen herstellten, vgl. John B. Thompson, The Media and Modernity. A Social Theory of the Media, Stanford California 1995.

2.2.3. Virtuelle Räume öffentlicher Kommunikation (Internet)

Das Internet bietet die technischen Voraussetzungen zur Entstehung virtueller Räume, die wiederum eine öffentliche Interaktion ermöglichen. Der Raum der Realisierung einer interaktiven Kommunikationssituation ist hier innerhalb des Mediums, weil mit Hilfe der Medientechnik ein individuelles Handlungsangebot geschaffen wird.

Wie verhält es sich nun mit den Orten der öffentlichen Kommunikation in Bezug auf das Internet? Orte der Rezeption sind, wie beim Fernseher, in der Regel der Rechner zu Hause oder am Arbeitsplatz. Eine mobile Nutzung, ähnlich wie bei Zeitungen, ist durch internetfähige Mobiltelefone und Laptops ebenfalls möglich. Obwohl Netzzugänge insgesamt eine größere Mobilität der Nutzerinnen und Nutzer zulassen, ist der Ort des Zugangs für die Art der Kommunikationsinhalte weitgehend unwesentlich.[20] Hier unterscheidet sich das Internet also nicht von den Massenmedien. Das Internet ist im Unterschied zu den herkömmlichen Massenmedien jedoch durch das entscheidende Merkmal Interaktivität charakterisiert.

Viele interaktive Kommunikationsmöglichkeiten des Internet können als öffentlich bezeichnet werden, weil sie generell für eine breite Allgemeinheit zugänglich sind. Es handelt sich hier zumeist um kleine Öffentlichkeiten beziehungsweise öffentliche Veranstaltungen, die aufgrund der räumlichen Trennung der Kommunikationsteilnehmerinnen und -teilnehmer nur mittels einer Auflösung der gegenständlichen Verortung der Kommunikationsumgebung verwirklicht werden können. Als typische Kommunikationsweisen des Internet weisen viele Foren und Chats Kennzeichen der öffentlichen Veranstaltungen wie Zentrierung auf ein Thema und Anwesenheit einer Veranstaltungsleitung auf.

Öffentliche Veranstaltungen sind Präsenzöffentlichkeiten. Eine solche Kommunikation unter Anwesenden – auch wenn sie nicht immer in Echtzeit, sondern zum Teil zeitlich verschoben stattfindet – erfordert im Rahmen der elektronischen Netzwerke virtuelle Orte, oder, bedenkt man das Fehlen einer gegenständlichen Situierung der Kommunikationssituation: virtuelle Räume. Dem Raum wurde vorangehend die Eigenschaft eines Mediums für personale Interaktion zugeschrieben.

20 Obwohl der Ort der Nutzung Einfluss auf die Auswahl der Dienste haben kann, weil man sich eventuell beobachtet fühlt und bestimmte Inhalte vermeiden möchte oder durch den Ort selber (Context-Aware-Computing) zu bestimmten Nutzungsformen angeleitet wird.

Insofern kann im Unterschied zur massenmedialen Kommunikation in bestimmten Kommunikationsformen des Internet durchaus von der Entstehung virtueller Versammlungsräume gesprochen werden. Im Unterschied zum Rundfunk ist der Ort der Kommunikation nicht die Lokalität, an der sich der oder die Teilnehmer/in aufhält, sondern Räume innerhalb des Mediums selbst. Diese Zuschreibung liegt darin begründet, dass der *Gegenstand der Kommunikation neben den Inhalten der Prozess der Kommunikation selbst ist.* In den nicht-interaktiven Medien wie Fernsehen oder Zeitung ist hingegen ein fertiges Medienprodukt Gegenstand der Kommunikation. Ein Artikel wird in der Zeitung gedruckt, eine Reportage wird im Fernsehen ausgestrahlt. Sie stehen jedoch nicht im Augenblick ihrer Herstellung zur Mitgestaltung zur Verfügung. Der Raum der Realisierung einer interaktiven Kommunikationssituation ist *innerhalb* des Mediums Internet, weil hier *mit Hilfe der Medientechnik ein Handlungsangebot* geschaffen wird. Es wird in diesem Fall ein Möglichkeitsraum für Kommunikation geschaffen, der als virtueller Raum oder virtuelle Realität beschrieben werden kann. Der Terminus virtuell ist in diesem Zusammenhang passend, weil er den öffentlichen Raum im Internet nicht als *Vorstellung* – wie das in der Massenmedienkommunikation der Fall ist –, sondern als *computererzeugte Herstellung* einer wirklichen Kommunikationssituation ausweist.

Der Raum der öffentlichen Veranstaltungen im Internet ist das Medium selbst. Die Entstehung eines virtuellen Raumes der öffentlichen Kommunikation hat also zwei Voraussetzungen: Erstens, Kommunikationsprozess und -gegenstand werden durch einen Handlungsraum in dem Medium selbst erzeugt. Zweitens, er erfüllt das Kriterium der allgemeinen Zugänglichkeit.

Die Unterscheidungen zwischen den Hinsichten öffentlich versus partikular, Interaktion versus passive Kommunikation (Beobachtung), ortsgebunden versus virtuell sind als analytische Grundlage für die weiteren Differenzierungen des Öffentlichkeitsbegriffs von Bedeutung. In Bezug auf die beobachtende Öffentlichkeit etwa tritt die Partikularisierung und damit die Konzentration und Selektion der Inhalte in den Vordergrund. Gleichzeitig ist hier schon die Frage nach der Bindung der Massenmedienkommunikation an konkrete Orte als lebensweltlich konstituierte Bedeutungskontexte angelegt, die besonders in Bezug auf die handlungsrelevanten Aspekte der politischen Öffentlichkeit eine Rolle spielen wird.

2.3. Beobachtende Öffentlichkeit

Die Bedeutung des Publikums für die Weisen öffentlicher Kommunikation bezieht sich einerseits auf die Programminhalte, die durch eine Antizipation der Publikumsinteressen konstituiert werden. Andererseits hat die allgemeine Beobachtbarkeit der Kommunikation eine affirmative Wirkung auf die Akzeptanz von Medienwirklichkeiten als Form der Erkenntnissicherung.

Unter den Begriff der beobachtenden Öffentlichkeit sollen diejenigen Phänomene gefasst werden, die sich als Wirkung aus der Beobachtung von Kommunikationssituationen durch eine dritte Partei erklären lassen. Hier geht es also um die Bedeutung des Publikums für die Herstellung von öffentlicher Kommunikation.

Öffentliche Kommunikation kann stattfinden als dialogische Kommunikation oder Kommunikation innerhalb geschlossener Gruppen, die einem unbestimmten Adressatenkreis zugänglich gemacht wird (zum Beispiel Podiumsdiskussionen, Interviews, Unterhaltungsshows), oder als Kommunikationsbeiträge, die sich direkt an ein Publikum wenden (Vorträge, Nachrichten, Weblogs). In Fernsehen und Hörfunk ist meistens eine Mischung beider Formen zum Beispiel als Bericht mit eingearbeiteten Interviews zu finden. Innerhalb der Presse überwiegt aufgrund der medientechnischen Darstellungsformen die direkte monologische Berichterstattung an das Lesepublikum. In Bezug auf das Internet ist neben den oben genannten öffentlichen Kommunikationsformen eine weitere relativ häufig zu finden: es werden Texte und Bilder gezeigt, die nicht eigens für dieses Medium und seine spezifische Öffentlichkeit produziert wurden, sondern ursprünglich für andere Adressatenkreise oder überhaupt nicht für die Öffentlichkeit; zum Beispiel Tagungsordnungen aus parlamentarischen Ausschusssitzungen, Vernehmungsprotokolle oder Gedichte im Rahmen einer privaten Homepage.

Im Folgenden soll der Frage nachgegangen werden, inwiefern Medieninhalte durch ihre öffentliche Rezipierbarkeit in Bezug auf Auswahl (durch die Medienakteure)und Interpretation (durch das Publikum) disponiert sind. Es geht also

1. um die Wirkung der Beobachtung auf die Programminhalte, und
2. um die Wirkung der Beobachtung auf die Bewertung des Rezipierten aus Warte der Erkenntnissicherung.

Für das Thema dieser Arbeit – den Einfluss individualisierter Medien auf Konzepte der öffentlichen Kommunikation – rücken in diesem Zusammenhang insbesondere das Fernsehen als leitendes Bildmedium und das Internet als populärste Plattform interaktiver Kommunikation in den Vordergrund.

2.3.1. Antizipation der Beobachterperspektive: Fernsehen

In Hinblick auf die Massenmedien hat sich eine Reihe von Theorien mit dem Phänomen der allgemeinen Beobachtung von Kommunikation beschäftigt, wenn sie sich selbst auch nicht unter diesem systematischen Ausgangspunkt versammeln. Die im Folgenden behandelten Ansätze entstammen der konstruktivistischen Medientheorie, der Medienwirkungsforschung, der Nachrichtenwerttheorie und der kritischen Medientheorie.[21] Im Vordergrund stehen zuerst die Kriterien für die Auswahl von Medieninhalten insofern sie für die Allgemeinheit attraktiv und wichtig sein sollen und anschließend wird thematisiert, inwiefern die allgemeine Beobachtung der so zu Stande gekommenen Medieninhalte selbst wieder einen Effekt auf deren Bewertung hat (2.3.1.2.).

2.3.1.1. Selektionskriterien öffentlicher Kommunikation

Medieninhalte werden am unmittelbaren Publikumsgeschmack wie auch an einem demokratischen Konsens über längerfristige Bildungsinteressen orientiert. Berichterstattung und Unterhaltung nehmen selbst

21 Vgl. zum Beispiel, Günther Anders, Die Welt als Phantom und Matrize. Philosophische Betrachtungen über Rundfunk und Fernsehen, in: Ders., Die Antiquiertheit des Menschen. Bd. 1: Über die Seele im Zeitalter der zweiten industriellen Revolution, Nachdr. 1994 der 7., unveränd. Aufl. der Orig. Ausg., 97–211; Heinz Bonfadelli, Die Wissenskluftforschung, in: Michael Schenk, Medienwirkungsforschung, Tübingen 1987, 305–323; Hans Mathias Kepplinger/Helga Weissbecker, Negativität als Nachrichtenideologie, *Publizistik* 36/1986, 330–342; Kurt Lang/Gladys Engel Lang, Ordeal by Debate: Viewer Reactions, *Public Opinion Quarterly* 25/1961, 277–288; Noelle-Neumann, Elisabeth, Wirkung der Massenmedien auf die Meinungsbildung, in: Dies./W. Schulz, W./J. Wilke, Fischer Lexikon, Publizistik, Massenkommunikation, Frankfurt am Main 10.–13. Tausend Mai 1996, aktualisierte, vollständig überarbeitete Neuausgabe November 1994, 518–571; Siegfried Johannes Schmidt, Kognitive Autonomie und soziale Orientierung, Frankfurt am Main 1994; Siegfried Weischenberg, Nachrichten-Schreiben 2000 plus, Leverkusen 2001.

wieder Einfluss auf medienexterne gesellschaftliche Ereignisse. Für die Massenmedienkommunikation ist die Gewinnung von Aufmerksamkeit in hervorgehobener Weise Struktur bildend. Aufmerksamkeitsfaktoren wie etwa Diskontinuierung, Konfliktdarstellung oder Prominenz prägen die (allgemein verständlichen) Inhalte der Massenmedienkommunikation. Daneben betont die klassische Medienwirkungsforschung den wechselseitigen Einfluss der »öffentlichen Meinung« als sozialem Sanktionsinstrument einerseits und der Agenda der Massenkommunikation andererseits aufeinander. Selektionskriterien und »öffentliche Meinung« entwickeln eine starke Eigendynamik, so dass Massenmedien die Einstellungen und Interessen ihrer Rezipient/innen häufig nicht adäquat repräsentieren.

Inwiefern kann nun ein passives Publikum Einfluss auf Medieninhalte und Präsentationsformen gewinnen? Was sind die Voraussetzungen für das Aufkommen von Themen in den Medien? Das Bewusstsein der Existenz eines Beobachters verändert eine Kommunikationssituation aufgrund ihrer gesteigerten reflexiven Objektivierung durch die Beteiligten und die Beobachter der Kommunikation selbst. Dieser auch für die Face-to-Face-Kommunikation bekannte Effekt wirkt sich in Bezug auf den Rundfunk als Selektionsdruck in Rücksicht auf eine antizipierte Publikumsbewertung aus. Nur solche Inhalte werden behandelt, die das Interesse des Publikums befriedigen könnten, und nur solche Präsentationsformen werden gewählt, die seinem Geschmack entsprechen könnten.

Die Orientierung am Publikumsinteresse ist typisch für Mediensysteme der westlichen Staaten. Mediensysteme in totalitären Staaten sind dagegen an den Interessen der Regierungen ausgerichtet. Medien können sich das Ziel der Belehrung oder Umerziehung eines Volkes setzen und damit weniger die unmittelbaren als die autoritativ oder paternalistisch unterstellten Publikumsinteressen in den Blick nehmen. Auch die deutsche Rundfunkordnung kennt medienrechtlich verankerte Vorstellungen von den längerfristigen, demokratisch legitimierten Interessen des Medienpublikums wie beispielsweise den Grundversorgungsauftrag.[22] Auch freiheitliche Medienordnungen spiegeln in diesem Sinne nicht immer ein unmittelbares Publikumsinteresse wider. Selektionskriterien für die Auswahl von Medienproduktionen sind abhängig von den Umweltbedingungen eines Mediensystems, wozu auch der Finanzierungsaspekt zu zählen ist.

22 Vgl. Kapitel »Grundversorgung,« in: Reinhardt Ricker/Peter Schiwy. Unter Mitw. von Hans-Joachim Schütz/Joachim Krech/Friedrich Müller-Malm, Rundfunkverfassungsrecht, München 1997, 347 ff.

Eine empirische thematische Bestimmung der Inhalte öffentlicher Kommunikation bietet sich aufgrund der Vielzahl, der Unterschiedlichkeit und der hohen Fluktuation der Stoffe öffentlicher Auseinandersetzungen im Rahmen dieser Arbeit nicht an. Es können aber strukturelle und inhaltliche Charakteristika für die Generierung eines Themas als öffentlichem dargestellt werden. Innerhalb des Systems der Massenmedien verfügen die einzelnen Akteure und Institutionen über unterschiedliche Instrumentarien der Themenselektion. Vor allem den Redakteur/innen und Journalist/innen fällt in diesem Zusammenhang eine bedeutende Rolle zu. In ihrer Arbeit berücksichtigen sie eine Summe von Erwartungen. Das journalistische Ethos verlangt die verständliche Aufarbeitung gesellschaftlich bedeutsamer Sachverhalte, die möglichst unparteiliche Darstellung unterschiedlicher Positionen und auch die Aufklärung gesellschaftlicher Missstände (investigativer und anwaltschaftlicher Journalismus). Mit dem wachsenden Wettbewerb der Massenmedien um die Aufmerksamkeit des Publikums wird jedoch die Kritik am journalistischen Ethos immer lauter. Den Verantwortlichen im Medienbereich wird Sensationalität, die Fixierung auf triviale Themen (»Human Interest Stories«) und auf populäre Personen (»Namen sind Nachrichten«) vorgeworfen. Journalisten, Redakteure und Programmdirektoren entscheiden »nach medienspezifischen Relevanzgesichtspunkten über den Zugang politischer Akteure zur Öffentlichkeit und bestimmen auf diese Weise deren Handlungs- und Einflußmöglichkeiten …«[23] Noch stärker wiegt der Vorwurf, die Medien erzeugten bestimmte Nachrichten erst durch ihre Berichterstattung, sie bildeten die Wirklichkeit also nicht ab, sondern produzierten Ereignisse selber und setzten Themen in die öffentliche Diskussion, die nicht aus der Sache heraus, sondern aus dem Interesse der Produzenten an hohen Zuschauerquoten begründet sind (»Agenda Setting«). Neuigkeitswert und Sensationalität generieren hier also als Wert an sich. Statusärmere Gruppen und Individuen, die sich unter diesen Umständen Öffentlichkeit verschaffen wollen, sind dazu gezwungen, durch Aktionen mit hohem Nachrichtenwert aufzufallen, also vorrangig durch »schlechte« Nachrichten wie Entführungen, Anschläge oder Störungen der öffentlichen Ordnung (»Negativismus«). Für eine ähnliche Form der Präformation von Realität hat das Autorenpaar Lang und Lang 1953 den Begriff »Reziprozitätseffekt« eingeführt. Sie bezeichnen hiermit »eine Rückkopplung von den Massenmedien auf die Ereignisse, Akteure

23 Winfried Schulz, Politische Kommunikation. Theoretische Ansätze und Ergebnisse empirischer Forschung zur Rolle der Massenmedien in der Politik, Opladen 1997, 47.

und Situationen, über die sie berichten. Situationen ändern sich, sobald Journalisten auf den Plan treten...«[24] Auf diese verschiedenen Weisen erzeugen Medien neben ihren absichtlichen Inszenierungen von Wirklichkeit auch indirekten Einfluss auf das Aufkommen gesellschaftlicher Ereignisse.

Stellt man diese Befunde wieder in den Zusammenhang einer öffentlichen Kommunikationssituation, genauer, einer durch die Allgemeinheit beobachtbaren Kommunikation, so wird deutlich, dass der Versuch der Gewinnung von Aufmerksamkeit für die Massenkommunikation in besonderem Maße Struktur bildend ist. Anders als bei der Individualkommunikation entstehen durch die Massenkommunikation keine persönlichen Verbindlichkeiten, die für Aufmerksamkeit gegenüber dem Kommunikationsstoff sorgen könnten. Die Herstellung der Kommunikation, gerade wenn sie nach dem Sender-Empfänger-Modell stattfindet, ist auf andere Attraktoren zur Bindung des Publikumsinteresses angewiesen.

Niklas Luhmann hat in Übereinstimmung mit Ergebnissen aus der Nachrichtenwerttheorie die Selektionsformen für das Zustandekommen von Themen der öffentlichen Meinung[25] systematisiert. Er nennt die Zeitdimension, die Sachdimension und die Sozialdimension[26] als Aufmerksamkeitsfaktoren zur Generierung von Themen der öffentlichen Kommunikation.

Für die Zeitdimension steht die Differenz zwischen Nachrichtenrhythmik und Lebensrhythmik im Vordergrund. Vor diesem Hintergrund spielt die Aktualität einer Nachricht eine bedeutende Rolle, aber auch Ereignisse, die ohne tagesaktuellen Bezug aber gleichwohl wich-

24 Winfried Schulz, Massenmedien und Realität. Die »ptolemäische« und die »kopernikanische« Auffassung«, *Kölner Zeitschrift für Soziologie und Sozialpsychologie* 1989, 135–149, 144. Ausführlich über den Einfluss der Massenmedien auf das Politikverständnis in Deutschland vgl. die Studie von Hans Mathias Kepplinger, Die Demontage der Politik in der Informationsgesellschaft. Freiburg/München 1998.

25 In dem Beitrag »Gesellschaftliche Komplexität und öffentliche Meinung« (in: Niklas Luhmann, Soziologische Aufklärung 5. Konstruktivistische Perspektiven, Opladen 1990, 170–183) verwendet Luhmann den Begriff öffentliche Meinung als normativen Diskurszusammenhang, der eine »Schiedsrichterfunktion im politischen Geschehen« (171) einnimmt, um diese Bedeutungszuschreibung im weiteren Verlauf der Untersuchung jedoch als falsch darzulegen.

26 In »Die Realität der Massenmedien« von 1995 hat Luhmann diese Selektionskriterien leicht verändert mit stärkerem Bezug zur Nachrichtentheorie als Selektionsfaktoren für Nachrichten dargestellt, vgl. 57ff.

tig sind, erlangen eine höhere Aufmerksamkeit, wenn sie periodisch neu thematisiert werden.

> Manche Themen haben hohe Reaktualisierungschancen (Terror, Drogen) und bestehen aus einer Serie spektakulärer Ereignisse. Andere, vor allem Reformthemen, halten sich nicht von selber auf der Tagesordnung. Man muß von Zeit zu Zeit neue Namen und neue Angriffspunkte erfinden, um sie wieder ins Gespräch zu bringen. Insgesamt ergibt sich daraus ein buntes Bild, das aber auf ein einheitliches Prinzip zurückgeführt werden kann: auf die Notwendigkeit der *Diskontinuierung*, der Bewegung, der zeitlichen Rhythmisierung.[27]

Die Sachdimension bezeichnet Luhmann auch als »Unterscheidungen der *Quantität*«. Hier wird deutlich gemacht, dass insbesondere quantifizierte Darstellungen wie zum Beispiel Statistiken oder Wirtschaftsberichte auf hohes öffentliches Interesse stoßen. Luhmann erklärt dieses Interesse mit der Eigenschaft von Quantifizierungen, Unterschiede beziehungsweise Zustände zu verdeutlichen, die eine »Explosion von Handlungs- und Entscheidungsnotwendigkeiten«[28] zur Folge haben.

Die Sozialdimension, führt er weiter aus, werde erst in der Verknüpfung mit *Konflikt*positionen leitend für die Bestimmungen der öffentlichen Meinung. Hier kann das für und wider einer Position dargestellt und erörtert werden. »Auch der Konflikt wird in sich selbst reflektiert als etwas, das einer Lösung näher gebracht werden sollte. [...] Konflikte gelten in der öffentlichen Meinung als unerwünscht – und werden eben deshalb vorzugsweise reproduziert.«[29]

In Bezug auf die typischen Merkmale der öffentlichen Kommunikation betonen Gerhards und Neidhardt eine weitere Komponente, die insbesondere der unspezifischen Zusammensetzung des Massenmedienpublikums geschuldet ist. Sie unterstreichen, dass Öffentlichkeit ein Kommunikationssystem sei, das vor allem durch seine allgemeinverständliche sprachliche Kommunikation gekennzeichnet werde: »Öffentliche Kommunikation ist Laienkommunikation.«[30] Nur durch die für Öffentlichkeit charakteristische offene Laienkommunikation wäre die Publikumsnähe des Systems gesichert. Journalisten, Pressesprecher und Public-Relations-Beauftragte seien insofern Experten der öffentlichen Kommunikation.[31] Neben bestimmten Diskursstrategien für Positionen, die das Ziel haben, Aufmerksamkeit und Einfluss beim Publikum und auf die öffentliche Meinung hervorzurufen, nennen sie au-

27 Luhmann, Gesellschaftliche Komplexität, 179 (Hervorhebung J. H.).
28 Ebd., 178.
29 Ebd., 179.
30 Gerhards/Neidhardt, Strukturen und Funktionen, 46.
31 Vgl. ebd., 46f.

ßerdem die Kriterien Prominenz und Meinungsführerschaft, die auch Schulz als Zugangsbedingung zu Massenmedien beschrieben hat.[32]

Die Meinungsforscherin Noelle-Neumann hat einen sozial-normativen Aspekt der Massenmedienkommunikaton in einem weiteren Strukturmerkmal der Themenselektion verarbeitet. Mit der »Theorie der Schweigespirale« konzentriert sie sich insbesondere auf das Zustandekommen der öffentlichen Meinung. In diesem Zusammenhang geht es nicht nur um das Gewinnen von Aufmerksamkeit, sondern vor allem um die Antizipation möglicher Sanktionierungen durch die beobachtende Öffentlichkeit. Aus den Vorarbeiten des Soziologen Ferdinand Tönnies erhärtet Noelle-Neumann einen Befund, der besagt, dass nur solche Meinungen öffentlich werden, von denen man sicher sein kann, dass sie gesellschaftlich akzeptiert werden. Ausschlaggebend für diese Vorselektion ist eine anthropologisch begründete Isolationsfurcht. Sie äußert sich in einer ständigen Beobachtung der Umgebung und die Anpassung an die vorherrschenden Stimmungen und Ansichten. Unpopuläre Meinungen treten im Diskurs deshalb häufig nicht auf, sie werden verschwiegen. Im Gegenzug erstarken Meinungen, die tendenziell auf eine breite Zustimmung stoßen.[33] Die Massenmedien verstärken diesen Prozess in herausragender Weise und rufen eine Angleichung von öffentlicher und veröffentlichter Meinung hervor. Noelle-Neumanns Theorie der Schweigespirale fällt unter das Modell der Koorientierung, nach dem in der Medienwirkungsforschung eine der verschiedenen Formen der Realitätsbeeinflussung durch die Massenmedien beschrieben wird.

> Das *Modell der Koorientierung* (co-orientation model) sieht in der Medienrealität eine Art ›verallgemeinerten Andern‹ (›generalized other‹ im Sinne von Mead 1934), eine ›virtuelle‹ Bezugsgruppe, die dem Individuum als Indikator für die vorherrschende und allgemein akzeptierte ›öffentliche Meinung‹ gilt.[34]

Für die skizzierten Theorien zum Zustandekommen öffentlicher Medieninhalte kann man festhalten, dass die Vorwegnahme eines bestimmten Rezeptionsverhaltens die Medienkommunikation auf grundsätzliche Weise nach bestimmten Faktoren strukturiert. Eine solche Vorauswahl orientiert sich an Interessen, Wissensdispositionen und geschmacklichen Präferenzen des Publikums. Während das Modell der öffentlichen Laienkommunikation die Ausrichtung an einem unspezifischen Adressatenkreis (Wissensdisposition) in den Blick

32 Vgl. Schulz, Politische Kommunikation, 47.
33 Vgl. Noelle-Neumann, Öffentliche Meinung, 378 f.
34 Schulz, Massenmedien und Realität, 144.

nimmt, berühren Konzepte zur Erlangung einer spontanen Form der Aufmerksamkeit (»Das will ich sehen«) auch Fragen des Publikumsgeschmacks. Gerade in diesem Punkt gehen die Meinungen über die Rolle der Medien stark auseinander. »Die Verfassung des Publikums, die vorgeblich und tatsächlich das System der Kulturindustrie begünstigt, ist ein Teil des Systems, nicht dessen Entschuldigung«, schreiben Max Horkheimer und Theodor W. Adorno in ihrem Kulturindustrie-Aufsatz von 1944.[35] Inwiefern die Medien bestimmte gesellschaftliche Verhältnisse erzeugen oder sie aber doch nur wider geben, ist eine beständige, aber wohl unlösbare Fragestellung der Medienwissenschaften. Für den privat-kommerziellen Bereich der Medienproduktion kann man jedoch eine Dynamik beobachten, die aus der engen Verbindung zwischen der Aufmerksamkeit des Publikums und der Rentabilität der Sendungen hervorgeht. Mit dem Ziel, möglichst hohe Einschaltquoten zu erreichen, werden im Rahmen der marktorientierten Medienkonkurrenz die Grenzen des bislang moralisch und sittlich Akzeptierten laufend überschritten. So können Extreme, die nicht einen moralischen Konsens und sittliche Konventionen widerspiegeln, dennoch über ihre öffentliche Präsenz die Grenzen des moralisch Erlaubten neu markieren. Es besteht hier also ein Ungleichgewicht zwischen den moralischen Einstellungen der Bevölkerungsmehrheit und der Weise, in der dieser Adressatenkreis seine Kommunikationsmittel erfährt. Das Ungleichgewicht zwischen moralischen Einstellungen und der medialen Präsentation von Gegenständen des moralischen Interesses verlagert sich durch den Öffentlichkeits- und den Gewöhnungseffekt meistens hin zu einer Aufweichung überkommener moralischer Standards, wie beispielsweise den Schutz der Privatsphäre zu gewährleisten oder das Gebot, Gewalt verherrlichende Darstellungen zu unterlassen. Die Funktionsmechanismen der Medienöffentlichkeit fordern Kritik immer wieder aufs Neue heraus. Es ist nur allzu deutlich, dass Medien in Rücksicht auf Attraktoren für das Publikumsinteresse Wirklichkeit nur ausschnittshaft und geformt zeigen. Wohl in keinem anderen Medium (wie zum Beispiel der bildenden Kunst oder der Musik) ist die Frage des Geschmacks so stark mit sittlich-moralischen und so wenig mit ästhetischen Urteilen verbunden wie in den elektronischen Massenmedien, insbesondere dem Fernsehen.

35 Max Horkheimer/Theodor W. Adorno, Kulturindustrie. Aufklärung als Massenbetrug, in: Dies., Dialektik der Aufklärung. Philosophische Fragmente, Frankfurt am Main 1993, 128–176, 130.

2.3.1.2. Öffentlichkeitseffekt und Orientierungswissen

Gegenstand der Beobachtung einer Massenkommunikationssituation ist das Medienprodukt wie auch das restliche Medienpublikum. Die besondere Wirkung eines öffentlichen Kommunikationserlebnisses wird als Öffentlichkeitseffekt bezeichnet. Das Wissen von einer allgemeinen Rezeption des gleichen Medienprodukts führt zu dessen Anerkennung als Orientierungswissen und auch zu dessen Aufwertung auf normativer Ebene.

In der kommunikationswissenschaftlichen Terminologie wird die Massenmedienkommunikation nach dem Sender-Empfänger beziehungsweise dem One-to-Many-Modell beschrieben. Es handelt sich hierbei typischerweise um Kommunikation mit einer beobachtenden Öffentlichkeit. Die Aufmerksamkeit des einzelnen Medienrezipienten richtet sich hierbei auf zwei Bereiche: zum einen auf die Sendungen, zum anderen auf das restliche Medienpublikum. Gegenstand der Rezeption ist in dem einen Fall das Medienprodukt als solches, in dem anderen Fall das restliche Publikum beziehungsweise sein Rezeptionsverhalten. Diese Beobachtung der anderen Rezipientinnen und Rezipienten ist in der Regel indirekt. Auf die Massenwirkung, also die tatsächliche Beteiligung eines breiten Publikums, kann durch den Sendeplatz, die Thematisierung des Medienprodukts in anderen Sendungen oder dessen Bedeutung im Bekanntenkreis geschlossen werden.

Analog unterscheidet Niklas Luhmann in diesem Zusammenhang eine Beobachtung erster und zweiter Ordnung. Luhmann trifft diese Differenzierung im Rahmen seiner konstruktivistischen Medientheorie in Bezug auf Realitätsvorstellungen, die durch die Massenmedien erzeugt werden. Auf Ebene der Beobachtung erster Ordnung würde demnach eine Realität wahrgenommen, wie sie durch die Massenmedien dargestellt ist, »so als ob es um Fakten ginge«.[36] Eine zweite Realität konstituiert sich darüber hinaus in der Beobachtung zweiter Ordnung, also für den Beobachter von Beobachtern.[37]

Die italienische Medienwissenschaftlerin Elena Esposito hat diesen Umstand folgendermaßen ausgeführt:

36 Luhmann, Realität der Massenmedien, 15.

37 Bei Luhmann wird nicht deutlich, ob sich nur die Medienschaffenden untereinander beobachten oder auch das Publikum. Da jedoch jeder Journalist oder Programmdirektor auch gleichzeitig Publikum ist, löst sich diese Differenzierung auf.

> [Die »generalisierten Massenmedien«] senden jedem Leser/Zuschauer die gleichen Daten und neutralisieren dadurch Transparenzmangel: Selbst wenn man nicht über den »realen« Stand der Dinge informiert wird, kann man wenigstens durch die Massenmedien beobachten, was die anderen Leser/Zuschauer beobachten, und das reicht, um einen gemeinsamen Horizont von Begriffen (nicht von gemeinsamen Meinungen) zu schaffen. [...] Ohne die Möglichkeit zu beobachten, was die anderen Beobachter beobachten, würde der letzte Kontakt mit einem Universum von Beobachtern, die in der Massengesellschaft notwendigerweise unbekannt und unzugänglich sind, entfallen.[38]

Man kann in diesem Zusammenhang von einem Effekt der Kommunikationsbeobachtung auf die Realitätswahrnehmung sprechen, die eben durch die Öffentlichkeit der Beobachtung intersubjektiv versichert ist.

Die Medienwirkungsforschung fasst die besondere Kraft eines allgemeinen, öffentlichen Kommunikationserlebnisses unter den Begriff Public Eye oder Öffentlichkeitseffekt.[39] Die Meinungsforscherin Noelle-Neuman führt dazu aus: »Jeder weiß, daß *alle* eine Botschaft sehen, hören, erfahren können. [...] Erst damit entfaltet sich die Wirkung der Massenmedien auf die Öffentlichkeit, die Bevölkerung, das Meinungsklima allgemein und erfaßt damit dann auch den einzelnen«.[40] Hier wie in der Medienwirkungsforschung insgesamt wird der Öffentlichkeitseffekt insbesondere in seiner Bedeutung für die individuelle und die öffentliche Meinungsbildung betrachtet. Der Öffentlichkeitseffekt wird als Bewusstsein von der allgemeinen Kenntnis bestimmter Informationen und Meinungen eingeführt. Jedoch ist auch abgekoppelt von einer Meinungsbildungs- und Orientierungsfunktion die bloße Teilhabe am System der öffentlichen Kommunikation mit einer starken Wirkung verbunden. Das Wissen von einer allgemeinen Rezeption des gleichen Mediums führt nicht nur zu einer Veränderung der Beurteilung der Medieninhalte, sondern gleichermaßen auch zu ihrer *Aufwertung* auf *normativer* Ebene. Diese Aufwertung lässt sich rational mit einer durch die Rezipient/innen vorausgesetzten Qualität der journalistischen Berichterstattung und von Massenmedienproduktionen im

38 Elena Esposito, Veränderungen der Öffentlichkeit: Vom Ideal der Transparenz zur Wiederentdeckung des Mysteriums, in: Dieter Baacke/Dorothee Schnatmeyer (Hg.), Neue Medien – Neue Gesellschaft? (Schriften zur Medienpädagogik 25), Wiesbaden 1997, 43 f. (Fehler aus der Vorlage, vgl. »Leserzuschauer«, 1. Zeile, sind im Zitat korrigiert worden.)

39 W. Schulz hat diesen Umstand als Reflexionsmodell der Medienwirkung bezeichnet. Vgl. Massenmedien und Realität, 144.

40 Noelle-Neumann 1996, 528.

Allgemeinen begründen. Einem gewissen institutionellen Vertrauen liegt hier die Annahme zu Grunde, standes- und ordnungspolitische Vorgaben im Medienbereich schlössen schlechte, falsche oder extremistische Medieninhalte aus. Gleichzeitig entspricht das »Alle machen mit« der Massenmedienrezeption jedoch einem gruppendynamischen Impuls. In solchen Prozessen stehen weniger rationale Argumente im Vordergrund, sondern vielmehr die soziale Integration.[41] Deren Wertschätzung strahlt ab auf die Zustimmung zu sozialer Praxis und Einstellungen der jeweiligen Gruppe. Analog *ist auch das Vorhandensein einer beobachtenden Öffentlichkeit in den Massenmedien als normative Rechtfertigung und Affirmation der Inhalte zu betrachten.*

Eine generell positive Einschätzung der Teilnahme am Mediengeschehen überträgt sich ebenfalls auf die Bewertung der beteiligten Personen, deren sozialer Status mit einer öffentlichen Medienpräsenz wächst. Unter dem bestimmenden Einfluss der Medien in den modernen westlichen Demokratien avancierte der Medienauftritt zu einem hohen Gut, das gesellschaftliches Prestige und Anerkennung verspricht. Wie hoch der Medienauftritt als solcher in der Gunst vieler Mediennutzerinnen und -nutzer steht, ist daran zu erkennen, dass zum Beispiel selbst ein für den Gast persönlich eventuell schmachvoller Auftritt in einer Nachmittagstalkshow gegen das hohe Gut der Medienpräsenz aufgehoben wird. Ein weiteres Indiz für den Wert persönlicher Präsenz in den Massenmedien ist die Anerkennung der Bewertung der Form des Medienauftritts einer Politikerin oder eines Politikers als wichtiges Kriterium für die Einschätzung seiner oder ihrer Eignung für dieses Amt.

2.3.2. Antizipation der Beobachterperspektive: Internet

Welche Rolle spielt die Beobachtung der Kommunikationssituation nun für die Netzkommunikation? Gerade weil das Internet aufgrund seiner individualisierten und netzwerkartigen Nutzungsformen nicht auf massenattraktive Sendungen angewiesen ist, betrachten es viele als wirklichkeitsnahes Medium, als ein Medium, das so sei wie die Gesellschaft.[42] Doch bevor der Verhältnisbestimmung von Netzkom-

41 Zur Isolationsfurcht im Allgemeinen vgl. Michael Jäckel, Öffentlichkeit, Öffentliche Meinung und die Bedeutung der Medien, in: Ders., Medienwirkungen. Ein Studienbuch zur Einführung, Wiesbaden 1999, 215–248, 231ff.

42 So entgegnen viele Internetaktivisten auf Versuche, die Internetkommunikation zum Schutz vor Kriminalität einzuschränken, das Internet sei ein

munikation und öffentlicher Beobachtung nachgegangen wird, soll geklärt werden, welche Kommunikationsformen des Internet überhaupt als öffentliche Kommunikation bezeichnet werden können. Im Vordergrund stehen hier Formen der Kommunikation, die als originäre Gattungen des Internet im Vergleich zu den aus anderen Quellen stammenden Internetangeboten wie Filme, Computerspiele oder Bücher eine herausgehobene Bedeutung haben: Chats (1), private Homepages (2) und Weblogs (3).[43]

2.3.2.1. Chats

Chats ermöglichen eine individuelle und doch öffentliche Kommunikation, die zumeist unter Pseudonymen stattfindet. Es ist zu unterscheiden zwischen Chats als unreglementierten, »zufälligen« Kommunikationsforen (episodische Chats) und solchen, die themenzentriert sind und unter einer Leitung stehen (diskursive Chats).

Bereits im vorangehenden Kapitel zu den Orten der öffentlichen Kommunikation wurde ausgeführt, dass mit Chats beziehungsweise Foren neue Formen der öffentlichen Kommunikation hervorgebracht werden. Eine Klassifizierung nach den in den Kommunikationswissenschaften üblichen Unterscheidungen zwischen Individual- und Massenkommunikation beziehungsweise privater und öffentlicher Kommunikation ist für Chats – wie auch für die meisten anderen Kommunikationsformen des Internet – nicht möglich.[44]

In den Chatrooms als einer möglichen Form der öffentlichen Interaktion werden interpersonale Kontakte in Echtzeit oder zeitversetzt hergestellt. Hier kann (bislang fast ausschließlich) schriftliche Indivi-

Spiegel der Gesellschaft, man müsse also die Gesellschaft durch diskursive Auseinandersetzung verändern, um Kriminalität zu verhindern, anstatt die Kommunikationsfreiheit zu beschneiden, vgl. zum Beispiel Andy Müller-Maguhn, Sprecher des Chaos Computer Clubs (CCC) (»Einladung zur Demonstration gegen Netzzensur am 6.4.2002 in Düsseldorf«, (www.supportnet.de/stat/2002/4/id82057.asp), oder der Internetpionier William McDonough (Wolfgang Kleinwächter, Darwinismus im Cyberspace, *Telepolis. Magazin der Netzkultur* 18.5.2004, www.heise.de/tp).

43 Podcasts, individuelle Radioproduktionen im Internet, werden hier nicht eigens bearbeitet, da sie Strukturmerkmale haben, die auch für die hier im Vordergrund stehenden Gattungen typisch sind.

44 Vgl. Jessica Heesen, Ethik und Ethos der privaten Homepage, in: Thomas Hausmanninger (Hg.), Handeln im Netz. Bereichsethik und Jugendschutz im Internet (Schriftenreihe des ICIE Bd. 2), München 2003, 131–150.

dualkommunikation unter den Augen der Öffentlichkeit stattfinden. Für einen Chat (deutsch: schwatzen oder plaudern) können sich Interessentinnen und Interessenten nach einer zumeist unkomplizierten Anmeldung an einer Online-Kommunikation beteiligen. Fast ausnahmslos findet die Anmeldung zu einem Chat unter einer anderen Identität, also pseudonymisiert, statt. Die Gespräche finden häufig nicht tatsächlich in Echtzeit statt, sondern verzögert entsprechend des Schreibvorgangs und der Reaktionszeiten für den Beitrag. Die Beiträge zum Dialog werden abhängig von ihrer Ankunftszeit hintereinander präsentiert und mit der jeweiligen Identität versehen. Aufgrund dieses Verfahrens machen manche Chats einen chaotischen Eindruck, da nicht die Beiträge zusammen präsentiert werden, die als Reaktion aufeinander entstanden sind. Störer können durch einen Administrator von einem Chat ausgeschlossen werden. Personen, die ein unbeobachtetes Zweiergespräch wünschen, können sich zurückziehen.

Die relative Strukturlosigkeit, Offenheit für Teilnehmer und Themen sowie die weitgehende Immunität gegen politische Kontrolle rücken Chats auf eine Ebene mit den so genannten Encounters[45], dem episodischen Gespräch zu Zweit oder zu Mehreren. Trotzdem unterscheidet sich ein Chat durch die vorwiegende Anonymität der Kommunikationspartner in einem entscheidenden Punkt von der episodischen Face-to-Face-Kommunikation. Als anonyme und doch öffentliche Kommunikationssituation erinnert ein Chat eher an eine Inszenierung beziehungsweise eine Theatervorführung, in der die Rolle, nicht aber die natürliche Person des Schauspielers, im Vordergrund steht.[46]

Chatrooms werden auch für Dialoge mit einzelnen Personen, zum Beispiel prominenten Politikerinnen und Politikern, und/oder für themenzentrierte Auseinandersetzungen genutzt. Solche inhaltlich konzentrierten Foren werden durch eine Moderation strukturiert, die auch für eine verständliche Präsentation der Kommunikation sorgt. Sie sind aufgrund ihrer thematischen Fokussierung anders als die anarchisch organisierten privaten Chats der Ebene »öffentliche Veranstaltungen« zuzuordnen. Zur Unterscheidung dieser Chats von Chats nach Art einer persönlichen Plauderei sollen im Weiteren für diese Arbeit die Begriffe *diskursiver Chat* und *episodischer Chat* dienen.

45 Vgl. Gerhards/Neidhardt, Strukturen und Funktionen, 50.

46 Sybille Krämer spricht in diesem Zusammenhang von einer Theatralisierung der Person. Vgl. Sybille Krämer, Subjektivität und neue Medien. Ein Kommentar zur Interaktivität, in: Mike Sandbothe/Winfried Marotzki (Hg.), Subjektivität und Öffentlichkeit. Kulturwissenschaftliche Grundlagenprobleme virtueller Welten, Köln 2000, 102–117, 111.

2.3.2.2. Private Homepages

Private Homepages standen am Anfang einer Entwicklung, die gekennzeichnet ist durch den individuellen, nicht-kommerziellen Zugang von Einzelpersonen zu den Öffentlichkeiten elektronischer Medien. Private Homepages sind eher schwach interaktiv und unterscheiden sich untereinander durch ihre Ausrichtung auf personenbezogene beziehungsweise sachbezogene Rezeptionsformen.

Neben den Chats als konstitutiv interaktiv angelegten Kommunikationsformen existieren die eher schwach interaktiven Nutzungsmöglichkeiten des Internet. Davon fallen mit der privaten Homepage und dem Weblog zwei Erscheinungsformen als neue internetspezifische Gattungen besonders ins Auge. Werbung beziehungsweise Selbstdarstellungen von institutioneller oder unternehmerischer Seite sind als eigenständige Medienproduktionen schon lange bekannt und nutzen mit dem Internet lediglich neue Verbreitungs- und Werbungsformen. Weblogs und private Homepages dagegen kennzeichnen den individuellen, nicht-kommerziellen Zugang von »bürgerlichen« Nutzerinnen und Nutzern zu einer spezifischen Form der medialen Öffentlichkeit.

Die private Homepage ist an die Allgemeinheit gerichtet, das heißt sie wendet sich an einen unbestimmten Adressatenkreis mit beliebiger Zusammensetzung. Sie weist damit massenmediale Eigenschaften wie Hörfunk und Fernsehen auf. In Bezug auf die allgemeine Rezeptionsmöglichkeit der Internetinhalte ist es allerdings längst eine Binsenwahrheit, dass die Möglichkeit zur weltweiten, öffentlichen Kommunikation durch das Internet zwar eine populäre Globalisierungsmetapher ist, aber von der Praxis zumeist konterkariert wird.

Eine private Homepage wird in der Regel von einer Einzelperson oder einer weitgehend homogenen Gruppe (zum Beispiel einer Familie) erstellt. Insofern gehören auch gesellschaftliche Institutionen oder Zweckbündnisse (wie beispielsweise Globalisierungsgegner) nicht zum Kreis der Betreiber einer typischen privaten Homepage. Ebenfalls untypisch ist die Verfolgung kommerzieller Interessen.

Eine Reihe von Homepages wendet sich direkt an einen geschlossenen Nutzerkreis, also an einen Kreis von Personen, der durch Beziehungen zum Betreiber oder durch Beziehungen untereinander gekennzeichnet ist. Auf Homepages werden Geburten bekannt gegeben oder die neuesten Kinderfotos gezeigt. Manche Betreiber berichten regelmäßig über alltägliche oder besondere Ereignisse und erleichtern Familie und Freundeskreis damit die Teilhabe an ihrem Leben. Für solche familienbezogenen Seiten ist teilweise der Informationszugang durch Passworte beschränkt. In Bezug auf diese Informationen, die ausdrücklich mit Zugangsbeschränkung an den Bekanntenkreis gerichtet sind, ist die private Homepage eine digitalisierte Fortentwicklung der nicht öffentlichen Individualkommunikation in Form von Briefen und Telefonaten. Hat eine Homepage eine explizite Adressierung an einen abgegrenzten Adressatenkreis, aber keine Zugangsbeschränkung, so ist die Rezeption dieser Informationen durch Außenstehende eine okkasionelle Folge, die aber trotzdem als Öffentlichkeits- oder Public-Eye-Effekt Einfluss auf das Angebot hat. Wer seine Familie im Internet darstellt, signalisiert damit ähnlich wie ein calvinistisches Haus ohne Vorhänge die sittliche Integrität des eigenen Privatlebens.

Neben diesen Homepages, die aus Publikumsperspektive durch eine personenbezogene Rezeption gekennzeichnet sind, existieren Homepages, die auf eine sachbezogene Rezeption ausgerichtet sind. Diese privaten Netzseiten werden vor allem aufgrund einer sachbezogenen Recherche durch eine Suchmaschine aufgerufen. Eine solche Art der Rezeption wird durch den oder die Betreiber einer Homepage gewünscht und unterstützt. Auf solchen privaten Homepages gehört die sichtbare Zählung der Besucher und Besucherinnen schon fast zum Standard. Je mehr Öffentlichkeit die Homepage hat, desto attraktiver wird sie für ihren Betreiber, aber auch für den Rezipienten. Für die sachbezogenen Rezipientinnen und Rezipienten ist eine private Homepage die Chance für den Erhalt von Spezialinformation, die in den institutionalisierten oder kommerzialisierten Medien nicht zu finden ist. Die Attraktivität der Information wird zusätzlich noch dadurch erhöht, dass mit dem Autor oder Herausgeber des Angebots schnell und unaufwendig Kontakt für weitere Nachfragen hergestellt werden kann.[47]

2.3.2.3. Weblogs

Weblogs, Netztagebücher, sind eine Form des Nanopublishing. Sie enthalten häufig aktualisierte Impressionen und Informationen der Autorinnen und Autoren sowie umfassende Linksammlungen und Diskussionsforen. Weblogs wie private Homepages und Chats verdeutlichen, dass auch im Rahmen der Konstituierung von Medienöffentlichkeiten

47 Zum Adressatenkreis der privaten Homepage vgl. die empirische Untersuchung: Franz Machilek/Astrid Schütz/Bernd Marcus, Selbstdarsteller oder Menschen wie du und ich? Intentionen und Persönlichkeitsmerkmale von Homepagebesitzer/inne/n, *Zeitschrift für Medienpsychologie* 16 (N.F. 4) 3, 2004, 88–98.

zwischen Massenkommunikation und öffentlicher Kommunikation zu unterscheiden ist. Trotz ihrer individualisierten Herstellung kann in Bezug auf die öffentliche Kommunikation im Internet nicht von einer unvermittelten Spiegelung gesellschaftlicher Verhältnisse die Rede sein.

Der ausgeprägt individuelle Charakter der privaten Homepage rückt sie in die Nähe der so genannten Weblogs oder kurz Blogs als einer weiteren Form der individualisierten Publikation. Blogs sind ebenfalls unabhängige, privat hergestellte Netzseiten.

> Blogs are frequently updated web pages on which authors post short comments about news items, interesting websites, their thoughts and more. Blogs are part of a nanopublishing revolution that allows individuals to express themselves to the world. Blogs are easy to create, easy to maintain and fun to read.[48]

Zu den Kennzeichen von Blogs gehören umfangreiche, stetig aktualisierte Linksammlungen, die einen umfassenden und meinungsfreudigen Austausch zu den unterschiedlichsten Themen innerhalb der »Blogosphäre«[49] erlauben. Dazu zählen auch Blogs, die Plattformen für Personen oder Gruppen mit ähnlichen Interessen bilden (Community-Plattformen).

Vorläufer der Blogs kamen in den frühen 1990er Jahren mit der Idee auf, Tipps und Anregungen für die spezielle themenorientierte Internetnutzung zu geben. Sie verstanden sich als »filter log«, als leitende, persönliche Auswahl der unübersichtlichen Internetinhalte.[50] Mit dem Angebot einfach zu nutzender HTML-Formate für die Anfertigung von Blogs erhöhten sich der Anteil und die Bedeutung der Blogs im Internet seit 1998 um ein Vielfaches. Andere Umschreibungen von Blogs lauten Microcontent oder Thin Media[51] und betonen die hohe Partikularität, aber auch die Analogie zur Terminologie der journalistisch geprägten Medienlandschaft.

48 Anton Zuiker, Blogging 101, last updated 2.27.2004, (http://weblogs.about.com).

49 Mario Sixtus, Medienrevolution oder Tagebücher. *Telepolis. Das Magazin der Netzkultur* 15.12.2003, www.telepolis.de/deutsch/special/med/16308/1.html).

50 Vgl. Anton Zuiker, Blogging 101, und Dave Winer, The History of Weblogs, in: Weblogs.Com News (http://weblogs.about.com).
Die Bezeichnung »Weblog« und daraus abgeleitet »Blog« (von Web-log zu We-blog) wurde wahrscheinlich erstmals 1998 von John Barger geprägt, wobei die Meinungen über den genauen Ursprung der Namensgebung auseinander gehen.

51 Vgl. Zuiker, Blogging 101.

Besondere Aufmerksamkeit erzielten Weblogs in jüngerer Zeit in Krisensituationen, in denen eine freie journalistische Berichterstattung kaum möglich war. Im Irakkrieg 2003 zum Beispiel berichteten regelmäßig private Personen über ihre Erlebnisse im Kriegsgebiet. Diese so genannten Warblogs wurden vereinzelt stark frequentiert und auch Gegenstand professioneller journalistischer Berichterstattung.[52] Zunehmend nutzen Journalistinnen und Journalisten selbst Blogs als Berichterstattungsformat.[53] Blogs bieten für Journalisten die Möglichkeit zu sehr aktueller Berichterstattung, zur Lieferung von Hintergrundinformation durch die Angabe von Links und zum Einbezug der Rezipientenperspektive über E-Mails.[54]

Den nicht professionellen Weblogs ist gemeinsam, dass ihre Themen nicht aktueller Gegenstand der massenmedial und kommerziell geprägten Öffentlichkeiten sind oder diese Themen aus anderer Perspektive aufgegriffen werden.[55] Sie sind eher dem Bereich Subkultur oder Gegenöffentlichkeit zuzuordnen und charakterisieren sich aus der Herstellung einer Alternative zu den herrschenden Informationsangeboten.[56]

52 Besondere Aufmerksamkeit erregte das Netztagebuch des Irakers Salam Pax (http://dear_read.blogspot.com).

53 So zum Beispiel die Wochenzeitung »Die Zeit« oder das Wochenmagazin »Der Spiegel«; die »Frankfurter Rundschau« berichtet in einer Rubrik über Diskussionen in Blogs.

54 Vgl. http://www.onlinejournalismus.de/forschung/journalistische_weblogs_haupttext1-2.php
Neben den Blogs existieren in neuerer Zeit auch Video-Blogs, »Vlogs«, die hauptsächlich auf Filmaufnahmen aus dem Privatbereich beschränkt sind.

55 Weblogs sind eine ähnliche Erscheinung wie die so genannten Fanzines oder, in Kurzform, Zines. Zines sind unabhängige, privat hergestellte Hefte, die seit den 1980ern vor allem in den Vereinigten Staaten Verbreitung fanden. Ihre Entstehung ging ursprünglich aus der Science-Fiction-Szene hervor. Inhalte der Zines sind die meist sehr speziellen Interessen ihrer Herausgeber/innen. Zines gibt es für alle erdenklichen Vorlieben und Interessen. Meistens werden sie als Fotokopien oder Dateien von den Herausgebern selbst an die Bestelladresse geschickt. Von der Existenz eines Fanzines erfuhr man in den Anfängen nur über persönliche Hinweise, inzwischen gibt es professionalisierte Auflistungen fast sämtlicher Publikationen auch im Internet. Mit der Etablierung des Internet kamen als elektronische Variante der Zines die E-Zines auf. Unter dieser Bezeichnung findet man jedoch auch häufig institutionalisierte, kleine Periodika im Internet (vgl. www://zinebook.com).

56 Einen umfassenden Überblick über Blogs bietet das Buch: Don Alphonso/Kai Pahl (Hg.), Blogs! – Text und Form im Internet, Berlin 2004.

Die vorgestellten Kommunikationsformen des Internet (Chats, private Homepages, Blogs) sind strukturell Formen der öffentlichen Kommunikation. Trotzdem sind sie keine Mittel der herkömmlichen Massenkommunikation. Sie richten sich zwar an einen unbestimmten Adressatenkreis, sie sind aber weder inhaltlich auf die Bedürfnisse eines breit gefächerten Publikums ausgerichtet, noch werden die einzelnen Angebote faktisch durch eine Anzahl von Personen rezipiert, die zum Beispiel mit dem Fernsehen konkurrieren könnte.[57] Zur Differenzierung verschiedener Typen und Funktionsweisen von Öffentlichkeit muss an dieser Stelle *zwischen Massenkommunikation und öffentlicher Kommunikation unterschieden werden*. Überwiegend sind die Publikationen und Interaktionsformen des Internet quantitativ oder strukturell den kleinen Öffentlichkeiten zuzuordnen. So wurde vorangehend ausgeführt, dass Chats Merkmale von öffentlichen Veranstaltungen aufweisen, aber auch, je nach Ausprägung, als kommunikativer Sonderfall bezeichnet werden können, insofern hier eine episodische und doch anonyme öffentliche Kommunikation vorzufinden ist. Private Homepages und Blogs sind aufgrund der Spezifik ihres Adressatenkreises ebenfalls nicht zu der großen, allgemeinen Öffentlichkeit zu zählen. Hinzu kommt der hypertextuelle Anspruch von Blogs, der funktional als Anleitung zu selbstständiger Recherche und Kontextverweis zu verstehen ist und damit nicht der passiven Rezeption von Rundfunksendungen entspricht.

Zurückkehrend zu der Frage nach der Bedeutung der möglichen Beobachtung der Kommunikationssituation für die Netzkommunikation stehen im Folgenden drei Schwerpunktthemen für die Analyse im Vordergrund: der Aufmerksamkeitsfaktor, der Öffentlichkeitseffekt und das Orientierungswissen. Mit Hilfe dieser Ausführungen soll gezeigt werden, dass die Internetkommunikation ebenso wenig wie die Massenkommunikation als Spiegel der Gesellschaft[58] bezeichnet werden kann, sondern dass hier wie dort die medientechnischen Vorgaben wie auch der öffentliche Charakter der Kommunikation den Medieninhalt strukturieren.[59]

57 Von guten Einschaltquoten spricht man im deutschen Fernsehen bei sechs bis acht Millionen Zuschauerinnen und Zuschauern. Private Homepages verzeichnen – soweit angegeben – häufig Besucherzahlen im vierstelligen Bereich. Erhebungen zur Anzahl der Beteiligten an Chats liegen soweit bekannt nicht vor.

58 Vgl. Müller-Maguhn, McDonough und andere Netzaktivisten.

59 Wenn auch die Pluralität des Angebots im Internet eher eine Darstellung der Vielfältigkeit der Gesellschaft erlaubt.

2.3.2.4. Aufmerksamkeitsfaktor

Internetangebote erzeugen Aufmerksamkeit hauptsächlich über Suchmaschinen und Links. Abgesehen von diesen Repräsentationsformen sind Internetangebote auf inhaltlicher Ebene von einem Ringen um Aufmerksamkeit stärker entlastet als die Massenmedien. Das Internet ist unter anderem aus diesem Grund nicht maßgeblich an der Herstellung von Themen der breiten öffentlichen Kommunikation beteiligt. In Bezug auf Themen von allgemeinem Interesse sind die Wirkungen der spezifischen Handlungsrationalität des Internet nach öffentlichkeitsbezogenen Wertannahmen (Freiheit, Orientierung) abzuwägen.

Für den Rundfunk beziehungsweise das Fernsehen wurde vorangehend bereits die herausragende Bedeutung der Gewinnung von Aufmerksamkeit betont. Das antizipierte Interesse und Verhalten des Publikums strukturiert insofern Medienproduktionen in den Massenmedien auf grundsätzlicher Ebene mit. Als Aufmerksamkeitsfaktoren wurden unter anderem die auch aus der Nachrichtenwerttheorie bekannten Kriterien Aktualität (Diskontinuierung) oder Konflikt genannt.[60] Es gehört dazu aber auch eine Reihe von Phänomenen, die vor allem aufgrund der Verbindung von ökonomischen und publizistischen Faktoren in der Medienproduktion zu Stande kommen wie die Trivialisierung des Angebots oder die Befriedigung von Sensationslust. Für eine dezidiert journalistische Arbeit wie die politische Berichterstattung gehen aus der Verantwortung gegenüber einem Massenpublikum jedoch auch bestimmte qualitative Anforderungen hervor, die sich im journalistischen Berufsethos niederschlagen. Dazu gehören die kritische und gemeinnützig gerechtfertigte Auswahl der Stoffe, deren verständliche Aufarbeitung und die Ausgewogenheit der Darstellung.

Episodische und diskursive Chats, Weblogs und private Homepages sind zwar Gattungen der öffentlichen Kommunikation, trotzdem zeigt die Internetkommunikation strukturell andere Wirkungen auf die mögliche Präsenz eines beobachtenden Publikums als die One-to-many-Kommunikation. Der Aufmerksamkeitsfaktor fällt im Bereich der digitalen Many-to-many-Kommunikation weit weniger ins Gewicht, auch wenn man das aufgrund der Multiplikation der Anbieter im Vergleich zu den Massenmedien annehmen könnte. Im weltweiten Netz herrscht für die Mehrzahl der Nutzerinnen und Nutzer kein »Quotendruck«. Die Motivation der Internetnutzerinnen und -

60 Vgl. Luhmann, Realität der Massenmedien, 58 ff.

nutzer liegt darin, ein Spezialpublikum beziehungsweise bestimmte Kommunikationspartner/innen zu erreichen. Eine Internetseite hat Chancen darauf wahrgenommen zu werden, wenn sie durch große Suchmaschinen erfasst wird und mit thematisch entsprechenden anderen Netzseiten durch Links verbunden ist. Man kann bei den nichtkommerziellen Internetangeboten nicht davon sprechen, dass sie schon vor ihrem Erscheinen systematisch durch ein angenommenes Publikumsinteresse vorausgewählt würden. Nur für die institutionalisierten und dauerhaften Online-Publikationen, die aus der Werbefinanzierung[61] oder aus netzexternen Printmedien oder Sendungen hervorgehen, gelten ähnliche Rahmenbedingungen wie für die öffentlich-rechtlichen und kommerziellen Sender. Das Internet als dezentralisiertes und offenes Kommunikationsnetzwerk ohne Eigner und ohne Programmformate beschäftigt jedoch keine Journalisten und keine Programmdirektoren. Insofern sind hier Akteure, die den Wert einer Nachricht nach massenattraktiven Gesichtspunkten bestimmen, die aktiv nach neuen Meldungen suchen oder als »Torwächter« insbesondere populäre, medienwirksame Personen in die Medien vorlassen, nur eine Teilgruppe in der Menge der Internetanbieter.

Internetangebote stehen überdies nicht in einer direkten Konkurrenz zueinander, denn sie werden weder in einem Programm präsentiert, noch schließen sie sich gegenseitig aus, wie es bei Fernsehsendungen – wenn kein Videorecorder eingesetzt wird – der Fall ist. Sie sind damit von einem Ringen um Aufmerksamkeit wesentlich stärker entlastet als der Rundfunk, wozu auch die finanzielle Unabhängigkeit und die relativ geringen finanziellen Kosten vieler Internetangebote beitragen.

61 Auch Online ist Werbung an den angenommenen Interessen und geschmacklichen Präferenzen des Publikums ausgerichtet. Obwohl viele Dienstleistungen im Internet ohne Werbefinanzierung so nicht zu finden wären, sind im Unterschied zum Fernsehen jedoch noch viele Angebote nicht nach den Wünschen der Werbekundschaft ausgerichtet. Insbesondere seit der Zulassung privater Fernsehsender in den 1980ern wird die Kritik an der Abhängigkeit der Sendeanstalten von ihrer Werbekundschaft immer lauter. Viele Sendungen gerieten in den Ruf, nur noch als Rahmenprogramm für Werbung zu dienen. Dies scheint vor allem deshalb ein Problem zu sein, weil offenbar weniger anspruchsvolle Sendungen wie zum Beispiel die so genannten »Soaps« die konsumfreudige Rezipientengruppe zwischen 14 und 49 Jahren stärker zu binden weiß als Dokumentationen, Fernsehspiele oder politische Journale. Die Werbewirtschaft nimmt somit indirekt Einfluss auf Programmgestaltung und Fernsehproduktion. Durch Schleichwerbung beziehungsweise »product placement«, also der Einbettung von Werbung in die Sendeinhalte, nimmt die Industrie darüber hinaus auch direkten Einfluss auf Drehbücher und Sendeinhalte.

Es erübrigen sich somit Aufmachungen der Inhalte, die spontane Aufmerksamkeit erregen wie zum Beispiel eine reißerische Berichterstattung oder so genannte Eye Catcher. Auch die Aktualität der Präsentation spielt eine untergeordnete Rolle. Aufmerksamkeit wird im Internet hauptsächlich durch Verweise von anderen Netzseiten (insbesondere Suchmaschinen) oder durch andere Medien[62] hergestellt. Die Nutzerinnen und Nutzer des Internet öffnen Internetseiten in der Regel durch gezielte Abfragen. Wenn die Seite gefunden ist, entscheiden jedoch auch hier Nutzerfreundlichkeit und ansprechende Gestaltung der Seite über die Verweildauer des Besuchers oder der Besucherin. Im Gegensatz zu den Präsentationsformen für eine breite Öffentlichkeit qualifizieren sich Netzseiten, die kleine Öffentlichkeiten adressieren, jedoch nicht durch Laienkommunikation für ihr Publikum. Trotzdem kommt das Internet im Ganzen dem Ausgleich verschiedener Wissensvoraussetzungen entgegen, indem es fast immer auch verständliche Informationsmöglichkeiten zu einem großen Spektrum von Themenfeldern anbietet und insofern als digitales Nachschlagewerk dienen kann.

Man kann für die verschiedenen öffentlichen Kommunikationsangebote des Internet festhalten, dass die Gewinnung von Aufmerksamkeit für die Mehrzahl der privaten, nicht-kommerziellen Angebote nicht der eigentliche Grund für die Generierung von Themen ist. Auch findet kein Agenda Setting als Setzung von Themen der öffentlichen Diskussion statt. Diese Funktion ist abhängig von einer gewissen inhaltlichen Homogenität des Angebots bei gleichzeitiger Rezeption der Sendungen durch ein Massenpublikum. Nach Maßgabe von Theorien, die insbesondere das Vermögen der Medien zu Selektion und Herstellung der Themen öffentlicher Kommunikation in den Vordergrund stellen, müsste vom Internet insofern kein starker konstruktivistischer Impuls ausgehen. Solche Konzepte also, welche die thematischen Selektionseigenschaften der Massenmedien und deren Wirkung im Zusammenhang einer Koorientierungthese[63] (Noelle-Neumann, Luhmann, Esposito) betonen, müssten die realitätskonstruierende Wirkung des Internet abschwächen. In diesem Fall wären die individuellen Freiheitsgrade in der Wahrnehmung von Realitäten und Handlungsoptionen gegenüber den homogenisierenden Massenmedien vergrößert. Man kann weitergehend jedoch fragen: sind bestimmte Wirkungen der Massenme-

62 Viele Zeitungen weisen in eigenen Anzeigenrubriken auf Netzseiten hin, im Übrigen ist der Hinweis auf weiter führende Internetseiten Bestandteil vieler Artikel und Fernsehsendungen.

63 Im Zusammenhang eines Modells der Koorientierung betont die Medienwirkungsforschung die Bedeutung der Medienrealität als »verallgemeinerten Andern« (vgl. Schulz, Massenmedien und Realität, 144.).

dien ein notwendiger Beitrag zum Erhalt einer reproduktionsfähigen freiheitlichen Öffentlichkeit und führt die zunehmende Nutzung des Internet, eben weil es diese Wirkungen nicht hervorbringen kann, zu einer Schwächung des Gedankens einer einigenden Form von öffentlicher Kommunikation? Liegt also die Wirkung des Internet in seiner »Wirkungslosigkeit« im Vergleich zu den einerseits journalistisch und andererseits massenattraktiv geprägten Massenmedien?

2.3.2.5. Öffentlichkeitseffekt

Blogs und diskursive Chats nutzen den Öffentlichkeitseffekt für die politische Agitation. Für episodische Chats oder private Homepages steht die Demokratisierung des Medienauftritts als solcher im Vordergrund. Aufgrund seiner institutionellen Ferne unterläuft das Internet die Tabuisierung bestimmter Themen, die ein Merkmal der Vorherrschaft einer öffentlichen Meinung in den Massenmedien ist.

Wie bereits in den Ausführungen zum Öffentlichkeitseffekt erläutert wurde, entfaltet eine Kommunikationssituation dann eine besondere Wirkung auf die Beteiligten, wenn sie davon wissen, dass die Interaktion oder die Medienproduktion Gegenstand einer allgemeinen Rezeption beziehungsweise Beobachtung ist. Diese Wirkung zeigt sich als Aufwertung der Medieninhalte in Bezug auf Wahrheit, Richtigkeit und Bedeutung wie auch einem Statuszugewinn der aktiven Beteiligten am Mediengeschehen. Schon in den Anfängen der Entwicklung der elektronischen Medien wurde die Möglichkeit selbstständig und individuell zu publizieren auch aus diesen Gründen als wichtiges Mittel der Emanzipation von fremden Herrschaftsansprüchen bewertet.

In seinem medientheoretischen Schlüsseltext »Das Kunstwerk im Zeitalter seiner technischen Reproduzierbarkeit« beschreibt Walter Benjamin 1934 beispielsweise die Folgen einer Demokratisierung der Kunst durch die elektronischen Medien. Unter dem Eindruck der neuen Filmtechnik schreibt er:

> Jeder heutige Mensch kann einen Anspruch vorbringen, gefilmt zu werden. [...] Ein Teil der im russischen Film begegnenden Darsteller sind nicht Darsteller in unserem Sinn, sondern Leute, die sich – und zwar in erster Linie in ihrem Arbeitsprozeß – darstellen. In Westeuropa verbietet die kapitalistische Ausbeutung des Films den legitimen Anspruch, den der heutige Mensch auf sein Reproduziertwerden hat, die Berücksichtigung.[64]

64 Walter Benjamin, Das Kunstwerk im Zeitalter seiner technischen Reprodu-

Der große Schritt, der durch das Internet in medientheoretischer Perspektive trotz oder gerade wegen eines kapitalistischen Systemumfelds weiter vollzogen wurde, besteht in der Schaffung einer Möglichkeit zur allgemeinen aktiven Teilhabe an einem elektronischen Massenmedium. Viele Blogs oder auch themenzentrierte, diskursive Chats dienen ihrem Anspruch nach der Verbreitung von Meinungen und Informationen von überindividuellem Interesse. Sie entsprechen damit eher dem emanzipatorischen Anspruch eines individualisierten Mediengebrauchs, der den Öffentlichkeitseffekt für Formen der politischen Agitation in Anspruch nimmt. Private Homepages und Chats nach Art der episodischen Kommunikation hingegen profitieren von Öffentlichkeit in einer privatistischen Reaktionsform. Die private Homepage als eine unpolitische Publikationsform des Internet vollendet die populäre Entwicklung der elektronischen Massenmedien, indem sie Teilhabe nicht nur als allgemein zugängliche Rezeption und Produktion definiert, sondern eine Demokratisierung des persönlichen Medien*auftritts* als Selbstzweck ermöglicht. Die Demokratisierung des Medienauftritts[65] dient an erster Stelle nicht der Verbreitung einer Botschaft, sondern der Nutzung der Botschaft der Mediennutzung als solcher. Durch eine Anleihe bei der hohen Status-Wirkung einer Präsenz in den konventionellen Massenmedien suggeriert auch die Präsenz im weltweiten Netz gesellschaftliche Bedeutung – wenn auch die Anzahl von privaten Homepages deren Bedeutung vor allem in Zukunft zunehmend inflationär erscheinen lassen wird. Für den persönlichkeitsbezogenen Bereich der Internetnutzung wie insbesondere die privaten Homepages wirkt der Öffentlichkeitseffekt daneben auch als Selbstdisziplinierung beziehungsweise Selbstinszenierung und nimmt insofern Einfluss auf die Gestaltung der Darstellung.

Die Teilnehmerinnen und Teilnehmer von episodischen Chats nutzen die öffentliche Präsenz als Kontaktmöglichkeit. Als Bild kann hier der Bummel auf dem Marktplatz, die dortige Plauderei mit Nachbarinnen, Bekannten oder Verkäufern dienen, allerdings mit dem wich-

zierbarkeit, in: Ders., Illuminationen. Ausgewählte Schriften 1. Frankfurt am Main 1977, 136–170, 155ff.

65 Jo Groebel diagnostiziert in Bezug auf das Fernsehen eine »Demokratisierung der Prominenz«, wobei hier der Gedanke einer Belohnung der Medienteilnehmer durch das Bekannt werden in einer breiten Öffentlichkeit im Vordergrund steht (vgl. Jo Groebel, Zwischenruf: Präsenzelite oder die Demokratisierung der Prominenz, in: Ralph Weiß/Jo Groebel (Hg.), Privatheit im öffentlichen Raum. Medienhandeln zwischen Individualisierung und Entgrenzung (Schriftenreihe Medienforschung der LfR, Band 43), Opladen 2002, 507–522.

tigen Unterschied, dass der Chat im Internet nicht auf die Öffentlichkeit einer bestehenden Sozialstruktur aufbaut, sondern aus der anonymen Öffentlichkeit eines delokalisierten virtuellen Raums hervorgeht. Während das Gespräch in der Öffentlichkeit eines Ortes gerade gesucht wird, um die Anonymität der Situation aufzuheben, bewahrt der Verhaltenskodex eines episodischen Chats die Anonymität der Beteiligten.

Für den Öffentlichkeitseffekt in Hinsicht auf das Internet ist insgesamt festzuhalten, dass hier zwar weiterhin zutreffend ist, dass Kommunikationssituationen sich ändern durch die Anwesenheit Dritter, unzutreffend ist jedoch die Vorstellung von einer Antizipation einer vorgestellten öffentlichen Meinung in Bezug auf Stellungnahmen und Themenwahl, wie sie von Noelle-Neumann in der Theorie der Schweigespirale[66] vertreten wird. Das Internet unterläuft die Tabuisierung bestimmter Themen in der öffentlichen Diskussion. Durch das Internet gelangen Meinungen und Themen an die Öffentlichkeit, die sonst gegebenenfalls durch eine allgemeine Öffentlichkeit und ihre institutionellen Gatekeeper sanktioniert worden wären.[67] Für die Präsentierung von politischen Einzelpositionen, aber auch der Publikation von Themen und Meinungen, die so gut wie überhaupt nicht allgemein bedeutend oder zustimmungsfähig sind, spielt die im Vergleich zu den Massenmedien große Anzahl von Medienproduzenten im Internet eine wichtige Rolle. Besonders wichtig scheint jedoch zu sein, dass sich unabhängigen Anbietern im Internet die Chance eröffnet, einen Teilbereich von Öffentlichkeit anzusprechen, der in der massenmedialen Einwegkommunikation unkenntlich bleibt. Die Möglichkeit, in einer netzwerkbasierten Kommunikation gleich gesinnte Adressaten beziehungsweise Gemeinschaften zu finden, steht der Isolationsfurcht als Motivation für die Anpassung an die öffentliche Meinung entgegen. An dieser Stelle setzen diskursive Chats, aber vor allem auch Blogs an. Hier entstehen aktive Teilöffentlichkeiten, die nicht dem allgemeinen Meinungsbild unterliegen und trotzdem unkompliziert durch eine breite Öffentlichkeit oder deren Medienrepräsentant/innen rezipierbar sind.

66 Wonach nur solche Meinungen in der Öffentlichkeit artikuliert werden, von denen sich der Sprecher allgemeine Zustimmung erhofft.

67 Ausführlicher zu diesem Punkt Kapitel 2.4.1. *Öffentliche Meinung*, insbesondere 75 ff., unter dem Aspekt der Sozialisierung.

2.3.2.6. Orientierungswissen

Gemeinsame gesellschaftliche Wissensbestände sind Voraussetzung für die individuelle Sozialintegration wie auch die demokratische Selbstorganisation. Interaktive Medien steigern die Möglichkeiten zum individuellen Wissenserwerb, unterlaufen aber die Einheit des Publikums in Bezug auf ein allgemeines gesellschaftliches Orientierungswissen. Darüber hinaus erschwert die Fragmentierung des Medienpublikums die Identifizierung von gesellschaftlichen Gruppen und das Entstehen von sozialen und politischen Anerkennungsverhältnissen.

Das Sender-Empfänger-Modell bietet, gerade weil es dem Individuum keine Möglichkeiten zur selbstständigen Gestaltung von Programmbeiträgen gibt, dem oder der Einzelnen ein generalisiertes, gesichertes Informationsangebot. Die Herstellung eines gemeinsamen gesellschaftlichen Informations- oder Bildungsstandes ist Voraussetzung für soziale Integration und demokratische Selbstorganisation. An diesem Punkt setzen skeptische Positionen zur Pluralisierung beziehungsweise Privatisierung des Medienangebots an. Sie befürchten, dass die interaktive Nutzung der Online-Medien wie auch die steigende Anzahl von Rundfunkangeboten zu einer Fragmentierung der Medienpublikums führe.[68] Der Begriff Fragmentierung bezieht sich in der Literatur auf Routinen der Mediennutzung wie auch auf den Informationsbestand der Mediennutzerinnen und -nutzer. Mit der Fragmentierungsthese soll angezeigt werden, dass ein zunehmendes Spektrum von Medienangeboten eine abnehmende Überschneidung bei der Nutzung von Medien hervorrufe.[69] Ob eine fehlende Überschneidung der Sendernutzung Auswirkungen auf einen gemeinsamen Informationsstand hat, ist jedoch zumindest für die Gruppe der Rundfunkrezipient/innen fragwürdig. Empirische Untersuchungen zeigen, dass das Informationsprogramm der verschiedenen Fernsehanstalten sehr starke Überschneidungen aufweist.[70] Anders sähe es aus, wenn tatsächlich die

68 Vgl. Ulrike Handel, Die Fragmentierung des Medienpublikums. Bestandsaufnahme und empirische Untersuchung eines Phänomens der Mediennutzung und seiner Determinanten, Wiesbaden 2000. Oder: Uwe Jean Heuser, Tausend Welten. Die Auflösung der Gesellschaft im digitalen Zeitalter, Berlin 1996; Josef Wehner, Interaktive Medien – Ende der Massenkommunikation? *Zeitschrift für Soziologie* 2/1997.

69 Vgl. Handel, Fragmentierung, 23.

70 Patrick Rössler, Vielzahl = Vielfalt = Fragmentierung? Empirische Anhaltspunkte zur Differenzierung von Medienangeboten auf der Mikroebene, in:

Nutzung des Internet vor den Rundfunk in den Vordergrund träte, was bislang jedoch nicht der Fall ist.[71]

Trotzdem stellt sich, insbesondere in Hinblick auf die wachsende technische Konvergenz im Medienbereich, die Frage, inwiefern interaktive Medien zur Orientierungsfunktion der Medien beitragen. Wie bereits mehrfach betont, zeichnet sich das Internet durch eine Individualisierung des Informations- und Nutzungsangebots aus. Nach Auffassung vieler Autorinnen und Autoren steht die interaktiv induzierte Personalisierung der Mediennutzung dem Aufkommen von gemeinschaftlichen Orientierungskonstanten, seien sie normativ oder informationell, im Wege.

> ... Strategien, [die] den Rezipienten als Kommunikator in das massenmediale Geschehen [einbeziehen, machen] nur wenig Sinn, da sich hiermit zwar möglicherweise das Angebot einer persönlichen Gestaltung der Medienprodukte eröffnet, mit der fortschreitenden Entwicklung dieser Option jedoch auch der auf die Verbreitung anonymer Kommunikate basierende Inklusionsmechanismus der Massenmedien aufgehoben wird.[72]

R. Hasse und J. Wehner weisen hier ähnlich wie im Folgenden E. Esposito auf den Verlust der Massenmedien als gesellschaftlichem Integrationsmedium hin.

> 1994 signalisierte Jon Katz das Zentrale der vermuteten Tendenz zu immer personalisierteren Medien: »We all look into our separate mirrors and mostly see only ourselves looking back«. Das Problem ist nicht nur die Unfähigkeit der Medien, eine unabhängige Realität genau darzustellen (das ›Fenster zur Welt‹), sondern auch die Aufsplittung in eine Mehrheit von ›privaten Meinungen‹ (separate mirrors), die immer schwieriger in einer gemeinsamen öffentlichen Meinung zu aggregieren sind ...[73]

Otfried Jarren/Kurt Imhof/Roger Blum (Hg.), Zerfall der Öffentlichkeit? Wiesbaden 2000, 168–186.

71 Vgl. ARD/ZDF Online-Studie 2004, *Media Perspektiven* 8/2004, 369f. Selbst bei einer zukünftig allfällig dominierenden Nutzung des Internet ist es aufgrund der Medienkonvergenz wahrscheinlich, dass dort die Online-Angebote der Rundfunksender genutzt werden.

72 Raimund Hasse/Josef Wehner, Vernetzte Kommunikation. Zum Wandel strukturierter Öffentlichkeit, in: Barbara Becker/Michael Paetau (Hg.), Virtualisierung des Sozialen. Die Informationsgesellschaft zwischen Fragmentierung und Globalisierung, Frankfurt/New York 1997, 81–102, 60.

73 Elena Esposito, Veränderungen der Öffentlichkeit: Vom Ideal der Transparenz zur Wiederentdeckung des Mysteriums, in: Dieter Baacke/Dorothee Schnatmeyer (Hg.), Neue Medien – Neue Gesellschaft? (Schriften zur Medienpädagogik 25), Bielefeld 1997, 37–52, 42 (Hervorheb. weggelassen).

Interaktive Medien können nicht nur individuell aktiv genutzt werden. Mithilfe entsprechender Software *re*agieren sie auch individuell auf die jeweiligen Nutzerinnen und Nutzer. Das Nutzungsverhalten spiegelt sich in Form und Inhalt des abgefragten Angebots, konkret zum Beispiel in der möglichen automatischen Erstellung einer »Tageszeitung« in entsprechenden Internetprogrammen gemäß den jeweiligen besonderen Informationswünschen, einer so genannten Daily Me.[74] Unter der Bezeichnung »Web 2.0.« firmieren überdies Angebote, um das Internet prinzipiell an der strukturierten Vernetzung individueller und aktiver Nutzerinnen und Nutzer zu reorganisieren. Esposito bewertet Fragmentierung nicht nur als Problem fehlender gemeinsamer Informations- oder Wissensbestände, sondern verleiht der Pluralisierung des Medienangebots auch eine ethisch-normative Komponente, indem sie, wie auch andere Autoren, unter diesen Bedingungen das Ausbleiben eines Gemeinschaftssinns vorher sagt.[75]

Esposito spielt damit indirekt auf einen weiteren Aspekt der öffentlichen Kommunikation als Orientierungskonstante an: es geht hier um die Kenntlichkeit einer Gruppe, Gemeinschaft oder Nation über ihre öffentliche Präsenz. Erst durch die kommunikative Identifizierung einer Gruppe können die Anerkennungsverhältnisse eintreten, die das Aufkommen von Gemeinschaftssinn oder Solidarität oder die politische Berücksichtigung legitimer Interessen ermöglichen. Otfried Jarren diagnostiziert hier ein Problem der Many-to-Many-Kommunikation:

74 Das Massachusetts Institut of Technology (MIT) Media Lab entwarf mit dem »FishWrap« Projekt ein beispielgebendes Daily Me. Vgl. J. D. Lasica, The Promise of the Daily Me, *USC Annenberg. Online Journalism Review*, (www.ojr.org/ojr/technology/1017778824.php). Unter dem Begriff »Adaptive Hypermedia« werden Systeme entwickelt, die Inhalte, Funktionen und Links von Netzseiten an die individuellen Eigenschaften der Nutzerinnen und Nutzer anpassen.

75 Vgl. Esposito, Veränderungen der Öffentlichkeit, 43 f.; auch Barbara Mettler-Meibom, Wie kommt es zur Zerstörung zwischenmenschlicher Kommunikation? Überlegungen über längerfristige Tendenzen und die Anwendung von Computern, in: Werner Rammert (Hg.), Computerwelten – Alltagswelten. Wie verändert der Computer die soziale Wirklichkeit? (Sozialverträgliche Technikgestaltung; Bd. 7) Opladen 1990, 65–91; Chr. Holtz-Bacha/W. Peiser, Verlieren die Massenmedien ihre Integrationsfunktion?, in: Patrick Rössler/Uwe Hasebrink (Hg.), Publikumsbindungen. München 1999, 41–53; Howard Rheingold, Die Zukunft der Demokratie und die vier Prinzipien der Computerkommunikation, in: Stefan Bollmann, Kursbuch Neue Medien. Trends in Wirtschaft und Politik, Wissenschaft und Kultur, 2. Aufl. Mannheim 1996, 189–198.

> Virtuelle Gemeinschaften mögen sich vielleicht selbst beschreiben können, sie können aber von Außenstehenden zumeist nicht erkannt und beschrieben werden. Soziale Gemeinschaften müssen aber, wenn sie politisch relevant sein wollen, erkennbar sein. [...] So entstehen im besten Fall durch die Themenzentrierung Teilöffentlichkeiten, die jedoch zumeist mit anderen Teilöffentlichkeiten nicht in Verbindung stehen und von der allgemeinen Medienöffentlichkeit nicht beachtet werden müssen.[76]

Insgesamt kann man für die beobachtende Öffentlichkeit in Bezug auf die Netzkommunikation festhalten: Netzkommunikation wird in der Regel durch verschiedene Teilpublika beobachtet, die nicht miteinander verbunden sein müssen. Trotz der vergleichsweise geringen Zahl der Beobachter kann davon ausgegangen werden, dass die bloße Beobachtbarkeit, also die Öffentlichkeit der Kommunikationssituationen Einfluss auf Präsentation und Inhalte hat – wenn auch in einer anderen Weise als bei den herkömmlichen Massenmedien. So vergrößert die Rezipierbarkeit der Angebote durch verschiedene, spezifische Adressatenkreise das Spektrum der Meinungsäußerungen, während in den Massenmedien eher ein Konformitätsdruck in Hinblick auf Themenwahl und Meinungsäußerung herrscht. Im Rahmen von Präsentationen der Person kann jedoch davon ausgegangen werden, dass der Öffentlichkeitseffekt hier aufgrund der Identifizierbarkeit der Person als Form der sozialen Kontrolle empfunden wird und auf diese Weise Einfluss auf die inhaltliche Gestaltung der Netzseiten nimmt.

Die Beobachtung des Nutzungsverhaltens der anderen Kommunikationsteilnehmer wird durch die zielgerichtete und ungleichzeitige Nutzung der Onlinekommunikation erschwert. Die Herstellung eines Wissens vom Wissen der Anderen wird somit fast unmöglich gemacht, genauso wie die Identifikation sozialer oder politischer Gemeinschaften, da sie nicht durch eine breite Öffentlichkeit wahrgenommen und bestätigt werden können.

Solche Diagnosen fungieren vor dem Hintergrund der voraussichtlichen Entwicklung der Medienlandschaft jedoch als analytische Zuspitzungen. Trotz einer zunehmenden Konvergenz der Medientechnik, ist nicht davon auszugehen, dass der Rundfunk seine Bedeutung und seine Funktion für die Herstellung einer großen Öffentlichkeit verlie-

76 Otfried Jarren, Internet – neue Chancen für die politische Kommunikation? *Aus Politik und Zeitgeschichte,* B 40 (1998), 13–21, 19. Insbesondere professionelle Beobachter der öffentlichen Kommunikation wie Politiker/innen stünden bei einer wachsenden Bedeutung der individualisierten Mediennutzung vor dem Problem einer mangelnden Identifizierungsmöglichkeit beziehungsweise einer Pluralisierung von Öffentlichkeit.

ren wird.[77] Auszugehen ist vielmehr von der Entstehung einer pluralen Medienlandschaft insgesamt, in denen die verschiedenen Mediengattungen sich nicht autonom, sondern im Verhältnis zu den Funktionen und Leistungen der jeweils anderen ausdifferenzieren.[78]

Ein besonderes Merkmal der interaktiven Netzkommunikation ist die eigenständige, institutionell nicht getragene Positionierung des einzelnen Individuums in den Kommunikationszusammenhang einer Medienöffentlichkeit. Die bislang vor allem mit einer Institutionenkritik arbeitende Medientheorie und -ethik sieht sich nun vor die Aufgabe gestellt, das Individuum in das Zentrum medientheoretischer oder auch rundfunkpolitischer Analysen zu stellen. Eine Flut von wissenschaftlicher und populärer Literatur, die Aktivitäten von Staat und Wirtschaft und nicht zuletzt die Bedeutung der interaktiven Netzkommunikation für den alltäglichen Gebrauch durch jede und jeden Einzelne/n weisen auf einen Bereich der Medienwirkung, der im Schwerpunkt nicht durch Theorien zu Meinungsbildung oder Orientierungswissen analysiert werden kann, sondern höherstufig Fragen nach der Bedeutung von Medien für die Veränderung lebensweltlicher Strukturen behandelt. Das Aufkommen der so genannten Neuen Medien hat in der wissenschaftlichen Diskussion viele Beiträge hervorgerufen, die die Frage der Medienwirkung erneut auf grundsätzliche Probleme der Gesellschaftsorganisation, der menschlichen Identitätsausbildung und der Realitätswahrnehmung ausgeweitet haben.[79] In Teilaspekten sind diese Themen auch für die Untersuchung der Konzepte von Öffentlichkeit unter dem Einfluss interaktiver Medien relevant. So zum Beispiel, wenn es um die Rolle der Medienöffentlichkeit für die Identitätsausbildung und, in Abhängigkeit davon, die Sozialintegration geht.

77 Martin Eifert, Primatenlehre Funktionsauftrag: Funktionserfüllung als Auftrag und Aufgabe, *epd medien;* Nr. 11, 12. Februar 2000.

78 Vgl. Jessica Heesen, Individuelle Freiheitsrechte als Grundlage einer Ethik des Internet, in: Thomas Hausmanninger/Rafael Capurro (Hg.), Netzethik. Grundlegungsfragen der Internetethik (Schriftenreihe des ICIE Bd. 1), München 2002, 163–180.

79 Vgl. zum Beispiel Vilém Flusser, Die Revolution der Bilder. Der Flusser-Reader zu Kommunikation, Medien und Design, Mannheim 2. Aufl. 1996; Patrick Rössler (Hg.), Online-Kommunikation. Beiträge zu Nutzung und Wirkung, Opladen/Wiesbaden 1998; John B. Thompson, The media and modernity. A social theory of the media, Stanford/California 1995; Jeremy Rifkin, The Age of Access, New York 2000; Matthias Karmasin, Paradoxien der Medien. Über die Widersprüche technisch erzeugter Wirklichkeiten, Wien 2004.

2.4. Sozialisierende Öffentlichkeit

Öffentlichkeit vermittelt Hintergrundüberzeugungen, die ihrerseits Ressourcen des verständigungsorientierten Handelns wie auch der Identitätsausbildung sind. In Hinblick auf die Aneignung von Normen, Werten und Rollenerwartungen ist Öffentlichkeit Medium und Faktor der individuellen Sozialintegration.

Sozialintegration einerseits und gesellschaftliche Selbstorganisation andererseits sind zwei leitende Aspekte des Öffentlichkeitsbegriffs. Fragen der gesellschaftlichen Selbstorganisation sind dem dezidiert politischen Bereich der öffentlichen Kommunikation zuzuschreiben.[80] Unter dem Begriff sozialisierende Öffentlichkeit werden in der vorliegenden Arbeit hingegen solche Aspekte öffentlicher Kommunikation behandelt, die durch ihren Einfluss auf die personale Ausbildung von Identität und die individuelle gesellschaftliche Integration bestimmt sind. Sozialisierende Öffentlichkeit ist insofern Bestandteil eines Erfahrungsraums, der unsere Hintergrundüberzeugungen, das Bild von unseren Handlungsmöglichkeiten und unserem Stellenwert im gesellschaftlichen Ganzen auf grundlegende Weise prägt. Nach Jürgen Habermas gehen Hintergrundüberzeugungen aus einem Wissensvorrat aus kulturellen Inhalten, Deutungs-, Wert- und Ausdrucksmustern hervor. Diese Hintergrundüberzeugen gelten als unproblematisch und allgemein garantiert; sie bilden den Kontext von Verständigungsprozessen, »in denen die Beteiligten bewährte Situationsdefinitionen benutzen oder neue aushandeln.«[81] Gemeinsam mit dem lebensweltlichen Umfeld der jeweiligen Kommunikationspartner/innen bilden Hintergrundüberzeugen eine Ressource des verständigungsorientierten Handelns.[82]

Der Begriff der Sozialisation bezeichnet einen Lern- und Anpassungsprozess, in dessen Verlauf ein Individuum jenes Wissen über Normen, Werte und soziales Rollenverhalten verinnerlicht, das Bestandteil seines jeweiligen gesellschaftlichen Umfelds ist.[83] Sozialisation ist in diesem Verständnis ein Mittel der gesellschaftlichen Integration. Mas-

80 Vgl. Kapitel 2.5. *Politische Öffentlichkeit.*

81 Jürgen Habermas, Theorie des kommunikativen Handelns. Band 2: Zur Kritik der funktionalistischen Vernunft, Frankfurt am Main 1997 (vierte, durchgesehene Auflage 1987), 191.

82 Vgl. ebd., 204.

83 Vgl. Klaus-Jürgen Tillmann, Sozialisationstheorien. Eine Einführung in den Zusammenhang von Gesellschaft, Institution und Subjektwerdung, Reinbek bei Hamburg 1989.

senmedienöffentlichkeiten wie auch die kleinen Öffentlichkeiten der Internetkommunikation tragen zu diesem Integrationsprozess bei, indem sie dem Individuum in komplexen Gesellschaften das notwendige Orientierungswissen bieten. Gesellschaftliche Integration findet statt über die Vermittlung von Wissen, aber ebenso über die Erschließung von Handlungsräumen und die Ausbildung einer personalen Identität, als grundsätzlicher Voraussetzung für Selbstwahrnehmung und Selbstbestimmung.

Gesellschaftliches Orientierungswissen mitsamt den ihm inhärenten Hintergrundüberzeugungen bezieht sich auf Fakten, auf Werte wie auch auf Meinungen; für letztere steht in modernen Mediengesellschaften insbesondere das aktuelle Geschehen im Vordergrund. Auf die besondere Bedeutung der Wahrung einer Schnittmenge des gesellschaftlichen Informations- oder Bildungsstandes als Voraussetzung für den demokratischen Diskurs wurde bereits hingewiesen. Ein solcher Wissenskanon ist Bestandteil der demokratischen Selbstverwaltung und Bedingung für die Artikulation eines allgemeinen Willens. Dieser Willen artikuliert sich in der Regel über Wahlen, aber auch über die Stellungnahmen von Verbänden, Interessenvertretungen, Einzelpersonen und insbesondere über die so genannte öffentliche Meinung.

2.4.1. Öffentliche Meinung

Der Begriff öffentliche Meinung umschreibt die »ungeschriebenen Gesetze« einer Gesellschaft und auch einen Standpunkt der Allgemeinheit zu politischen Fragestellungen. Die öffentliche Meinung kommt nicht als Sammlung privater Meinungen zustande, sondern entsteht als Zusammenspiel von Akzeptanzerwartungen der Meinungsäußernden und der Befähigung zur Meinungsäußerung nach den spezifischen Beschränkungen und Möglichkeiten des Mediensystems. Trotz ihrer Schwäche in Bezug auf die Akzeptabilität ihres Zustandekommens und die Rationalität ihrer Aussagen ist der Einbezug der öffentlichen Meinung notwendiger Bestandteil erfolgreichen politischen Handelns einerseits und der gelingenden Sozialintegration andererseits.

Der Begriff der öffentlichen Meinung ist zumeist in zwei Verwendungsweisen vorzufinden. Zum einen umschreibt öffentliche Meinung die »ungeschriebenen Gesetze« in Bezug auf Sitten und Konventionen einer bestimmten Gemeinschaft. Die andere Verwendungsweise betont die Herstellung eines allgemeinen Standpunktes zu bestimmten, zumeist politischen Fragestellungen. Noelle-Neumann führt aus:

> Seit Jahrtausenden wurde der Begriff zur Beschreibung des Konformitätsdrucks der Gesellschaft, der sozialen Kontrolle zur Sicherung des Zusammenhalts der Gesellschaft gebraucht, wenn auch oft abgekürzt einfach als »Meinung« bezeichnet. [...] Aber mit dem Beginn des 18. Jahrhunderts, mit der Aufklärung, setzte eine Begriffswandlung ein. »Öffentliche Meinung« nahm die Bedeutung von: die Meinung der urteilsfähigen, der gut informierten, der verantwortungsbewußten Bürger, an, die Meinung derer, die zur Mitwirkung am Gemeinwesen bereit seien, und die durch Raisonnement, durch öffentlichen Austausch von Argumenten als Kontrolle und Korrelat zur Regierung wirkten.[84]

Noelle-Neumann beschreibt öffentliche Meinung trotz der geschichtlichen Modifikation des Begriffs im Zusammenhang der Entstehung der bürgerlichen Emanzipationsbewegung bis heute als Ausdruck dessen, was moralisch gebilligt oder nicht gebilligt wird. Der Allgemeinwohlaspekt beziehungsweise die Urteilsbildung zu Themen von öffentlichem Interesse seien für die Bildung der öffentlichen Meinung nur von untergeordneter Bedeutung. Gleichwohl sei Politik nicht ohne Berücksichtigung der öffentlichen Meinung legitimierbar und durchsetzbar.[85]

Zentral am Begriff der öffentlichen Meinung ist die Beantwortung der Frage, wer genau Träger einer vorgestellten öffentlichen Meinung ist. Gesetzliche Bestimmungen versuchen eine »empirische«[86] Herangehensweise. Im Grundgesetzkommentar beispielsweise bestimmt Roman Herzog öffentliche Meinung »etwa als Summe der im Volke vorhandenen und geäußerten Ansichten über beliebige Gegenstände.«[87] An anderer Stelle führt er aus, die öffentliche Meinung sei die Meinung der Gesellschaft, aber auch die Meinung des »Mannes auf der Straße«.[88] Problematisch an solchen Bestimmungen, die Nahe legen,

84 Noelle-Neumann, Öffentliche Meinung, 369.

85 Ebd., 377.

86 Roman Herzog, Abs. I, II Artikel 5 GG, in: T. Maunz/G. Dürig/R. Herzog: Kommentar zum Grundgesetz, München, Rn. 5, Anmerkung 1.

87 Ebd., Herzog weist selbst auf das Problem einer theoretischen Bestimmung des Begriffs öffentliche Meinung hin und versteht die von ihm vorgebrachte als möglichst unverfängliche empirische Orientierung.

88 Vgl. ebd., Rn. 93. Ähnlich auch Löffler/Ricker im Handbuch des Presserechts, jedoch mit der Einschränkung, dass die öffentliche Meinung nicht individuell bestimmt sei: »Öffentliche Meinung ist die während eines gewissen Zeitraums in einem größeren, individuell nicht bestimmten Teil der Bevölkerung vorherrschende übereinstimmende Ansicht bzw. Einstellung zu Personen, Ereignissen oder Zuständen.« (Handbuch des Presserechts. Begründet von Martin Löffler/Reinhart Ricker, 3., neubearbeitete Auflage bearbeitet von Reinhart Ricker, München 1994, 1. Kap., Rn. 18).

die öffentliche Meinung sei authentisch »dem Volk abgeschaut« oder individualisierbar, ist der unzureichende Einbezug von Öffentlichkeit als reflexivem Bezugspunkt jeder Äußerung in einer Redesituation ohne abgeschlossenen Adressatenkreis. Öffentliche Meinung ist gerade nicht eine Sammlung privater Meinungen,[89] sondern ihr Zustandekommen ist dem Zusammenspiel von durch den Sprecher antizipierten Erwartungen in Bezug auf die allgemeine Akzeptanz der Äußerung wie auch den spezifischen Anforderungen der Massenmediendistribution geschuldet.

In Hinblick auf eine mögliche Divergenz von öffentlicher Meinung und privaten Ansichten als solchen, die nicht durch den Einbezug einer allgemeinen Perspektive gekennzeichnet sind, ist in der Medienwissenschaft das Problem der »schweigenden Mehrheit« bekannt.[90] Eine schweigende Mehrheit entsteht dadurch, dass nur solche Ansichten in den Medien artikuliert werden, die bestimmten inhaltlichen und rhetorischen Anforderungen entsprechen. Diese Anforderungen können durch eine Minderheit der Bevölkerung erfüllt werden, die durch eine Platzierung in den Massenmedien die öffentliche Meinung beziehungsweise die »veröffentlichte Meinung« dominiert. Die Isolationsbedenken eines und einer jeden Einzelnen im Publikum führt nun dazu, sich zu in der Öffentlichkeit nicht artikulierten Positionen nicht oder nur unter gleich Gesinnten zu äußern, obwohl die Personen, die eine von der öffentlichen Meinung abweichende Einstellung vertreten, vielleicht in der Mehrzahl sind.[91]

Niklas Luhmann wendet dieses Problem nun höherstufig auf die Weise, individuelle Reflexion und öffentliche Meinung ganz von einander zu lösen.

89 Diese Auffassung teilt auch Ernst Gottfried Mahrenholz, Medien und Macht. Wie sichern wir Pluralismus und Transparenz?, in: Wolfgang Wunden (Hg.), Beiträge zur Medienethik. Bd. 2: Öffentlichkeit und Kommunikationskultur, Hamburg 1994, 41–50, 44.

90 Vgl. Noelle-Neumann, Öffentliche Meinung, 381.

91 Gerhards und Neidhardt etwa beziehen sich in diesem Zusammenhang auf Werner Bergmann/Rainer Erb, Kommunikationslatenz, Moral und öffentliche Meinung. Theoretische Überlegungen zum Antisemitismus in der Bundesrepublik Deutschland, *Kölner Zeitschrift für Soziologie und Sozialpsychologie* 38/1986, 223–246. Gerhards und Neidhardt sprechen davon, dass bestimmte Themen »latent gehalten werden« und verweisen in diesem Zusammenhang auf die Beispiele Gewaltbefürwortung oder antisemitische Positionen, vgl. Gerhards/Neidthardt, 61 ff.

> Der Begriff öffentliche Meinung bezieht sich auf das Sozialsystem der Gesellschaft, er bezieht sich nicht auf das, was im Bewußtsein einzelner/vieler/aller Menschen zu einem bestimmten Zeitpunkt faktisch vor sich geht. Gemeint ist also nicht das, woran wirkliche Menschen wirklich denken ...[92]

Für Luhmann steht, wie wir bereits gesehen haben, die Generierung der öffentlichen Meinung durch spezifische Selektionsprozesse der öffentlichen Kommunikation im Vordergrund.[93] Das Zustandekommen der öffentlichen Meinung sei demnach weder individuell reflektierten rationalen Kriterien noch einem Konsens geschuldet.[94]

Trotz vieler kritischer Positionen zur Entstehung der öffentlichen Meinung ist sie als bedeutender Faktor der politischen Willensbildung wie auch der individuellen Sozialintegration allgemein anerkannt.

> Auf welche Definition man sich auch immer verständigt, fest steht, daß die öffentliche Meinung die Regierenden wie die einzelnen Bürgerinnen und Bürger mehr oder weniger zwingt, sie zu respektieren – die einen, um nicht die Macht zu verlieren, die anderen, um nicht in Isolation zu geraten und aus der Gemeinschaft ausgegrenzt zu werden.[95]

Eine Autorität der öffentlichen Meinung scheint unbestritten zu sein, dabei wird sie unter demokratietheoretischen Funktionalitätsgesichtspunkten so behandelt als *sei* sie nach rational und/oder ethisch zu rechtfertigenden Gründen zu Stande gekommen. Habermas greift dieses »als ob« der öffentlichen Meinung in dem Sinne, dass es tatsächlich eine reflektierte allgemeine Auffassung gäbe, auf.

> Als staatsrechtliche Fiktion behält die öffentliche Meinung in der normativen Demokratietheorie die Einheit einer kontrafaktischen Größe; in den empirischen Untersuchungen der Medienforschung und der Kommunikationssoziologie hat sich diese Entität längst aufgelöst.[96]

Dort, wo öffentliche Meinung als Zeichen und Ausdruck politischer Partizipation gebraucht wird, kann mit Noelle-Neumann vom »Elitekonzept«[97] öffentlicher Meinung gesprochen werden. Das heißt, es

92 Luhmann, Gesellschaftliche Komplexität und öffentliche Meinung, 172.

93 Vgl. ebd., 173. Zu den Funktionsweisen der öffentlichen Kommunikation vgl. die vorangehenden Ausführungen in Kapitel 2.3.1.1. *Selektionskriterien öffentlicher Kommunikation.*

94 Vgl. Luhmann, Gesellschaftliche Komplexität und öffentliche Meinung, 182.

95 Hanni Chill/Hermann Meyn, Funktionen der Massenmedien in der Demokratie, *Informationen zur politischen Bildung* 260/1998: Massenmedien, 3–6, 4.

96 Habermas, Strukturwandel der Öffentlichkeit, 31.

97 Noelle-Neumann, Öffentliche Meinung, 371.

geht hier um die Meinung der urteilswilligen und urteilsfähigen Bürgerinnen und Bürger. »Das Selbstverständnis der Funktion bürgerlicher Öffentlichkeit hat sich im Topos der ›öffentlichen Meinung‹ kristallisiert.«[98] Die Beteiligung an dieser Form der öffentlichen Meinungsbildung ist dem oder der Einzelnen freigestellt. Wo es jedoch um ein »Integrationskonzept«[99] öffentlicher Meinung geht, also um Fragen gesellschaftlicher Integration auf Ebene des alltäglichen Lebensumfeldes, sind alle Gesellschaftsmitglieder, die sich sozial nicht isolieren wollen, der Berücksichtigung der öffentlichen Meinung unterworfen.

In der Systematik der vorliegenden Arbeit ist die öffentliche Meinung der sozialisierenden Öffentlichkeit zugeordnet, weil sie als Ausdruck ungeschriebener Gesetze von hohem sittlich-normativen Konformitätsdruck in besonderer Weise den Aspekt der Sozialintegration durch Öffentlichkeit hervorhebt. Urteilsbildung im Kontext des politischen Tagesgeschehens oder die diskursive Suche nach gemeinwohlorientierten Lösungen – also die bürgerlich-liberale Vereinnahmung des Begriffs – ist ein möglicher Bestandteil, nicht aber eine notwendige Voraussetzung für die öffentliche Meinung.

In Bezug auf das Internet wurde vorangehend bereits verdeutlicht, dass neue Kommunikationsformen wie auch Ungleichzeitigkeit und Vielfalt von Rezeption, Distribution und Interaktion beim einzelnen Teilnehmer eine Vervielfältigung des als öffentlich Erlebten bewirken. Eine ähnliche Diversifizierung ist für die öffentliche Meinung zu erwarten. Sitten, Normen und Gebräuche, die für die öffentliche Meinung stehen, gehen in die sozialen Interaktionen der Netzkommunikation ein. Der öffentliche Zugang zu den meisten Informations- und Kommunikationsangeboten des Internet setzt sie dem Konformitätsdruck einer vorgestellten öffentlichen Meinung aus. Trotzdem erlauben beispielsweise anonymisierte Chats oder allein die Tatsache, weitgehend unabhängig von den Sanktionen des unmittelbaren lebensweltlichen Kontextes kommunizieren zu können, einen größeren Freiraum gegenüber den ungeschriebenen Gesetzen einer öffentlichen Meinung. Das Internet als virtueller öffentlicher Raum ist insofern selber mögliche Quelle für die Findung und Etablierung von Normen. Gerade weil interaktive Medien im Unterschied zur Massen- wie auch zur Individualkommunikation die Eröffnung allgemeinzugänglicher Kommunikation unabhängig von einer örtlichen Situierung ermöglichen, schaffen sie einen Freiraum kommunikativen Handelns. Interpersonale Medienkommunikation, als anonyme und/oder örtlich nicht situierte

98 Habermas, Strukturwandel der Öffentlichkeit, 161.
99 Noelle-Neumann, Öffentliche Meinung, 371.

Interaktion, ermöglicht eine Artikulation von Wahrheiten, die eben deshalb möglich ist, weil das lebensweltliche Umfeld als symbolischer Kontext und Ort der sozialen Kontrolle verlassen wird.

Diese Lösung der Kommunikation von dem spezifischen Normenkontext der öffentlichen Meinung kann im Sinne einer Emanzipation auf zwei Ebenen stattfinden: Zum einen im Zusammenhang der Artikulation von Aussagen, die mit dem politischen Regime in einer nationalen Kommunikationsgemeinschaft nicht konform sind (»Gegenöffentlichkeit« beziehungsweise illegale Opposition). Zum anderen ist höherstufig darüber hinaus das Aufbrechen von diskursiven Ausschließungssystemen[100] durch eine individualisierte Netzkommunikation denkbar. Michel Foucaults Theorie der Ausschließungssysteme geht auf einen im Grunde einfachen Gedanken zurück. Indem ich etwas bestimme, unterscheide ich es von etwas anderem und dränge diesen anderen Aspekt zurück. Hierin besteht eine Notwendigkeit, um sich im Denken zu orientieren. Zu einem disponiblen System werden diese Ausschließungen wie Foucault gezeigt hat jedoch, wenn sie mit den Funktionsweisen der Macht verbunden sind. Das was in einer Gesellschaft gilt, sowohl in Bezug auf ihre Normen als auch in Bezug auf ihre gemeinsamen Wissensbestände, konstituiert sich über den Ausschluss alternativer Bestimmungsmöglichkeiten. Eine Umdefinierung solcher Geltungsansprüchen (im Sinne von: was gilt intersubjektiv als richtig und wahr) wäre in einer von lebensweltlichen Sanktionierungen unabhängigeren Kommunikationsgemeinschaft denkbar und könnte als radikalere Variante von Gegenöffentlichkeit beschrieben werden. Im Gegensatz zu den oben angesprochenen politischen und publizistischen Freiräumen der Internetkommunikation, existieren für den Bereich einer Neu- oder Gegendefinition von Geltungsansprüchen jedoch hauptsächlich negative Beispiele, die den Sittenkodex der öffentlichen Meinung, nicht aber grundlegende symbolische oder semantische Bedeutungsebenen betreffen. Ein Grund hierfür mag darin liegen, dass die Dekontextualisierung der Kommunikation zwar die Lösung von sozialer Kontrolle erleichtert, aber nicht gleichzeitig die Entstehung einer neuen Öffentlichkeit hervorruft. Während eine symbolische oder semantische Zuschreibung immer einen relativ hohen Grad an Allgemeinheit beanspruchen muss – nur so kann das Privatsprachenproblem vermieden werden –, setzen insbesondere konformitäts- und

100 »Drei große Ausschließungssysteme treffen den Diskurs: das verbotene Wort; die Ausgrenzung des Wahnsinns; der Wille zur Wahrheit« (Michel Foucault, Die Ordnung des Diskurses. Mit einem Essay von Ralf Konersmann, Frankfurt am Main 1997, 16).

regelverletzende Handlungen bevorzugt auf die Nicht-Öffentlichkeit ihres Vollzugs. So brachte ein Mangel an sozialer Kontrolle gemeinsam mit einem freien und individualisierten Mediengebrauch bislang beispielsweise Tabubrüche wie Verabredungen zu Kannibalismus oder Kinderpornografie auf den Weg, die geeignet sind, die Idee eines emanzipatorischen Mediengebrauchs zu unterlaufen.

2.4.2. Information

Aufgrund der Struktur und der Reichhaltigkeit seiner Angebote bedient das Internet in besonderer Weise Forderungen, die aus dem Recht auf Informationsfreiheit abgeleitet werden können. Die Bewertung der Qualität der Online-Information ist durch ihren deinstitutionalisierten Charakter oder die Dekontextualisierung von Texten und Bildern jedoch erschwert. Ein bedeutender Bestandteil gelingender moderner Identitätsausbildung ist deshalb die Aneignung von Medienkompetenz.

Transparenz und Informationsvermittlung sind essentielle Bestandteile jeder demokratischen Gesellschaftsordnung. Das Recht auf Informationsfreiheit – die »Freiheit, sich aus allgemein zugänglichen Quellen zu informieren« (GG Abs. I, II Art. 5) – ist dem Recht auf Meinungsäußerungsfreiheit im bundesdeutschen Grundrechtskatalog auf gleicher Ebene zugeordnet. Die Bedeutung der Informations- und Wissensvermittlung als Mittel der gesellschaftlichen Integration schlägt sich nieder in zahlreichen Aspekten der Rundfunkordnung und des Medienrechts insgesamt, so zum Beispiel im Bildungsauftrag der öffentlich-rechtlichen Rundfunkanstalten.[101]

Auch in Bezug auf das Internet wird seine Bedeutung für die Informations- und Wissensvermittlung von Vertretern und Vertreterinnen aller gesellschaftlichen Teilbereiche immer wieder hervorgehoben. So betonen auch die Vereinten Nationen: »The Internet has evolved into a global facility available to the public and its governance should constitute a core issue of the Information Society agenda.«[102]

Zahlreiche Angebote im World Wide Web bezeugen die Leistungskraft des Internet insbesondere für die Bereitstellung und sinnvolle

101 Staatsvertrag über den Rundfunk im vereinten Deutschland (Rundfunk-Staatsvertrag) § 11, Absatz 2.

102 World Summit on the Information Society (WSIS), Declaration of Principles »Building the Information Society: a global challenge in the new Millennium«, Abschnitt 48 (www.itu.int/wsis).

Verbindung von Sachinformationen.[103] Das Nutzerverhalten spiegelt die Qualitäten des Internet in Bezug auf Aktualität und Hintergrundinformationen wider. Nach der Kommunikation per E-Mail rangiert die zielgerichtete Suche nach tagesaktuellen Nachrichten an zweiter Stelle auf der Rangliste der Onlinenutzer/innen.[104] Das Internet profitiert in diesem Zusammenhang zusätzlich von seiner technischen Fähigkeit, die Inhalte (den so genannten Content) sämtlicher anderer Medien aufzunehmen. Im Unterschied zu früheren Verhältnisbestimmungen von Inhalt beziehungsweise Stoff und Form, in denen die Form eine überragende Rolle einnahm,[105] verwerten die neuen elektronischen Medien Inhalte in ästhetisch beinah beliebiger Form (»content is king«[106]). Eine Ursache für den vielfältigen Informationsfluss im Internet ist im Unterschied zu den herkömmlichen Massenmedien die Produktionsmittelfreiheit, mit anderen Worten, Zugangsfreiheit und daraus hervorgehend die aktive Beteiligung der Nutzerinnen und Nutzer an der Bereitstellung der Information. Menge und Spannbreite der Medienangebote einerseits und Größe und Differenzierungsgrad des Publikums andererseits stehen hier in einem gegenseitigen Bedingungsverhältnis. Das Recht auf Informationsfreiheit findet im Internet somit zumindest theoretisch seine ideale medientechnische Entsprechung.

Besondere Aufmerksamkeit ist in diesem Zusammenhang jedoch der Bewertung von Online-Information zu widmen. Bernhard Debatin beschreibt als Problem

> …, daß im Internet die Transparenz des durch maschinelle Selektionsprozesse ausgewählten Bereiches mit der Intransparenz des Selektionsprozesses selbst und der durch diese Selektion ausgeschlossenen Bereiche erkauft wird. […] Gleichzeitig stellt aber jede Selektion ein Werturteil dar, indem sie andere möglichen Selektionen ausschließt und so eine *normativ gehaltvolle Präferenzstruktur* in den selektierten Bereich einführt.[107]

103 Beispielhaft hierfür ist die freie Internet-Enzyklopädie Wikipedia (http://de.wikipedia.org/wiki/Hauptseite).

104 Vgl. ARD/ZDF Online-Studie 2007, *Media Perspektiven* 8/2007, 367f.

105 »Die Besonnenheit des Dichters bezieht sich eigentlich auf die Form, den Stoff gibt ihm die Welt nur allzu freigebig, der Gehalt entspringt freiwillig aus der Fülle seines Innern; …« (Johann Wolfgang Goethe, Gedenkausgabe der Werke, Briefe und Gespräche. Bd. 3 [Artemis Gesamtausgabe], Zürich 1948, 470f.).

106 Diese US-amerikanische Redewendung unterscheidet jedoch nicht zwischen Thema/Sachinformation und dem Medienprodukt als solchem. Es wäre nach der Verwendung des Begriffs auch passend, beispielsweise einen im Internet abzurufenden Kurzfilm mit sehr gehaltvoller ästhetischer Beziehung zwischen Stoff und Form als Content zu bezeichnen.

Weitere Probleme in Bezug auf Wahrheit und Richtigkeit der Information sind häufig fehlende Autorenangaben und der fehlende Kontext vieler Netzseiten. Eine Bewertung der Glaubwürdigkeit der Quelle ist häufig nicht möglich wie auch Zweifel in Bezug auf die generelle Rückführbarkeit der Urheberschaft von Texten angebracht sind. Texte kursieren in unterschiedlichen Fassungen im Netz oder finden sich nicht gekennzeichnet in Versatzstücken in anderen Texten wieder. Debatin spricht deshalb von einer ahistorischen und palimpsestischen Struktur von Internet-Dokumenten.[108]

Die Fähigkeit zu einer kritischen Bewertung von Online-Produktionen ist gerade im Zusammenhang einer individualisierten Mediennutzung eine wichtige Kompetenz. Allein durch diesen Prozess der individuellen Neubewertung kann Information zu Wissen im Sinne einer gelingenden Sozialintegration werden. Nur eine solchermaßen vergewisserte Information kann als intersubjektive Verständigungsgrundlage Orientierungsleistungen in Bezug auf Meinungsbildung und Wirklichkeitsbeurteilung beanspruchen.

2.4.3. Identität

Identitätsausbildung als kommunikativer Abgleich zwischen gesellschaftlichen Anforderungen einerseits und individueller Reflexion andererseits erfährt neue Rahmenbedingungen indem interaktive Medientechniken neue Kommunikationsbeziehungen zwischen dem Ich und einer vorgestellten Öffentlichkeit hervorbringen. Interaktive Medien bieten individuelle Handlungsmöglichkeiten, die Sozialintegration nicht nur über Wissensvermittlung, sondern auch über die Realisierung eigener Handlungen vollzieht. Medien können zur Darstellung der eigenen Identität genutzt werden, sowohl explizit durch Selbstauskünfte, aber auch durch die implizite Botschaft der Weisen der Mediennutzung als solcher. In Bezug auf transindividuelle, kulturelle

107 Bernhard Debatin, Ethik und Internet. Überlegungen zur normativen Problematik von hochvernetzter Computerkommunikation, in: Beatrice Dernbach (Hg.), Publizistik im vernetzten Zeitalter. Berufe, Formen, Strukturen, Opladen 1998, 207–221, 210. Diese Problematik zeigt sich deutlich in Bezug auf die Selektionskriterien von Suchmaschinen, vgl. Eszter Hargittai, Do you »google«? Understanding search engine use beyond the hype, 2004 (http://www.firstmonday.org/issues/issue9_3/hargittai/index.html); vgl. auch J. D. Lasica, Search engines and editorial integrity (http://www.jdlasica.com/articles/OJR-search.html).

108 Vgl. Debatin, Ethik und Internet, 211.

Identitäten stehen sich in der Medienwirkungsforschung angesichts der Zunahme medialen Handelns pessimistische (Nivellierung) und optimistische (Emanzipation) Positionen gegenüber. Aus beiden Positionen ist jedoch eine wachsende Herausforderung für die individuelle Identitätsausbildung abzuleiten: personale Identität muss sich stabilisieren zwischen lokalen und transnationalen, und auch zwischen realen, virtuellen und fiktionalen Identifizierungsangeboten.

Identität lässt sich mit dem Duden prägnant als »die als ›Selbst‹ erlebte innere Einheit der Person« beschreiben.[109] Identität meint die Vorstellung von einer Einheit der personalen Rollen wie sie durch das Individuum als Träger der Identität hergestellt beziehungsweise reflektiert und durch Andere wahrgenommen werden kann. Eine Ich-Identität beschreibt die Fähigkeit, die Balance zwischen persönlicher und sozialer Identität zu erhalten.[110] Die Ausbildung des Selbst/einer Ich-Identität findet primär über Kommunikation statt.[111] Die kommunikative Auseinandersetzung dient als Spiegelung des individuellen Handelns und ermöglicht die Reflexion auf persönliche Haltungen. Die Konstituierung der personalen Identität ist damit gleichzeitig auch Grundlage und Bestandteil individueller moralischer Einstellungen. An die Frage »Wer bin ich?« schließt die Frage »Wie will ich handeln?« unmittelbar an. Die Stiftung einer Identität ist nicht notwendig an ein Individuum gebunden. Sozialgeschichtlich sind insbesondere Gruppen- oder Geschlechtsidentitäten oder auch nationale Identitäten von Bedeutung. Mit dem wachsenden Stellenwert des Individuums in den westlichen Industriegesellschaften wächst gleichzeitig die Verantwortung jedes und jeder Einzelnen für die Ausbildung einer individualisierten Identität. Der hohe gesellschaftliche Rang individueller beziehungsweise personaler Identitäten wird hier nicht zuletzt aufgrund der Debatten

109 Duden »Fremdwörterbuch« (Der Duden in 10 Bänden, Bd. 5), bearb. von Wolfgang Müller unter Mitwirkung von Rudolf Köster und Marion Trunk u. weiteren Mitarb. d. Dudenred. sowie zahlr. Fachwissenschaftlern, 4., neu bearb. u. erw. Aufl. Mannheim/Wien/Zürich 1982, Eintrag »Identität«.

110 Vgl. Jürgen Habermas, Erkenntnis und Interesse. Mit einem neuen Nachwort, Frankfurt am Main 1973, 178–203.

111 Vgl. George Herbert Mead, Mind, self and society. Chicago/London 1934; E.H. Erikson, Identity and Life Cycle. Three Essays, New York 1959; Peter Berger/Thomas Luckmann: Die gesellschaftliche Konstruktion der Wirklichkeit. Eine Theorie der Wissenssoziologie, Frankfurt am Main 1969, 142f. Zu den extremen Ausformungen dieses Ansatzes zur Identitätskonstituierung vgl. Kapitel 3.2.3.2. *Freiheit als Selbsterfindung*.

in Bezug auf das Klonen menschlicher Embryonen oder die Transplantation tierischer Organbestandteile deutlich.

Kommunikationsmittel wie die neuen Medien beeinflussen die Ausbildung von Identitäten durch die Schaffung einer Umwelt mit bestimmten technischen Handlungsdispositionen und inhaltlichen Informations- und Reflexionsangeboten. Neue Übertragungstechniken und das Internet haben die Medienlandschaft insgesamt stark verändert. Gemeinsam mit den neuen technischen Möglichkeiten und dem Aufkommen privater Anbieter hat die Konkurrenz der Medien untereinander ein erweitertes Spektrum von Medienproduktionen, Sendeformaten, Gattungen und Themen hervorgerufen. Wie Hörfunk und Fernsehen bietet das Internet viele Freizeitangebote, die als Setzung einer Auszeit ebenfalls einen Beitrag zur Herstellung eines stabilen Selbstbildes leisten. Virtuelle Handlungs- und Erlebnisräume können eine Rolle als Entgegensetzung zur Alltagswelt einnehmen, als »das ganz Andere«. Virtuelle Realitäten oder das Spiel mit fiktionalen Identitäten haben hier als Bestandteil der persönlichen Rezeptionsvorlieben einen ähnlichen Stellenwert wie zum Beispiel Sport oder das Unterhaltungsgenre im Fernsehen.

Die Herstellung einer als Selbst erlebten inneren Einheit der Person wird jedoch auch erschwert durch die Erfahrung ganz unterschiedlicher Medienrealitäten. Personale Identität hat sich zu positionieren zwischen lokalen und transnationalen, aber auch zwischen realen und fiktionalen Identifizierungsangeboten. Sozialisation und Identitätsausbildung erfordern im Medienzeitalter große intrasubjektive Integrationsleistungen. Die Erfahrung von ganz unterschiedlichen Realitäten und Wirkzusammenhängen stellt die überkommenen Erfahrungsmuster auf den Prüfstand. Die kritische Hinterfragung der gewohnten lebensweltlichen Praxis kann die Ausweitung individueller Handlungsspielräume zur Folge haben. Diese Ausweitung entspricht dem liberalen Ideal der freien Wahl zur individuellen Lebensgestaltung und dem modernen Bild vom aufgeklärten Individuum. Eine Pluralisierung der Lebensstile insgesamt kann die subjektiven Handlungsspielräume erhöhen, andererseits jedoch auch wieder zum Auseinanderbrechen traditioneller Werte- und Lebensgemeinschaften führen. Viele medienkritische Positionen betonen insbesondere diesen Aspekt, verbunden mit der Behauptung, moderne Massenmedien, aber auch interaktive Medien führten zu einer Nivellierung der unterschiedlichen Kulturen nach einem US-Amerikanischen Leitbild[112] (vgl. »McDonal-

112 Zu den Positionen in Bezug auf Kritik am Medienimperialismus vgl. Jörg Becker, Weltweite Kommunikation: Medienimperialismus und Hybrid-

disierung«[113]). Ein Beispiel ist die Jugendkultur, die zwar einen hohen Differenzierungsgrad aufweist, aber in den an die westlichen Medien angeschlossenen Gesellschaften nach den gleichen Mustern orientiert ist. Die Freiheit zur Wahl ist auch eine Freiheit zur Vereinheitlichung.

In anderen Positionen wird hingegen das emanzipatorische Potenzial einer Verbindung der verschiedenen Kulturen durch die Medien betont. Breidenbach und Zukrigel etwa verstehen kulturelle und persönliche Identitäten als offen und in der Lage, sich neue Lebensformen anzueignen und Impulse nach den eigenen Bedürfnissen zu transformieren.[114] Auch eine gewandelte, modernisierte kulturelle Identität müsse demnach als authentisch betrachtet werden.[115] Sie sehen keine Verschmelzung und Vereinheitlichung von Kulturen, sondern eine durch die Globalisierung erzwungene Ähnlichkeit in der Darstellung von Unterschieden: »Durch die Nutzung gemeinsamer Konzepte und Strukturen werden wir nicht alle gleich, wir präsentieren nur unsere Unterschiede zunehmend auf eine einander ähnliche Weise.«[116]

Schwierig zu erkennen sind die impliziten Botschaften jeder Mediennutzung. Die Trennungslinie zwischen Sachinformation, so genannter Meinungsmache oder wertgeladenen Lebensstilsendungen lässt sich nicht nach unterschiedlichen Genres trennen. Ein politisches Magazin muss für meine eigene Wirklichkeit nicht unbedingt wichtiger sein als eine Unterhaltungssendung oder MTV (Music Television). Gerade der Unterhaltungsbereich transportiert viele Wertannahmen, die auch für die persönliche Lebensgestaltung, für den »Lifestyle«, eine große Rolle spielen. Das betrifft auch die Nutzung der interaktiven Medien. Intensive Internetchats zum Beispiel können eine größere Bedeutung für die

kultur revisited, in: Johannes Müller/Michael Fleck (Hg.), Globale Solidarität durch weltweite Kommunikation? (Globale Solidarität – Schritte zu einer neuen Weltkultur, Bd. 7), Stuttgart 2002, 1–13; Klaus Wiegerling, Kultur versus Globalisierung – Zu ethischen Konsequenzen informationstechnologisch disponierter Globalisierungsstrategien, in: Rupert Scheule/Rafael Capurro/Thomas Hausmanninger: Vernetzt gespalten. Die Digital Divide in ethischer Perspektive, München 2004, 97–114.

113 Vgl. George Ritzer, Die McDonaldisierung der Gesellschaft, Frankfurt 1995.

114 Vgl. Joana Breidenbach/Ina Zukrigl, Tanz der Kulturen. Kulturelle Identität in einer globalisierten Welt, München 1998, 197; in Aspekten auch, Charles Ess, Can the Local Reshape the Global? Ethical Imperatives for Humane Intercultural Communication Online, Paper zum Konferenzvortrag: International ICIE Congress 2004: Localizing the Internet: Ethical Issues in Intercultural Perspectives, Karlsruhe 4–6 October 2004.

115 Vgl. Breidenbach/Zukrigl, Tanz der Kulturen, 37.

116 Ebd., 35 f.

Wirklichkeitserfahrung der Beteiligten haben als die Lektüre einer Tageszeitung, gerade weil sie die Beteiligten als zwar virtuelle, aber doch unmittelbare Handlungspartner/innen ansprechen.[117]

Medien können zur Darstellung der eigenen Identität genutzt werden, sowohl explizit durch Selbstauskünfte auf der privaten Homepage oder in einer Talkshow, aber auch indem die implizite Botschaft einer Mediennutzung als bewusste oder unbewusste Aussage über die eigene Person genutzt wird. Ähnlich wie bei der One-to-Many-Kommunikation die Wahl der Sendungen etwas über den oder die Zuschauer/innen aussagt, ist das Wissen von den Online-Nutzungsgewohnheiten eines Menschen Gegenstand von Einschätzungsversuchen zu seiner Person. Ebenso verhält es sich mit der Frage nach der Dauer der mit dem Fernseher oder dem Computer verbrachten Zeit. Anders als beim Fernsehen sind beim Internet jedoch nicht nur Inhalte, Sendeformen und Zeitdauer in diesem Zusammenhang Teil des Bildes, das man sich von einer Person macht, sondern ebenso die jeweiligen aktiven Nutzungsformen. Zahlreiche Umfragen und sozialwissenschaftliche Untersuchungen bezeugen die Tendenz, das Online-Nutzungsverhalten mit Aussagen über Persönlichkeitsbewertungen und den sozialen Stellenwert einer Person zu verbinden.[118] In Bezug auf die Massenmedien hat die Medienwirkungsforschung jedoch Ansätze entwickelt, zumindest die Rückschlüsse vom Medienkonsum auf die Ansichten der Rezipient/innen in Frage stellen.[119] Solche Theorien betonen die Stärke des Rezipienten gegenüber den durch die Medien verbreiteten Ansichten (zum Beispiel der Uses-and-gratification-approach[120]). Konzepte vom passiven Medienkonsumenten betonen hingegen die Suggestivkraft und Bedeutung der Medien für die individuelle Meinungsbildung (zum Beispiel das Stimulus-Response-Modell[121]). Un-

117 Vgl. Gabriele Fink/Rudolf Kammerl, Virtuelle Identitäten. Ein Ausdruck zeitgemäßer Identitätsarbeit?, *medien praktisch. Zeitschrift für Medienpädagogik*, 1/2001, 10–16, 14.

118 Vgl. The European Institute for the Media »World Internet Project 2004 (WIP)« (www.eim.de/start.htm).

119 Vgl. H. Bonfadelli, Medienwirkungsforschung I. Grundlagen und theoretische Perspektiven, Konstanz 1999, 529f.

120 Dieser publikumszentrierte Ansatz fragt nach dem Umgang der Menschen mit den Massenmedien. Der Forschungsansatz geht davon aus, dass die Merkmale, Eigenschaften und Bedürfnisse der jeweiligen Nutzerinnen und Nutzer für die Medienwirkung bestimmender sind als die Wirkung der Medieninhalte als solche, vgl. auch »Verstärker-Hypothese«.

121 Stimuli der Medienproduktionen bestimmen demnach gemäß einer monokausalen Vorstellung die Wirkung (response) auf den Rezipienten, zu einer Kritik des Stimulus-Response-Modell vgl. Klaus Merten, Medien-

tersuchungen zur Wirkung der Medien abseits der Meinungsbildung beschäftigen sich häufig mit der Rolle von Gewaltdarstellungen in den Medien und beziehen sich auf den Bereich der Medienpädagogik.[122] Auch hier oszilliert die Forschung zwischen den Annahmen starke versus schwache Medienwirkung, wobei allerdings die Mehrzahl der Forschungsliteratur von einer starken Medienwirkung auf ein eher passives Medienpublikum ausgeht.[123]

Die Rolle der Massenmedien für die individuelle Selbst- und Fremdwahrnehmung, also jenem Bereich, der nicht von der unmittelbaren oder tagesaktuellen Meinungsbildung betroffen ist, wurde bislang fast ausschließlich für die aktiv und öffentlich Beteiligten an Sendungen, nicht aber in Bezug auf das Medienpublikum untersucht.[124] Die Wirkung von *interaktiven* Medien auf die Identitätskonstituierung und die Ausbildung von Haltungen wird bislang vor allem für Gewalt verherrlichende Computerspiele untersucht. Andere Forschungsarbeiten beschäftigen sich darüber hinaus mit der Verschleierung von Identitäten in Internetchats und virtuellen Realitäten, auch in Bezug auf Geschlechtsidentitäten.[125]

Die sozialisierenden Einflüsse interaktiver Medien unterscheiden sich vor allem in der Handlungsperspektive von denen der Massenmedien. Sozialintegration im Allgemeinen, aber auch der Prozess der Ausbildung einer Identität sind immer verbunden mit der Erschlie-

wirkungen, in: Ders./Siegfried J. Schmidt/Siegfried Weischenberg (Hg.), Die Wirklichkeit der Medien. Einführung in die Kommunikationswissenschaft, Opladen 1994, 291–328, 310.

122 Vgl. Thomas Hausmanninger/Thomas Bohrmann (Hg.), Mediale Gewalt. Interdisziplinäre und ethische Pespektiven, München 2002; Michael Kunczik, Gewalt und Medien. 4. aktualisierte Aufl. Köln u. a. 1998.

123 Vgl. Elisabeth Noelle-Neumann, Wirkung der Massenmedien auf die Meinungsbildung, in: Dies./Winfried Schulz/Jürgen Wilke, Fischer Lexikon, Publizistik, Massenkommunikation, Frankfurt am Main 10.–13. Tausend Mai 1996, aktualisierte, vollständig überarbeitete Neuausgabe November 1994, 518–571, 519f.

124 So zum Beispiel in der Forschungsliteratur zu Big-Brother-Sendeformaten, aber auch schon früher in den literaturwissenschaftlichen Untersuchungen zur psychologischen Bedeutung der Autorschaft.

125 Vgl. C. A. Anderson/K. E. Dill, Video games and aggressive thoughts, feelings, and behavior in the laboratory and in life, *Journal of Personality and Social Psychology* 78/4, 2000, 772–779; Hans-Dieter Kübler, Vom Gewaltvoyeur zum virtuellen Täter? Warum die üblichen Fragen der Gewaltforschung bei Ego-Shootern nicht ausreichen, *medien praktisch. Zeitschrift für Medienpädagogik* 1/2003, 4–12. Nicola Döring, Sozialpsychologie des Internet. Die Bedeutung des Internet für Kommunikationsprozesse, Identitäten, soziale Beziehungen und Gruppen, Göttingen 1999.

ßung von Handlungsräumen. Massenmedien leiten das Bild von der gesellschaftlichen Wirklichkeit primär passiv über die Zuschauerperspektive beziehungsweise, nach Luhmanns Konzept, die Beobachtung der Beobachter. Interaktive Medien bieten dagegen individuelle Handlungs- und Gestaltungsmöglichkeiten, die Sozialintegration nicht nur über Wissensvermittlung, sondern auch über die Realisierung eigener Handlungen vollziehen. Medien vermitteln somit nicht nur eine spezifische Wirklichkeitserfahrung, die dem oder der Medienteilnehmer/in ein Bild von den persönlichen Handlungsoptionen und Freiheitsgraden vorgibt, sondern neue interaktive Medien schaffen eine eigene Handlungsumgebung, indem sie medienspezifische, virtuelle Räume personaler Kommunikation eröffnen. Solche virtuellen Handlungsumgebungen fließen ein in den Prozess der Konstituierung einer individuellen Identität:

> Das geschaffene Medienprodukt führt zu einer ontologischen Vergewisserung. Medienprodukte werden gesehen und dienen damit dem gesellschaftlichen Diskurs als Material und dem Selbst als Basis für seine Zuordnung.[126]

Im folgenden Kapitel soll am Beispiel der privaten Homepage gezeigt werden, wie interaktive und individualisierte Medien in neue Formen des Identitätsausbildung einbezogen werden beziehungsweise bestimmte Auffassungen über die eigene Identität hier hergestellt und dargestellt werden können. Es wird dabei davon ausgegangen, dass interaktive Medientechniken eine Wandlung der Kommunikationsbeziehungen zwischen dem Ich und einer vorgestellten Öffentlichkeit einleiten und insofern Identitätsausbildung als kommunikativen Abgleich zwischen gesellschaftlichen Anforderungen einerseits und individueller Reflexion andererseits neu parametrisiert.

2.4.4. Identität im Netz: das Beispiel private Homepage

Die private Homepage steht stellvertretend für Gattungen des Internet, die das Individuum in den Vordergrund rücken und gleichzeitig den sozialen Netzwerkcharakter von Kommunikation betonen. Im Unterschied zu verwandten Formen ist die private Homepage außerdem durch einen besonderen Wunsch nach Authentizität gekennzeichnet,

126 Franz Josef Röll/Manuela Maurer, Medien als Mittler von Identitätskonstruktionen. Lebenswelterkundungen in der Mediengesellschaft, *medien praktisch. Zeitschrift für Medienpädagogik* 1/2001, 26–31, 31.

wodurch sich anbietet, die Rolle der interaktiven Netzwerkkommunikation für die Identitätsausbildung hier beispielhaft darzustellen. Nach einer Analyse der Stilmerkmale der privaten Homepage können Rückschlüsse auf die Motivationen für deren Einrichtung gezogen werden. Auf einer höherstufigen Ebene sind über offene Motivationen hinaus Gründe im Ko-Text des Technikgebrauchs zu finden. Ständige Erreichbarkeit und kommunikative Offenheit sind solche werthaften Zuschreibungen der Nutzung der privaten Homepage, die als Selbstzuschreibungen die Identität der Betreiber/innen in der Mediennutzung konstituieren – obwohl sie durch den empirischen Kontext der privaten Homepage in Frage gestellt werden. Auch der Gedanke der Authentizität einer privaten Homepage ist durch die Notwendigkeit zur Inszenierung der Person nach eigenen Selektions- und Verstärkungspräferenzen wie auch nach Maßgaben der Medientechnik – wie in jedem anderem Medium – zu relativieren. Weitere Gründe für die Verbindung von Authentizität, Ich-Identität und Informationstechnik lassen sich aus dem Subjektverständnis vieler Theorien der neuen Mediengenerationen ableiten, die die kontextuelle und die dezentrierte Verfasstheit von Subjektivität in den Vordergrund stellen. Eine private Homepage fixiert die Darstellung der Person in den Knotenpunkten eines Netzwerks von Informationen, eigenen Produktionen, Textsammlungen und Links.

Die private Homepage reiht sich ein in den Prozess der zunehmenden Individualisierung der Medien. Diese Tendenz betrifft die technischen Nutzungseigenschaften der Medien, also insbesondere interaktive Anwendungsmöglichkeiten, aber auch das wachsende Interesse an subjektiven Sichtweisen in den herkömmlichen Massenmedien. Beispiele hierfür sind Talkshows oder der so genannte Pop-Journalismus beziehungsweise »New Journalism«, der als eigenständiges Genre die zum Teil kunstvolle Aufwertung alltäglicher Begebenheiten betreibt.

Die private Homepage ist eine Gattung, die im Gegensatz zu Chats durch den Wunsch nach Authentizität gekennzeichnet ist, die das Individuum als solches in den Vordergrund rückt.[127] Insofern lässt sich an ihrem Beispiel das Wechselspiel von Identitätskonstituierung und neuen Medientechniken in typischer Weise darstellen. Zu diesem Zweck

127 Chats und Foren erlauben soziale Kommunikation als pseudonymisierte; mit dem Netzwerkdienst »friendster« z.B. wurde ein Angebot geschaffen, das reale Identitäten in einer reduzierten steckbriefartigen Form präsentiert, dafür aber besonders stark die Beziehungskomponente als solche in den Vordergrund stellt (wer ist mit wem bekannt). Blogs wiederum bevorzugen eher einen themenspezifischen Auftritt, wobei auch Blogs zunehmend wie private Homepages genutzt werden und umgekehrt.

soll im Folgenden eine Charakterisierung der Homepage nach ihren spezifischen Eigenschaften in Bezug auf Stil, Inhalt und Adressierung vorgenommen werden. Der Schwerpunkt des Beispiels liegt auf Ausführungen zur Bedeutung der Person des Homepagebetreibers. Dabei wird deutlich, dass der Betreiber beziehungsweise die Betreiberin das eigentliche Metathema jeder privaten Homepage ist und gleichzeitig – von Außen betrachtet –, dass personalisierte Netzseiten die strukturalistische Konstituierung von Subjektivität medial in Szene setzen.

Obwohl die private Homepage formal dem Kriterium der Allgemeinheit oder Öffentlichkeit entspricht, hat sie einen spezifischen Adressatenkreis. Ihre Besucherinnen und Besucher lassen sich nach zwei Gruppen unterscheiden. Die eine Gruppe sucht nach direkten Auskünften über die Person des Betreibers (personenbezogene Rezeption). Die andere Gruppe findet eine Homepage aufgrund des Interesses an einem bestimmten Sachgebiet (sachbezogene Rezeption). Die Individualisierung der Medien*rezeption*, also die Ermöglichung eines von spezifischen Interessen geleiteten Zugriffs auf Daten, ist für die Personalisierung der Medien*produkte* eine wichtige Voraussetzung. Denn nur dieser Prozess der Individualisierung der Nutzung öffentlicher Medien kann gewährleisten, dass ein extrem partikularisiertes Informations- und Unterhaltungsangebot wie die private Homepage einen entsprechenden Adressatenkreis findet.

Bei der privaten Homepage handelt es sich um eine durch den Betreiber selbst autorisierte Information über seine Person. Die Besucherin oder der Besucher der Netzseiten erhält nicht nur Einblick in seine Lebensgestaltung, Interessen oder Kenntnisse, gleichzeitig ist sie oder er auch Adressat/in der impliziten Botschaft einer Homepagepublikation. Über Stil und Komposition der Homepage und über die Tatsache des Homepagebesitzes überhaupt erfährt der Rezipient viel über die Haltungen und die soziale Stellung des Betreibers.

Private Homepages fallen durch einen positiven, gut gestimmten Auftritt auf. Scherze, vor allem als Selbstironie gekleidet, eine lockere Ausdrucksweise nach Art der Face-To-Face-Kommunikation unter Seinesgleichen oder die Übernahme von Stilmerkmalen der Comicsprache sind Bestandteile vieler privaten Homepages. Die Lebendigkeit des Stils signalisiert eine Natürlichkeit der Kommunikation. Selbst Homepages, die eine Krankheitsgeschichte erzählen, sind von einem positiven Grundton geprägt. Die Betreiber und Betreiberinnen einer Homepage erscheinen als extrovertierte und gesellige Typen.[128]

128 Nach der Studie von Machilek/Schütz/Marcus sind Homepagebesitzer/innen nach Maßgabe psychologischer Persönlichkeitstests im realen

Verbunden mit diesem persönlichen Stil ist der Gedanke an Authentizität und der individuell verbürgten Freiheit von Manipulation durch Journalist/innen und Medienindustrie.

Die Produktion einer privaten Homepage ist auf dem jetzigen Stand der Etablierung der Informations- und Kommunikationstechnik häufig noch mit der erstmaligen Aneignung der Medientechnik verbunden.[129] Dieser freiwillige Lernprozess ist Ausdruck eines individuellen Einverständnisses mit dem informationstechnischen Fortschritt. Gleichzeitig sind elektronische Datenverarbeitung und die Nutzung des Internet gesellschaftlich anerkannte Praktiken, wie sie zum Beispiel in dem Leitbild Informationsgesellschaft formuliert werden. Die Demonstration der Fähigkeit zum Umgang mit der neuen Medientechnik ist somit impliziter Bestandteil jeder privaten Homepage. Medienkompetenz ist eine von Wirtschaft und Politik gefragte Fähigkeit. Aneignung und Darstellung dieser Fähigkeit sind positive Elemente der Fremd- und Eigenwahrnehmung. Der Betrieb einer privaten Homepage signalisiert damit also auch immer eine Form von gesellschaftlicher Integration.

Die gesellschaftsaffirmative Ausrichtung der privaten Homepage folgt jedoch nicht zwingend aus ihrer Veröffentlichung im Internet. Im Gegenteil ist das Internet bekanntlich ein für Nischen- oder radikaloppositionelle Publikationen gut geeignetes Medium. Ausschlaggebend für die affirmative Tendenz ist die Personalisierung der Autorschaft als Stilelement der privaten Homepage. Eine Homepage ist notwendig an eine überwiegend positive Darstellung der Person gebunden, da eine negative Selbstbewertung eine schlechte Motivation für deren Einrichtung ist. Eine gesellschaftskritische Haltung ist als Bestandteil einer positiven Selbstwahrnehmung selbstredend möglich, aber für die Vermittlung von radikaloppositionellen oder subversiven Inhalten ist die private Homepage als Unterhaltungsmedium mit Informationsanteil die falsche Wahl.

Eine Vielzahl der Homepages beschäftigt sich mit klassischen privaten Themen aus der unmittelbaren Lebenswelt (wer sind meine Freunde, welche Vorlieben habe ich, das Fotoarchiv), doch oft ist dieser persönliche Bereich die Eingangspforte zu abstrakteren Themen, die das direkte lebensweltliche Umfeld des Betreibers übersteigen. Häufig findet man auf Homepages umfangreiche Textsammlungen

Leben jedoch eher als introvertiert zu bezeichnen, vgl. Franz Machilek/Astrid Schütz/Bernd Marcus, Selbstdarsteller oder Menschen wie du und ich?, 92 ff.

129 Weshalb die Mehrzahl der Betreiber/innen einer Homepage laut der Studie von Machilek/Schütz/Marcus als oberstes Ziel bei der Erstellung einer Homepage »Computerkenntnisse verbessern« angeben, vgl. 92.

und kenntnisreiche themenspezifische Ausführungen. Privat bedeutet hier, dass auf der Homepage ein *als subjektiv gekennzeichneter Zugang* zu einem Themengebiet vorgestellt wird. Das heißt nicht, dass ein solcher Zugang qualitativ schlechter als Information und Lektüre im Rahmen eines institutionell kontrollierten Mediums wie Buch oder Rundfunk sein muss. Die Bezeichnung privat impliziert vielmehr, dass die Überprüfung der Qualität der Informationen in die Verantwortung der Rezipienten und Rezipientinnen fällt.

Das Attribut »privat« hat nicht nur in Bezug auf die Richtigkeit oder Ausgewogenheit der Information Implikationen, sein Bedeutungsfeld erstreckt sich auch auf den Gegenstand jeder privaten Homepage. Bei aller Pluralität der Informationsangebote: *das Thema jeder privaten Homepage ist der Betreiber oder die Betreiberin selbst.* Jedes Thema bezieht sich indirekt auf seine oder ihre Person als dem eigentlichen Metathema. Die Funktion der privaten Homepage ist in der Regel die Präsentation des Betreibers. Der Betreiber oder die Betreiberin einer privaten Homepage ist eine Einzelperson oder eine Gemeinschaft (zum Beispiel eine Familie), die an dieser Stelle keinen kommerziellen Interessen nachkommt. Der Negation wirtschaftlicher Verwertungsinteressen entspricht der Wunsch der Betreiber, nicht materielle Werte, sondern *Selbst-Werte* in den Vordergrund zu stellen. Dieser Selbst-Wert wird durch den Träger dieser Werte bestimmt, indem er sich und seine Wirklichkeit präsentiert. Informationen, die darüber hinausgehen, dokumentieren das Wissen des Betreibers. In diesem Sinne ist das Thema jeder privaten Homepage »persönlich«, die Person betreffend.

Gegen die Herstellung dieses starken Bezugs zwischen der Person des Homepagebetreibers und den Schwerpunkten seiner Homepage auf sachlicher Ebene könnte man einwenden, die Kategorisierung sämtlicher Sachthemen unter die Rubrik »persönlich« würde auch zum Beispiel wissenschaftliche Artikel oder Sachbücher betreffen, denn schließlich spiegeln solche Publikationen im Grunde ja auch die persönlichen Interessen oder die subjektive Lage der Verfasserinnen und Verfasser wider. Dem wäre entgegenzuhalten, dass die private Homepage als Gattung bestimmte Merkmale aufweist, die als Rahmung jeden Sachthemas dieses als auf die Person des Autors oder Bereitstellers der Information bezogen kennzeichnet. Dazu gehören an erster Stelle die persönliche Ansprache des Besuchers durch den Besitzer der Homepage und ihre Abfassung im Stil eines Briefes oder nach Art der Face-To-Face-Kommunikation im realen Leben. Gleichzeitig sind die Informationen, die auf einer Homepage zu erhalten sind, in ein sehr individuelles Layout eingebettet. Die individuelle Gestaltung ist ein stilistisches Muss und Teil der geschmacklichen Bewertung einer

Homepage. Bei dieser Gestaltung ist es wichtig, eine besondere, unterscheidbare Präsentation zu wählen und nicht wie bei anderen Mediengattungen, etwa der Tageszeitung, hinter einer vereinheitlichten Form der inhaltlichen Darstellung als Autor zurückzutreten. Ein weiterer Hinweis auf die erwünschte Personifizierung sämtlicher Inhalte der Homepage ist die Vorstellung des Betreibers durch persönliche Daten, Informationen zum lebensweltlichen Kontext und Personenfotos, die als zentrales Element jeder privaten Netzseite eingeführt werden.[130] Informationen über die Autorin oder den Autor findet man auch in wissenschaftlichen oder journalistischen Textpublikationen. Sie sind jedoch klar als periphere Zusatzinformationen gekennzeichnet. Sie haben damit nicht die Funktion eines Portals zur Eröffnung des subjektiven Zugangs des Medienprodukts. Bei Radio- oder Fernsehsendungen sind weitergehende Hinweise auf die Autor/innen in der Regel nicht vorzufinden.

Was veranlasst jemanden nun dazu, in einem weltweiten elektronischen Netzwerk eine private Homepage zu erstellen?[131] Die Vermutung liegt nahe, dass die Gründe für die Einrichtung einer privaten Homepage zum Teil denen für die Einrichtung eines Internetzugangs allgemein entsprechen. Ein Großteil der Onlinenutzer gibt an, von den Möglichkeiten des Internet fasziniert zu sein, daran geknüpft ist die Neugierde auf das Medium und der Wunsch, die Technik zu beherrschen. Zirka ein Drittel der Nutzerinnen und Nutzer gibt als Grund an, dass sie Online mit vielen Menschen in Kontakt kommen können.[132]

130 Die Beschreibung dieser Stilelemente versteht sich als idealtypisch für eine private Homepage, sie entspricht nicht dem Erscheinungsbild jeder privaten Netzseite. Einige Homepage-Betreiber rücken ihre Person stark in den Hintergrund, diese Homepages sind jedoch eine Ausnahmeerscheinung und entsprechen eher den Charakteristika der Weblogs.

131 Machilek/Schütz/Marcus geben als Ergebnisse für die Befragung nach der Bedeutung der Ziele bei der Erstellung der Homepage als die ersten drei von 24 Antworten »Computerkenntnisse verbessern«, »Einhaltung der ›Netiquette‹« und »Gefühle anderer nicht verletzen« an, vgl. Machilek/Schütz/Marcus, Selbstdarsteller oder Menschen wie du und ich, 92. Sie unterscheiden jedoch nicht zwischen dem ursächlichen Grund für die Einrichtung der Homepage und Zielen beim Betrieb der Seiten.

132 Bei zirka 20 Prozent der Internetnutzerinnen und -nutzer war der Grund für die Einrichtung einer Onlineverbindung der Wunsch nach einer eigenen Homepage (ARD/ZDF Onlinestudie 2001, *Media Perspektiven* 8/2001, 386). Bei der Erhebung dieser Daten wurde jedoch nicht unterschieden zwischen kommerzieller und nicht-kommerzieller Nutzung einer eigenen Homepage.

Auf einer höherstufigen Ebene sind über diese offenen Handlungsmotivationen hinaus eine Reihe von möglichen anderen Gründen für die gesellschaftliche Etablierung der privaten Homepage zu erkennen. Klaus Schönberger unterscheidet in einem ähnlichen Zusammenhang zwischen einer symbolischen Bedeutung des Gebrauchs des Internet, die er in Anlehnung an Hans-Peter Krüger und Stefan Beck den Ko-Text des Technikgebrauchs nennt, vom »situativen Kon-Text als (tatsächlicher) Handlungsdimension.«

> Die im Ko-Text vermittelten Vorgaben, [Vorschläge], Anweisungen und Phantasien rahmen die Nutzung der neuen Informations- und Kommunikationstechnologien, determinieren sie aber nicht. Die daraus resultierenden symbolischen Zuschreibungen ermöglichen jedoch eine Selbstverortung der eigenen Praxis.[133]

In solchen Ko-Texten spiegeln sich gesellschaftlich anerkannte Werte wider, die mit dem Aufkommen der digitalen Informations- und Kommunikationstechnik erzeugt oder aufgewertet wurden. In Bezug auf die private Homepage gehören zu diesen Werten die Ideale *ständige Erreichbarkeit* (1) und *kommunikative Offenheit* (2).

Das Ideal der ständigen Erreichbarkeit wird in der privaten Homepage modifiziert zur Realisierung einer Zeit- und Raum übergreifende Präsenz im Netz. »Die telematischen Netze entlasten uns vom Druck der Gegenwärtigkeit allein schon durch ihre Gegenwart.«[134] Wer eine Seite im weltweiten Netz betreibt, hat damit die theoretisch weitest reichende Form von Publizität erzielt, die zur Zeit, abgesehen von der globalen Rundfunkberichterstattung, möglich ist. Dazu kommt, dass das Internet kein flüchtiges Medium ist wie beispielsweise Radio oder Telefon. Der Zugriff auf die Angebote ist jederzeit beziehungsweise relativ lange Zeit beliebig oft möglich. Auf abstrakter Ebene wird mit einer Internetpublikation auf diese Weise eine Form von Allgegenwart erzeugt. Da die Person des Betreibers selbst im Vordergrund der privaten Homepage steht, überträgt sich die Eigenschaft des Mediums

133 Klaus Schönberger, The Making of the Internet. Befunde zur »Wirkung« und Bedeutung medialer Internet-Diskurse, in: Patrick Rössler (Hg.), Online-Kommunikation. Beiträge zu Nutzung und Wirkung, Opladen/Wiesbaden 1998, 65–84, 68 f. (Hervorhebungen weggelassen); vgl. auch Stefan Beck, Umgang mit Technik. Kulturelle Praxen und kulturwissenschaftliche Forschungskonzepte, Berlin 1996, 160; Hans-Peter Krüger, Perspektivenwechsel. Autopoiese, Moderne und Postmoderne im kommunikationsorientierten Vergleich, Berlin 1993, 84.

134 Stefan Münker, Was heißt eigentlich: »Virtuelle Realität«?, in: Stefan Münker/Alexander Roesler (Hg.), Mythos Internet, Frankfurt am Main 1997, 108–131, 124.

auf den Nutzer oder die Nutzerin. So wird auf vielen Homepages über Abwesenheitszeiten des Betreibers (zum Beispiel in den Ferien) informiert. Auf diese Weise wird implizit die ansonsten ständige Ansprechbarkeit des Seitenbesitzers zum Ausdruck gebracht. Der Betreiber einer privaten Homepage knüpft damit an den gesellschaftlichen Status von Kommunikationsaktivitäten generell an. Sie signalisieren auf der einen Seite soziale Anerkennung und Integration und auf der anderen Seite ein gewisses Maß an gesellschaftlicher beziehungsweise beruflicher Bedeutung.

Das Gebot der kommunikativen Offenheit impliziert zwei Aspekte: zum einen die Bereitschaft zum Informationsaustausch, zum anderen die Praktizierung von Kommunikation als Verständigung in normativer Hinsicht. Das Leitbild »kommunikative Offenheit« wird in unterschiedlichen gesellschaftlichen Kontexten gepflegt. An erster Stelle entstammt es der Tradition deliberativer Ansätze. Demokratie verwirklicht sich nach diesem Modell primär in der gemeinsamen Verständigung aller gut informierten Beteiligten auf bestimmte Handlungsziele.[135] Die Wirtschaft hat sich dieses Ideal als Leitbild zu eigen gemacht und profitiert vom positiven Image transparenter, auf Dialog angelegter Entscheidungsprozesse. Es hat als Bestandteil von Kundenorientierung und Personalmanagement in modernen Marketingstrategien Einzug gehalten. Diese zweifache Fundierung der kommunikativen Offenheit in dem ethisch gerechtfertigten Demokratiemodell und seine partikulare Integration in die Arbeits- und Wirtschaftswelt verschafft diesem Leitbild eine breite gesellschaftliche Akzeptanz. Der Kommunikationsverweigerer gilt als rückwärts gewandter Mensch ohne gesellschaftliche Ambitionen. Kommunikative Offenheit dagegen ist ein Zeichen von Transparenz und Ausdruck von Vertrauenswürdigkeit.

Die Einlösung der kommunikationsbezogenen Werte Offenheit und Erreichbarkeit wird auf der privaten Homepage zwar vollzog en, gleichzeitig werden sie jedoch in einen Kontext gestellt, der ihre Bedeutung konterkariert und über die Signalwirkung kaum hinausgeht. Offenheit und Informationsaustausch als Gewähr für Verständigung sind in Bezug auf Wirkung und Anspruch der privaten Homepage unbedeutend für die gesellschaftliche Handlungsorientierung. Der Grund hierfür liegt einerseits in der fehlenden öffentlichen Meinungsbildungsrelevanz[136]

135 Jürgen Habermas hat in diesem Kontext den Begriff »kommunikatives Handeln« geprägt.

136 Ausführlicher vgl. Kapitel 3.2.2. *Meinungsbildungsrelevanz*.

und andererseits im fehlenden Wunsch nach einer gemeinschaftlichen Handlungskoordinierung. Dem Aspekt der gemeinschaftlichen Handlungskoordinierung wird im Rahmen der Onlinekommunikation sachorientierter in Foren, Weblogs oder Mailinglisten nachgegangen.

Bislang wurden vor allem allgemeinere Eigenschaften wie technischer Optimismus, Medienkompetenz, kommunikative Aufgeschlossenheit und Kennerschaft auf sachlichem Gebiet genannt, als deren Träger die Betreiber einer Homepage identifiziert werden können. Wie ist es nun aber möglich, das Ich als besonderes und individuelles auf einer Homepage angemessen zu repräsentieren?

Homepages sind in der Regel dem Gedanken der Authentizität verpflichtet. Die Betreiber und Betreiberinnen wollen schildern, wie es »wirklich« ist in ihrem Leben. Es soll explizit dargestellt werden, wie zum Beispiel das Leben mit Behinderung ist oder, weniger ernst, wer auf der letzten Geburtstagsfeier dabei war. Mit der Darstellung des lebensweltlichen Rahmens, mit Fotos oder auch Stellungnahmen zum eigenen Charakter und den persönlichen Vorlieben sollen sich die Besucher ein realistisches Bild machen. Homepages treten nicht mit einem fiktionalen Anspruch auf. Gerade dieser Wille zur Authentizität aber ist Wegbereiter einer reflexiven Auseinandersetzung des Betreibers mit seiner Person. Der Wunsch nach einer Darstellung seiner selbst setzt das Nachdenken über die wichtigsten Merkmale der eigenen Identität voraus. Damit verbunden ist die »Übersetzung« dieser Merkmale in das Medium Internet. Die Präsentation erfolgt nach den ästhetischen Möglichkeiten der Internettechnik und deren geschmacklicher Auswahl durch den oder die Hompagebesitzer/in. Die technisch-ästhetischen Möglichkeiten sind wie ein Filter vorentscheidend für die Auswahl des Persönlichkeitsbildes. Das rhetorische Geschick in der Face-to-Face-Kommunikation, Leutseligkeit oder Auffassungsgabe zum Beispiel, lassen sich auf einer privaten Homepage so gut wie nicht darstellen. Persönlichkeitspräsentationen im Internet unterliegen also einer medientechnischen Formatierung. Jede Form der Eigendarstellung enthält damit immer auch ein Moment der Selbstinszenierung, das nach der Maßgabe der technisch-ästhetischen Gegebenheiten des jeweiligen Mediums bewertet werden muss. Auf Individualität angelegte Internet-Gattungen erfordern die Reflexion persönlicher Darstellungsformen, plurale Informationsangebote und dialogische Austauschbeziehungen in Chats oder Foren fördern die reflexive Auseinandersetzung mit der Fremd- und Eigenwahrnehmung. Die Eigendarstellung auf einer privaten Homepage ist insofern immer eine Theatralisierung der Person. Das Programm der Theatralisierung läuft unter dem Titel Authentizität. Die Verkörperung einer Rolle auf der privaten Homepage geht nicht auf das Spiel mit Identitäten zurück, sondern verfolgt ein Ethos der Wahrhaftigkeit. Ich will mich zeigen wie ich bin, doch wie ich bin und wie ich wirken möchte, bestimme ich selbst.

Dass Selbstdarstellungen in den Medien durch ein bestimmendes Maß an Eigeninszenierung gekennzeichnet sind, ist ein nicht hintergehbares Strukturmerkmal, das die Mediengeschichte immer schon begleitet hat. Neu sind mit dem Aufkommen der privaten Homepage jedoch zwei Aspekte, die in der modernen Medienlandschaft zu beobachten sind: die Menge der personenbezogenen Medienproduktionen und ihre Ausrichtung an dem Gedanken der Authentizität. Der Ich-Erzähler ist in der Literatur schon lange als Stilmittel bekannt, eine monologische Introspektion ist Bestandteil vieler Theaterstücke und durch das Fernsehen ist der Begriff »personality show« geprägt worden. Kaum jemand käme jedoch in Bezug auf diese Beispiele auf die Idee, davon auszugehen, dass es hierbei um authentische Darstellungen eines real existierenden Individuums gehe. Vielmehr sind die facettenreichen Inszenierungsmöglichkeiten personaler Identitäten ein seit langem erprobtes künstlerisches Mittel.

Zu der Interpretation der privaten Homepage als wirklichkeitsgetreu und spontan trägt in einem nicht unbedeutenden Maß ihre institutionelle Ferne, ihr nicht-kommerzieller Charakter, die leichte Verständlichkeit und der umgangssprachliche Stil bei. Um den Eindruck der Wirklichkeitstreue überzeugender zu machen, präsentieren viele Homepages auch eine Rubrik, die Gelegenheit zur Auskunft von dritter Seite über den Betreiber gibt. Der Inhalt dieser Einträge wird durch ihn geprüft, insofern muss auch die Zulassung der jeweiligen Fremdauskünfte als Mittel zur Inszenierung von Authentizität bewertet werden.

Nicht zuletzt geht das Vertrauen in Wahrheit und Wahrhaftigkeit einer Hompage-Publikation auch auf die Ansprechbarkeit des Betreibers/der Betreiberin zurück. Die Autorität einer Aussage in Bezug auf ihren Geltungsanspruch ist immer gebunden an die Identifizierung des Autoren und der theoretisch gegebenen Möglichkeit zur faktischen Nachprüfbarkeit. Diesen Ansprüchen kann die Homepage aufgrund ihrer interaktiven Nutzungseigenschaften und der bestehenden Impressumspflicht genügen.

Die implizite Annahme bei dem Wunsch nach einer eigenen Homepage scheint die Auffassung zu sein, dass die authentische Darstellung seiner selbst folgerichtig zu einer positiven Bewertung der Person führe. Die privaten Homepages zeigen hier eine Parallele zu den so genannten Container-Shows, die in Deutschland und international seit der Jahrtausendwende unter dem Namen »Big Brother« Einzug in die Sendeformate gehalten haben. Hier wie dort sind Aufrichtigkeit und Authentizität eine Form der Selbstinszenierung. Die Kategorisierung eines natürlichen, authentischen Verhaltens als Form der Selbstinszenierung sagt nicht notwendig etwas über angenommene unredliche, »verfälschende« Absichten einer solchen Selbstdarstellung aus. Die willentliche Darstellung seiner selbst als authentisch verschiebt jedoch die Bedeutung von authentisch als spontanem, interesselosem Verhalten hin zu einem Begriff, der bereits die Wirkung und Kennzeichnung des Authentischen im Vollzug des Handelns reflektiert.

Weitere Gründe für die Entstehung der privaten Homepage als einer der Authentizität verpflichteten Gattung könnten aus dem zeitgenössischen Subjektverständnis abzulesen sein. Mit dem aufgeklärten Denken wurde das Individuum, sein Vermögen zur Selbstbestimmung und seine Formen der erkennenden Welterzeugung Thema der Philosophie. Im 19. und 20. Jahrhundert rückten insbesondere solche anthropologischen Entwürfe in den Blick, die Subjektkonstituierung und Ich-Identität aus den Wechselverhältnissen zwischen dem Individuum und seinen verschiedenen Kontexten begründeten. Insbesondere im 20. Jahrhundert wurde die herausgehobene Stellung eines vormals souverän und autonom verstandenen Subjekts durch rationalitätskritische Ansätze relativiert. Gleichzeitig rückten die Leistungen der menschlichen Kommunikation als Beitrag zur Erzeugung von Normensystemen, aber ebenso in der Konstruktion grundlegender Bedeutungszuschreibungen in den Vordergrund. Gemeinsam ist vielen Entwürfen die Betonung einer neuen Konstitutionsbeziehung zwischen Subjekt und Objekt. Elemente, die vormals einem autonom vorgestellten Subjekt zugeschrieben wurden, wie zum Beispiel das Urteilsvermögen oder seine Bestimmungen rationalen Handelns, erscheinen nunmehr als Ausdruck von Wechselverhältnissen zwischen dem Subjekt und seinem Leib beziehungsweise dem Subjekt und seinen sozialen, kommunikativen und dinglichen Kontexten. Michel Foucault zum Beispiel betonte die konstitutionelle Abhängigkeit des Subjekts von einer strukturellen und wandelbaren Komponente:

> In dem Augenblick, in dem man sich darüber klar geworden ist, daß alle menschliche Erkenntnis, alle menschliche Existenz, alles menschliche Leben und vielleicht das ganze biologische Erbe des Menschen, in Strukturen eingebettet ist, d. h. in eine formale Gesamtheit von Elementen, die beschreibbaren Relationen unterworfen sind, hört der Mensch sozusagen auf, das Subjekt seiner selbst zu sein, zugleich Subjekt und Objekt zu sein. Man entdeckt, daß das, was den Menschen möglich macht, ein Ensemble von Strukturen ist, die er zwar denken

> und beschreiben kann, deren Subjekt, deren souveränes Bewußtsein er jedoch nicht ist.[137]

Die Auffassung einer Konstituierung des Subjekts über ein Außen fand mit der Etablierung des Internet einen Bezug auf die elektronischen Interaktionsnetzwerke. Beispielhaft hierfür sind problematische Konzepte zur Übertragung der menschlichen Vernunftvermögen an das Internet[138], die Idee einer neuen Verwirklichung bestimmter Typen von Intersubjektivität durch die Informationstechnik[139] oder die Annahme einer Repräsentation des modernen, dezentrierten Bewusstseins durch den Hypertext.[140]

Auch in der populären Kultur fand der Gedanke einer konstituierenden Verbindung von menschlicher Identität und elektronischer Kommunikationstechnik durch zahlreiche Filme und Comics Verbreitung. Die digitale Kommunikation hat sich im Bewusstsein vieler Nutzerinnen und Nutzer als quasi natürliche Konstitutionsbasis der menschlichen Identität, als digitale Seinsform etabliert. »Being digital is different. We are not waiting on any invention. It is here. It is now. It is almost genetic in its nature, that each generation will become more digital than the preceding one.«[141] Rhetorik und Metaphorik von Netzaktivisten und Zukunftsvisionären weisen immer wieder auf die enge Verbindung zwischen menschlicher Identitätsbildung und Informationstechnik hin.[142]

Die private Homepage zeigt ihren Besitzer in einem Netzwerk von Beziehungen zu Menschen, zu Praktiken und zu Sachthemen. Zugespitzt formuliert: *Auf der privaten Homepage werden die Strukturen einer Ich-Identität verwirklicht und offen gelegt.* Die private Home-

137 Michel Foucault, Von der Subversion des Wissens. Darin: Paolo Caruso, Gespräch mit Foucault. Herausgegeben und aus dem Französischen und Italienischen übertragen von Walter Seitter, mit einer Bibliographie der Schriften Foucaults, Frankfurt am Main 1987, 7–28, 14.

138 Vgl. Mike Sandbothe, Interaktivität – Hypertextualität – Transversalität. Eine medienphilosophische Analyse, in: Stefan Münker/Alexander Roesler (Hg.), Mythos Internet, Frankfurt am Main 1995, 56–83, 76ff.

139 Vilém Flusser, Kommunikologie, Schriften Bd. 4, Mannheim 1995, 18f.

140 Bernd Wingert, Die neue Lust am Lesen? Erfahrungen und Überlegungen zur Lesbarkeit von Hypertexten, in: Stefan Bollmann (Hg.), Kursbuch Neue Medien. Trends in Wirtschaft und Politik, Wissenschaft und Kultur, Mannheim 1996, 112–130.

141 Nicolas Negroponte, Being Digital, London 1995, 231.

142 Vgl. zum Beispiel Vilém Flusser, Verbündelung oder Vernetzung?, in: Stefan Bollmann (Hg.), Kursbuch Neue Medien. Trends in Wirtschaft und Politik, Wissenschaft und Kultur, Mannheim 1996, 15–20.

page repräsentiert als Gattung somit zwei Aspekte des nachmodernen Subjektverständnisses: Zum einen die kontextuelle und zum anderen die dezentrierte Verfasstheit von Subjektivität. Die Betreiberin oder der Betreiber einer Homepage fixiert die Darstellung der eigenen Person in den Knotenpunkten eines Netzwerkes von Informationen, eigenen Produktionen, Textsammlungen und Hyperlinks.

Nachdem vorangehend unter dem Klassifikationsmerkmal der Sozialisierung die Normen und Identität stiftenden Aspekte von Öffentlichkeit im Vordergrund standen, behandelt die folgende Ausarbeitung unter dem Begriff der politischen Öffentlichkeit Fragen der gemeinschaftlichen Handlungskoordinierung.

2.5. Politische Öffentlichkeit

Die Gemeinwohlorientierung ist eine regulative Idee politischen Handelns. Die Bestimmung des Gemeinwohls legitimiert sich konzeptuell aus dem öffentlichen Diskurs. Was sind die Ermöglichungsgründe solcher Diskurse in der Netzkommunikation und wie sind sie zu identifizieren?

Öffentliche Kommunikation, insofern sie als politische Öffentlichkeit bezeichnet werden kann, ist notwendig durch eine *thematische Beziehung auf das Allgemeinwohl* gekennzeichnet. Seit der Antike wird das Gemeinwohl oder *bonum commune* in der politischen Theorie als Staatszweck genannt – wenn auch in ganz unterschiedlichen Auffassungen über die konkrete Bestimmung, was das Wohl sei beziehungsweise über die Verfahren wie man zu seiner genauen Festlegung komme.[143]

Politik als das staatliche Handeln nimmt in einer sozial und funktional ausdifferenzierten Gesellschaft eine Sonderstellung ein. Sie ist zwar

143 Vgl. Rainer-Olaf Schultze, »Gemeinwohl«, in: Dieter Nohlen (Hg.), Wörterbuch Staat und Politik. München 1991. Vgl. auch Immanuel Kant zur Vereinigung von Öffentlichkeit und Allgemeinwohlbestimmung: »Alle Maximen, die der Publizität *bedürfen* (um ihren Zweck nicht zu verfehlen), stimmen mit Recht und Politik vereinigt zusammen. Denn wenn Sie nur durch die Publizität ihren Zweck erreichen können, so müssen sie dem allgemeinen Zweck des Publikums (der Glückseligkeit) gemäß sein, womit zusammen zu stimmen (es mit seinem Zustande zufrieden zu machen), die eigentliche Aufgabe der Politik ist.« [Immanuel Kant, Zum ewigen Frieden, 2. Anhang, Akad.-Ausgabe, 8 (1923), 386.]

selber gesellschaftlicher Teilbereich, gleichzeitig aber ist sie Adressatin für Problemstellungen aus allen anderen Teilbereichen und sie ist vor allem legitimierte Steuerungsakteurin der anderen Gesellschaftsbereiche.[144] Politik ist insofern Ort der Problemartikulation und der Problemlösung, wobei es sich hierbei um eine theoretisch-normative Bestimmung des Politischen handelt, die von der praktischen Politik als Macht- oder (Partikular)Interessenpolitik unterschieden werden muss, wie auch die Gemeinwohlorientierung als *regulative Idee* politischen Handelns verstanden werden muss. Politisches Handeln beruht in modernen demokratischen Gesellschaften ebenfalls der Idee nach auf dem Legitimationsmodell der *diskursiven* Gemeinwohlbestimmung. Ein Hauptbestandteil dieses Diskurses wird in der öffentlichen Kommunikation abgebildet. »Öffentlichkeit entfaltet Macht, weil sie einer Pluralität von Meinungen und Argumenten Gehör verschaffen und daraus immer wieder neue gemeinsame Überzeugungen bilden kann.«[145] Man bezeichnet diesen Prozess auch als eine aposteriorische Gemeinwohlbestimmung[146], die auf dem Ausgleich zwischen individuellen, korporativen und gesellschaftlichen Interessen beruht. Matthias Kettner und Maria-Luise Schneider sprechen in diesem Zusammenhang von Res-publica-Gründen, die vor den anderen Mitgliedern einer Gemeinschaft gerechtfertigt sind:

> Im Lichte solcher Gründe erschließt sich Mitgliedern bestimmter politischer Gemeinwesen all das, was ihnen *als* Mitglieder *dieses* Gemeinwesens als in einem irgendwie *sozial authentisierten* Sinne gute bzw. schlechte Weisen zu leben gilt. Res-publica-Gründe sind praktische Gründe, derer sich mindestens eine signifikante Untermenge der Mitglieder eines politischen Gemeinwesens unter anderen Mitgliedern dieses Gemeinwesens deshalb bedienen kann, weil ein solcher Grund als gültiger Ausdruck einer Sache, die ein gemeinsames Interesse berührt, *anerkannt wird*.[147]

144 Vgl. Gerhards/Neidhardt, Strukturen und Funktionen moderner Öffentlichkeit, 29–89.

145 Simone Dietz, Die Legitimationsmacht der Öffentlichkeit: Die öffentliche Meinung der Mediendemokratie, in: Gerhard Göhler (Hg.), Macht der Öffentlichkeit – Öffentlichkeit der Macht, Baden-Baden 1995, 115–133, 123.

146 Im Unterschied zu diesen diskursiven oder evolutionären Auffassungen existieren auch normativ-apriorische Begriffe des Gemeinwohls, die von einer überindividuellen und ahistorischen Konkretisierung ausgehen, vgl. Schultze, »Gemeinwohl«.

147 Matthias Kettner/Maria-Luise Schneider, Öffentlichkeit und entgrenzter politischer Handlungsraum: Der Traum von der »Weltöffentlichkeit« und die Lehren des europäischen Publizitätsproblems, in: Hauke Brunkhorst/

Wie lässt sich nun der Begriff politischer Öffentlichkeit insbesondere in Bezug auf die öffentliche Netzkommunikation präziser konkretisieren? Im Folgenden soll aus der Schaffung einer Verbindung zwischen dem Öffentlichkeits- und dem Handlungsbegriff gezeigt werden, inwiefern politische Öffentlichkeit als Raum der gesellschaftlichen Verständigung von den Auffaltungen des Öffentlichkeitsbegriffs in Hinblick auf Sozialisierung und Erkenntnissicherung unterschieden werden kann.

2.5.1. Öffentlichkeit als Handlungsrechtfertigung

Öffentlichkeit ist reflexive Instanz der Handlungsrechtfertigung in individueller und gesellschaftlicher Perspektive. Eine solche normative Bestimmung durch die Allgemeinheit führt zu einem Spannungsverhältnis zwischen individueller Freiheit und staatspolitischer Ordnung. Ein diskursethisch begründeter normativer Öffentlichkeitsbegriff soll den Widerspruch zwischen der individuellen Vielfalt der Lebensstile und Auffassungen und der für ein Gemeinwesen notwendigen Einigung auf eine gemeinsame Handlungspraxis ausgleichen. Viele Positionen stellen den rationalen Kern des öffentlichen Diskurses in Frage und diagnostizieren eine Ideologisierung des Privatbereichs durch das partizipatorische Demokratieverständnis. Zum Schutz vor einer totalisierenden Tendenz und zur Realisierung der emanzipatorischen Ansprüche des Individuums ist der Öffentlichkeitsbegriff mit Habermas in sich zu differenzieren (spontane und vermachtete Öffentlichkeit). Während die vermachtete Öffentlichkeit sich insbesondere mittels der Massenmedien entfalten kann, werden dem Internet große Potenziale in Bezug auf die Erzeugung kommunikativer Macht zugeschrieben.

Öffentlichkeit ist maßgeblich für die Grundlegung eines intersubjektiv konstituierten Wirklichkeitsverständnisses wie auch für die normative Handlungsrechtfertigung in individueller und gesellschaftlicher Perspektive. Dass gerade Öffentlichkeit diesen Status gewinnen konnte, ist aus der Geschichte der Entstehung des Demokratiegedankens wie auch mit dem hiermit verbundenen Menschenbild begründet. Ein normativer Öffentlichkeitsbegriff versteht sich als Verwirklichung der Idee subjektiver Freiheit in politischer Absicht, also in Bezug auf die Ordnung und die Willensbildung eines Gemeinwesens, die selber wie-

Matthias Kettner (Hg.), Globalisierung und Demokratie. Wirtschaft, Recht, Medien, Frankfurt am Main 2000, 369–411, 390.

der Bedingungen für die Garantie individueller Freiheitsrechte sind.[148] Wie und ob überhaupt sich die Freiheitsrechte jedes Einzelnen aber in einem Prozess der allgemeinen politischen Willensbildung adäquat artikulieren können, ist insbesondere seit den ideologischen Kontroversen im Umfeld der Französischen Revolution 1789 strittig.

Rousseau etwa war davon ausgegangen, dass subjektive Freiheit nur durch den Willen des Souveräns hervorgebracht und artikuliert werden kann. Menschenrechte und Gewaltenteilung *entspringen* demnach dem aufgeklärten Willen des demokratischen Gesetzgebers, Freiheit ist eine Eigenschaft des vergesellschafteten Zustands. Rousseau geht es, wie Habermas erläutert, um eine »Vereinigung von praktischer Vernunft und souveränem Willen, von Menschenrechten und Demokratie.«[149] Der Prozess der gemeinsamen Willensbildung führt nach Rousseau zu einem Ausschluss von Partikularinteressen und solchen Handlungsentscheidungen, die dem Allgemeinwohl entgegenstehen.[150] Der Autonomie der Gesetzgebungspraxis wird selbst eine vernünftige Struktur eingeschrieben.[151] Vor dem Hintergrund der Rousseau'schen Entwürfe formulierte Kant:

> Die gesetzgebende Gewalt kann nur dem vereinigten Willen des Volkes zukommen. Denn, da von ihr alles Recht ausgehen soll, so muß sie durch ihr Gesetz schlechterdings niemand unrecht tun können. Nun ist es, wenn jemand etwas gegen einen anderen verfügt, immer möglich, dass er ihm dadurch Unrecht tue, nie aber in dem was er über sich selbst beschließt … Also kann nur der übereinstimmende und vereinigte Wille aller, sofern ein jeder über alle und alle über jeden eben dasselbe beschließen, mithin nur der allgemein vereinigte Volkswille gesetzgebend sein.[152]

148 Selbstredend existieren auch in totalitären Staaten Öffentlichkeiten. Solche Öffentlichkeiten konstituieren ebenfalls Realitätserfahrungen und setzen ethisch-normative Standards, sie sind ihrem Anspruch nach jedoch nicht mit der Meinungsfreiheit als explizitem Ausdruck individueller Freiheitsrechte verknüpft.

149 Habermas, Herzschlag der Revolution, 17.

150 Vgl. Jean-Jacques Rousseau, Vom Gesellschaftsvertrag, oder Grundsätze des Staatsrechts. In Zusammenarbeit mit Eva Pietzcker neu übers. und hg. von Hans Brockard, Stuttgart 1986 (ursprünglich 1762), 19ff.

151 Vgl. Habermas, Ist der Herzschlag der Revolution zum Stillstand gekommen? 17.

152 Immanuel Kant, Die Metaphysik der Sitten, Rechtslehre, §46, in: Immanuel Kant. Werke VIII, Schriften zur Ethik und Religionsphilosophie 2 (Hg. v. Wilhelm Weischedel), Frankfurt am Main 1956, 432.

Auch wenn Rousseaus Theorie vom Gesellschaftsvertrag aufgrund ihrer zahlreichen Antinomien keine anwendungsbezogene Herausforderung darstellt, so beschreibt sie doch ein konzeptionelles Grundproblem jeder Demokratietheorie. In Bezug auf das Spannungsverhältnis zwischen individueller Selbstbestimmung und kollektiver Willensbildung verfolgt Rousseau wie die partizipatorische Demokratietheorie im Allgemeinen die These, dass der politische Wille jedes Bürgers und der Gesamtheit der Abstimmungsberechtigten hauptsächlich ein Produkt des Abstimmungsprozesses selbst sei.[153] Kritiker halten jedoch dagegen, dass das freie Subjekt generisch und normativ den Willens- und Entscheidungsgebungsprozessen vorgängig sei, und dass insofern die bürgerlichen Grundrechte der souveränen Willensbildung vorgeordnet sind.[154] Ein einheitlicher Volkswille ist demnach eine Fiktion lässt sich nur um den Preis einer Verschleierung oder Unterdrückung der Heterogenität der Einzelwillen verwirklichen.[155]

Ein normativer Öffentlichkeitsbegriff soll nun eben diesen Widerspruch zwischen einem Meinungspluralismus auf individueller Ebene und der für ein Gemeinwesen notwendigen Einigung auf eine gemeinsame Handlungspraxis ausgleichen. Die Auflösung des Widerspruchs erfolgt nach Habermas über ein diskursives Verfahren. »Die Menschenrechte konkurrieren nicht mit der Volkssouveränität; sie sind mit den konstitutiven Bedingungen einer sich selbst beschränkenden Praxis öffentlich-diskursiver Willensbildung identisch.«[156] Die Vorstellung einer solchen Praxis manifestiert sich in einer regulativen Idee von Öffentlichkeit, deren Realisierung die Bedingung für eine allgemeine politische Teilhabe ist.

> ... [›politische Öffentlichkeit‹ eignet sich] als Inbegriff derjenigen Kommunikationsbedingungen, unter denen eine diskursive Meinungs- und Willensbildung eines Publikums von Staatsbürgern zustande kommen kann, zum Grundbegriff einer normativ angelegten Demokratietheorie.[157]

153 Schmidt, Demokratietheorien, 254.

154 Vgl. Schmidt, Demokratietheorien, 103 ff., zu den prominenten Kritikern gehören Alexis de Tocqueville und John Stuart Mill, vgl. auch Arthur M. Melzer, The Natural Goodness of Man: On the System of Rousseau's Thought, Chicago 1990; Alexander Schwan, Politische Theorien des Rationalismus und der Aufklärung, in: Hans-Joachim Lieber (Hg.), Politische Theorien von der Antike bis zur Gegenwart, Bonn 1991, 157–199.

155 Vgl. Habermas, Herzschlag der Revolution, 17.

156 Ebd., 21. Habermas formuliert diesen Satz in Bezug auf Julius Fröbel als Vordenker zu einer Theorie diskursiver Willensbildung.

157 Habermas, Strukturwandel der Öffentlichkeit, 38.

Habermas' Setzung eines normativen Öffentlichkeitsbegriffs als Grundlage eines deliberativen Demokratiemodells steht im Kontext zahlreicher kritischer Auseinandersetzungen mit dem Legitimationsanspruch öffentlicher Diskurse. Den meisten dieser Ansätze geht es um eine Leugnung des rationalen Kerns einer diskursiven Öffentlichkeit.

Foucault etwa verbindet den öffentlichen Diskurs mit einer Analyse von Machtbeziehungen beziehungsweise einer von ihm so genannten Mikrophysik der Macht. Foucault führt an, dass Diskurse eben nicht rational, sondern durch einen Machtkampf strukturiert und geleitet seien.

> Der Diskurs mag dem Anschein nach fast ein Nichts sein – die Verbote, die ihn treffen, offenbaren nur allzubald seine Verbindung mit dem Begehren und der Macht. Und das ist nicht erstaunlich. Denn der Diskurs – die Psychoanalyse hat es uns gezeigt – ist nicht einfach das, was das Begehren offenbart (oder verbirgt): es ist auch Gegenstand des Begehrens; und der Diskurs – dies lehrt uns immer wieder die Geschichte – ist auch nicht bloß das, was die Kämpfe oder die Systeme der Beherrschung in Sprache übersetzt: er ist dasjenige, worum und womit man kämpft; er ist die Macht, deren man sich zu bemächtigen sucht.[158]

Folgerichtig kann für die Ergebnisse der öffentlichen Meinungs- und Willensbildung keine rationale Legitimation im Sinne eines wohlverstandenen Allgemeinwohlinteresses geltend gemacht werden.

Ähnlich macht der Historiker Reinhart Koselleck in seinen Untersuchungen zur Politik der Aufklärung eine machtpolitische Instrumentalisierung eines vorgeblich freiheitlichen Öffentlichkeitsbegriffs aus. Koselleck führt an, dass Macht durch Öffentlichkeit eben nicht kontrolliert und legitimiert, sondern dass sie durch Öffentlichkeit gerade vermittelt und maskiert werde.[159]

> Die Macht der Aufklärung, die sich unsichtbar und im geheimen entfaltet hat, ist ihrer eigenen Tarnung erlegen. Auch an die Macht gekommen, und gerade dann, verbirgt die Öffentlichkeit den Souverän. Die wichtigste Aufgabe des neuen Gesetzgebers, von der alles andere abhänge, besteht darin, die Autorität durch die Macht der Öffentlichkeit zu ersetzen.[160]

158 Michel Foucault, Die Ordnung des Diskurses. Mit einem Essay von Ralf Konersmann, Frankfurt am Main erweiterte Ausgabe 1997, 11.

159 Vgl. Reinhart Koselleck, Kritik und Krise. Eine Studie zur Pathogenese der bürgerlichen Welt, (Orbis Academicus. Geschichte der politischen Ideen in Dokumenten und Darstellungen, hg. v. Fritz Wagner), Freiburg/München 2. Aufl. 1969, 136ff.

160 Koselleck, Kritik und Krise, 138f.

Autorität und Omnipräsenz von Öffentlichkeit und öffentlicher Meinung ermöglichen nach Koselleck das Eindringen einer ideologischen Komponente in den privaten Bereich. Bernd Guggenberger spricht in diesem Zusammenhang von einer Tendenz des partizipatorischen Demokratieverständnisses zu einer »Totalpolitisierung«.

> Das Partizipationskonzept faßt Selbstbestimmung als Mitbestimmung; sämtliche Lebensbereiche werden in der Tendenz als mitbestimmungsbedürftig begriffen. Es gibt keine unpolitischen privaten oder gesellschaftlichen Räume. [161]

Habermas zieht in Bezug auf sein normatives Konzept von Öffentlichkeit die eigentliche Leitdifferenz nicht zwischen privat und öffentlich, sondern zwischen verschiedenen Formen von Öffentlichkeit. Er unterscheidet zwischen spontanen und vermachteten Öffentlichkeiten. Eine spontane Öffentlichkeit ist charakterisiert durch eine von den Beteiligten selbst gesteuerte Kommunikation, sie wird von schwachen Institutionen getragen, darüber hinaus sind die Prozesse dieser öffentlichen Kommunikation diskursförmig angelegt, horizontal vernetzt und inklusiv.[162] Die vermachtete Öffentlichkeit hingegen ist funktional auf die Einflussnahme auf die Entscheidungen der Kommunikationsteilnehmer/innen in Hinblick auf Konsum, Wahlverhalten und Loyalität ausgerichtet. Die vermachtete Öffentlichkeit entfaltet sich insbesondere durch Interventionen in die massenmediale Kommunikation.[163]

Habermas' Unterscheidung des Öffentlichkeitsbegriffs korrespondiert derjenigen zwischen System und Lebenswelt. Während sich eine unabhängige Öffentlichkeit spontan aus lebensweltlichen Quellen regeneriert, steht die vermachtete Öffentlichkeit stets in einem Zusammenhang mit den funktionalen Interessen einer sich selbst befestigenden Systemrationalität. Insbesondere die Idee der gesellschaftlichen Selbsteinwirkung über eine autonome und souveräne Gesetzgebung ist aufgrund dieser spezifischen Systemwiderständigkeit nicht konsequent durchsetzbar. Habermas diagnostiziert in der staatlichen Verwaltung den »Gegensinn eines selbstprogrammierten Kreislaufs der Macht.«[164] Um trotzdem den Anspruch einer politischen Legitimation

161 Bernd Guggenberger, Beitrag »Demokratie/Demokratietheorie«, in: Dieter Nohlen (Hg.), Wörterbuch Staat und Politik, München 1991, 86f.

162 Vgl. Habermas, Strukturwandel der Öffentlichkeit, 28.

163 Ebd.

164 »... die Verwaltung programmiert sich selbst, indem sie das Verhalten des Wählerpublikums steuert, Regierung und Gesetzgebung vorprogrammiert und die Rechtsprechung funktionalisiert.« (Habermas, Herzschlag der Revolution, 26f.)

durch diskursive und öffentliche Kommunikation aufrecht erhalten zu können, unterscheidet Habermas in Bezug auf den politischen Bereich zwischen einer kommunikativ erzeugten und einer administrativ verwendeten Macht.[165] Letztere bezeichnet Habermas als die organisierte Beschaffung von Massenloyalität; allein die kommunikative Macht ist legitimiert und zwar durch Verfahren, die Selbstorganisation und Inklusion garantieren und dazu befähigen, Kritik und Kontrolle der staatlichen Institutionen im Sinne eines normativen Demokratiebegriffs zu leisten.

> Letztlich gründet sich also die normative Erwartung vernünftiger Ergebnisse auf das Zusammenspiel zwischen der institutionell verfaßten politischen Willensbildung mit den spontanen, nicht-vermachteten Kommunikationsströmen einer nicht auf Beschlußfassung programmierten, in diesem Sinne nicht-organisierten Öffentlichkeit. In diesem Zusammenhang fungiert Öffentlichkeit als ein normativer Begriff. Freie Assoziationen bilden die Knotenpunkte eines aus der Verflechtung autonomer Öffentlichkeiten entstehenden Kommunikationsnetzes.[166]

Machtverhältnisse werden insbesondere da sichtbar, wo es um die Beschreibung von Situationen und Wirklichkeiten und um eine Entscheidung über dementsprechende Handlungsoptionen geht. Die Diskurskomponente trägt zu dieser allgemeingültigen Wirklichkeitskonstituierung bei, wobei sie nur eine von verschiedenen Bestandteilen der öffentlichen Kommunikation sein kann. Trotzdem ist sie einerseits durch das historisch und rechtlich-normativ gefestigte liberal-demokratische Gesellschaftsmodell wie auch andererseits prozedural aufgrund des universal- beziehungsweise transzendentalpragmatischen Begründungsansatzes der Diskursethik[167] von besonderer regulativer Bedeutung. Diskurse sollen hier im weitesten Sinne als argumentative Auseinandersetzung zur Hervorbringung allgemein akzeptierbarer Normen und Überzeugungen verstanden werden. Andere Komponenten der öffentlichen Kommunikation sind zwar auch normativ von Bedeutung, sie sind aber nicht offen argumentativ angelegt wie beispielsweise der Informations- und Unterhaltungsbereich der Massenmedienkommunikation zeigt.

Viele der Kontroversen um den Öffentlichkeitsbegriff beschäftigen sich mit der Frage, welche denn nun die »richtige« Öffentlichkeit sei, also welche Öffentlichkeit unter normativen Prämissen tatsächlich die

165 Ebd., 27.
166 Ebd., 29 f.
167 Vgl. Karl-Otto Apel, Diskurs und Verantwortung, Frankfurt am Main 1988; Jürgen Habermas, Moralbewußtsein und kommunikatives Handeln, Frankfurt am Main 1983.

Interessen eines vorgestellten bürgerlichen Souveräns repräsentiert. Insbesondere die Medienöffentlichkeit, als dominierende (beziehungsweise vermachtete) Erscheinungsform allgemeiner Kommunikation, steht unter dem generellen Verdacht, die Interessen der Bevölkerung an gemeinwohlorientierten Problemlösungen in einem besonders geringen Maße zu unterstützen, wenn nicht sogar zu unterlaufen.[168] Dem Internet hingegen werden große Potenziale in Bezug auf die Stärkung demokratischer Strukturen wie auch in Hinsicht auf die Förderung diskursiver Elemente und die Etablierung von Gegenöffentlichkeiten zugeschrieben.[169] Zugangsfreiheit wird hier verknüpft mit dem Ideal der gesellschaftlichen Gleichheit. Individuelle Freiheitsrechte verbürgt das Internet durch die Möglichkeit zur aktiven Teilnahme am Mediengeschehen durch Meinungsäußerung und eigene Netzseitengestaltung. Das Internet könnte insofern zur Herstellung einer »differenzierenden Volkssouveränität« geeignet sein, der es gelingt, das Spannungsverhältnis von Vergesellschaftung einerseits und freiheitlichem Meinungspluralismus andererseits im Rahmen der Kommunikationsverhältnisse einer Mediengesellschaft aufrecht zu erhalten.

Doch wie sind diese Stärken der öffentlichen Netzkommunikation im Bereich der Demokratietheorie mit den institutionellen und geografischen Rahmenbedingungen des politischen Handelns in Beziehung zu setzen?

168 Positionen und Forschungsergebnisse hierzu wurden schon im Kapitel 2.3.1.2. *Öffentlichkeitseffekt und Orientierungswissen* diskutiert, vgl. auch in verschiedenen Beiträgen: Günter Bentele/Manfred Rühl (Hg.), Theorien öffentlicher Kommunikation. Problemfelder, Positionen, Perspektiven (Schriftenreihe der Deutschten Gesellschaft für Publizistik- und Kommunikationswissenschaft Bd. 19), München 1993; Dieter Baacke, Sprachlose Bürger? Medienkompetenz als zentrales Ziel von Medienpädagogik, in: Wolfgang Wunden (Hg.), Beiträge zur Medienethik. Bd. 2: Öffentlichkeit und Kommunikationskultur, Hamburg/Stuttgart/Frankfurt am Main 1994, 231–243; Neil Postman, Wir amüsieren uns zu Tode. Urteilsbildung im Zeitalter der Unterhaltungsindustrie, Frankfurt am Main 1988; als klassische Position: Günther Anders, Die Welt als Phantom und Matrize.

169 Vgl. Lawrence K. Grossman, The Electronic Republic. Reshaping Democracy in the Information Age, New York/London 1995; Howard Rheingold, Die Zukunft der Demokratie und die vier Prinzipien der Computerkommunikation, in: Stefan Bollman (Hg.), Kursbuch Neue Medien. Trends in Wirtschaft und Politik, Wissenschaft und Kultur, Mannheim 2. Aufl. 1996, 189–198, Christoph Bieber/Claus Leggewie, Demokratie 2.0. Wie tragen neue Medien zur demokratischen Erneuerung bei?, in: Claus Offe (Hg.), Demokratisierung der Demokratie. Diagnosen und Reformvorschläge, Frankfurt am Main 2003, 124–151.

2.5.2. Öffentlichkeit als Handlungsraum

Politische Öffentlichkeit ist ein kommunikatives Forum, das sich auf einen Raum geteilter Handlungsfolgen und gemeinschaftlicher Handlungsinteressen bezieht. Der Rekurs auf gemeinschaftliche Handlungsräume (auf Hintergrundüberzeugungen) ist darüber hinaus hermeneutische Voraussetzung für das Gelingen einer verständigungsorientierten Kommunikation. In gemeinsamen Situationsdefinitionen werden das Wirklichkeitsverständnis und die daraus resultierenden Handlungsoptionen eruiert, von denen sich der oder die Einzelne aufgrund individueller Kompetenzen jedoch auch lösen kann. Die Bestimmung von Handlungsfolgen wie auch die Identifizierung von Handlungsoptionen (als Situationen) fällt in komplexen Umgebungen zunehmend schwer. Auch die Internetkommunikation entspricht dieser Tendenz: Die Wahrnehmung der Kommunizierenden staffelt sich nicht von einem physischen Ort aus, sondern sie oder er ist mittels einer ortsungebundenen und gegebenenfalls dezentrierten Präsenz im Netz Subjekt vielfältigster Interaktionen mit unterschiedlichen Realitäten. In der Online-Kommunikation fallen insofern Kommunikation und politische Handlungsfelder sozialräumlich auseinander. Es wird betont, dass das eigentliche politische Potenzial der interaktiven Kommunikation in ihrem Netzwerkcharakter als solchem liegt, der sie zu einem Aufbau eigener sozialer Umwelten mit transnationalen und problemzentrierten Öffentlichkeiten befähigt. Die Potenziale der öffentlichen Netzkommunikation sind im Vergleich mit den Rechtsnormen und medienethischen Grundsätzen der Massenmedien jedoch differenziert zu bewerten.

Der amerikanische Pragmatist John Dewey erläuterte 1927 in seinem Buch »Die Öffentlichkeit und ihre Probleme« eine Möglichkeit zur Beschreibung von Öffentlichkeit, die eng mit dem Handlungsbegriff verbunden ist. Nach dieser Auffassung sind es hauptsächlich Handlungsräume, die die Herstellung von Öffentlichkeiten bestimmen. »Indirekte, weitreichende, andauernde und schwerwiegende Folgen vereinten und interaktiven Verhaltens bringen eine Öffentlichkeit hervor, die ein gemeinsames Interesse an der Kontrolle dieser Folgen besitzt.«[170] Politische Öffentlichkeit wäre somit ein kommunikatives

170 John Dewey, Die Öffentlichkeit und ihre Probleme. Aus dem Amerikanischen von Wolf-Dietrich Junghanns. Hg. und mit einem Nachwort versehen von Hans-Peter Krüger, Bodenheim 1996, 112. Dewey spricht von indirekten Folgen, um damit die kausale Komplexität und Wirkungs-

Forum, das sich auf einen Raum geteilter Handlungs*folgen* und ein gemeinsames Handlungs*interesse* bezieht. Pointiert ausgedrückt kann man auch sagen: Politische Öffentlichkeit geht aus dem Wunsch nach *Handlungsfolgenkontrolle* hervor.

Daraus ließe sich folgern, dass sich das Medienpublikum und die aktiven Teilnehmer/innen als Produzenten einer politischen Öffentlichkeit auf einen Personenkreis aus einem gemeinsamen Handlungskontext beziehen. Voraussetzung für eine politische öffentliche Kommunikation wäre demnach ihr thematischer Bezug zu einer kollektiven Praxis und einem diesbezüglichen Handlungsinteresse. Die Wechselbeziehung zwischen Kommunikation und Handlungsfolgen bestimmt somit einerseits die Inhalte öffentlicher Kommunikation, andererseits grenzt diese Bestimmung den Kreis der Kommunikationsteilnehmer/innen auf diejenigen eines gemeinsamen Handlungskontextes ein. Staatliche Grenzen wären vor diesem Hintergrund nur insofern bestimmend für politische Öffentlichkeit, wie staatliche Institutionen demokratische Handlungsräume eröffnen. Je nach Themenbereich und seiner Ausdehnung in Bezug auf Handlungs- und Verantwortungsbereiche sind also verschiedene Öffentlichkeiten zu denken. Die Vorstellung von der einen nationalen politischen Öffentlichkeit wäre somit nur in den seltenen Fällen der Übereinstimmung eines Themenbereichs mit den Interessen aller potenziellen Akteur/innen und der Eingrenzung seiner Bedeutung auf die Landesgrenzen erfüllbar (zum Beispiel »Rente«).

Die These von der thematischen *und* praktischen Bindung politischer Öffentlichkeit an ein Allgemeinwohlinteresse entfaltet insbesondere vor dem Hintergrund der populären Metaphern von der weltweiten Internetkommunikation, dem »globalen Dorf« oder einer »Weltregierung« durch das Internet eine weiterführende Diskussionsgrundlage zur gesellschaftlichen Relevanz der Internetkommunikation. Die Bestimmung des Öffentlichkeitsbegriffs über die Motivation zur Handlungsfolgenkontrolle ist für das Internet nicht nur wegen ihrer relativen Unabhängigkeit von geopolitischen Grenzen interessant, sondern auch weil sie sich als Indikator für politische öffentliche Kommunikation anbietet und sie damit von solcher allgemeinen Kommunikation, die rein virtuell oder indifferent in Bezug auf Res-Publica-Gründe zirkuliert unterscheidbar wird. Gerade aufgrund der hohen Erwartungen,

dynamik gemeinschaftlichen Handelns zu betonen: »Kurz, die Hypothese, der zufolge Öffentlichkeiten durch die Erkenntnis weitreichender und dauerhafter indirekter Handlungsfolgen konstituiert werden, erklärt die Relativität der Staaten, während die Theorien, welche sie in Begriffen spezifischer kausaler Urheberschaft definieren, eine Absolutheit unterstellen, der die Tatsachen widersprechen« (53).

die mit einer globalisierten und individualisierten Kommunikation in Hinsicht auf Verständigung im normativen Sinne verbunden sind, ist eine Differenzierung verschiedener Typen öffentlicher Kommunikation wichtig, um allgemeine politische Funktionen einer vernetzten Kommunikation überhaupt erst identifizieren und nutzen zu können.

Ein gemeinsamer Handlungsraum ist nicht nur in Bezug auf die Realisierung bestimmter Vorstellungen vom Gemeinwohlinteresse von Bedeutung, sondern ebenso scheint der Rekurs auf einen geteilten lebensweltlichen Bezug für viele Autoren grundsätzliche Voraussetzung für das Gelingen einer verständigungsorientierten Kommunikation zu sein. An einen politischen Diskurs ist in normativer Hinsicht die Erwartung gebunden, Lösungen für legitimes und richtiges gesellschaftliches Handeln aufzuzeigen, gleichzeitig ermöglicht der Rekurs auf geteilte Handlungszusammenhänge aber erst die Beanspruchung eines *Interpretationskontextes* für politische Kommunikation als Verständigung.

Habermas etwa bindet die Verständigungs- und Handlungsperspektive sehr deutlich an den Lebensweltbegriff. In diesem Zusammenhang betont er einen kulturalistischen Begriff der Lebenswelt als quasi-transzendentale Grundlegung des kommunikativen Handelns:[171]

> Demnach dienen die kulturellen Deutungs-, Wert- und Ausdrucksmuster als *Ressourcen* für die Verständigungsleistungen von Interaktionsteilnehmern, die eine gemeinsame Situationsdefinition aushandeln und in deren Rahmen einen Konsens über etwas in einer Welt herbeiführen möchten.[172]

Diese gemeinsame Situationsdefinition, also die Bestimmung desjenigen Teils von Realität, der nach der Auffassung der Kommunikationsteilnehmer/innen als Rahmung von Wirkungsbereichen und Handlungsoptionen Bedeutung hat, wäre demnach die eigentliche Grundlage des politischen Handelns.

171 »Das kulturell überlieferte Hintergrundwissen nimmt gegenüber den kommunikativen Äußerungen, die mit seiner Hilfe erzeugt werden, eine gewissermaßen transzendentale Stellung ein.« [Jürgen Habermas, Erläuterungen zum Begriff des kommunikativen Handelns (1982), in: Ders., Vorstudien und Ergänzungen zur Theorie des kommunikativen Handelns, Frankfurt am Main 2. Aufl. 1986, 571–606, 591.] Michael Paetau benutzt in einem ähnlichen Zusammenhang den Begriff Inertialsystem, als Bezeichnung für das Referenzsystem, das einem kommunikativen Netzwerk zur Verfügung steht, vgl. Paetau, Sozialität in virtuellen Räumen, 116.

172 Jürgen Habermas, Theorie des kommunikativen Handelns. Band 2: Zur Kritik der funktionalistischen Vernunft, Frankfurt am Main 1997 (vierte, durchgesehene Auflage 1987), 203.

> Die interpretierte Handlungssituation umschreibt einen thematisch eröffneten Spielraum von Handlungsalternativen, d. h. von Bedingungen und Mitteln für die Durchführung von Plänen. Zur Situation gehört alles, was sich als *Beschränkung* für entsprechende Handlungsinitiativen bemerkbar macht. Während der Aktor die Lebenswelt als Ressource verständigungsorientierten Handelns im Rücken behält, begegnen ihm die Restriktionen, die die Umstände der Durchführung seiner Pläne auferlegen, als Bestandteile der Situation.[173]

Daneben betont Habermas jedoch die Fähigkeit des Individuums zu selbstständiger Reflexion und Prüfung gegebenenfalls gegen vermeintliche kulturelle Gewissheiten:

> Während sich a fronte dem Handelnden der situationsrelevante Ausschnitt der Lebenswelt als Problem aufdrängt, das er in eigener Regie lösen muß, wird er a tergo vom Hintergrund seiner Lebenswelt getragen, die keineswegs nur aus kulturellen Gewißheiten besteht. Dieser Hintergrund besteht *auch* aus individuellen Fertigkeiten, dem intuitiven Wissen, *wie* man mit einer Situation fertig wird, und aus sozial eingelebten Praktiken, dem intuitiven Wissen, *worauf* man sich in einer Situation verlassen kann, nicht weniger als aus den trivialerweise gewußten Hintergrundüberzeugungen. Gesellschaft und Persönlichkeit werden nicht nur als Restriktionen wirksam, sie dienen auch als Ressourcen.[174]

Hintergrundüberzeugungen sind somit auch Mittel zur individuellen Überwindung situationsbedingter Restriktionen.

Die Bestimmung von Handlungsfolgen wie auch die Kennzeichnung institutioneller und individueller Handlungsoptionen (als Situationen oder Wirklichkeiten) fällt in einer komplexen und globalisierten Welt zunehmend schwer. Schon vor dem Boom des Internet und einer expandierenden wirtschaftlichen Globalisierung führte Dewey aus:

> Das Maschinenzeitalter hat … das Ausmaß der indirekten Folgen so gewaltig erweitert, vervielfacht, gesteigert und verkompliziert, es hat – mehr auf einer unpersönlichen denn einer gemeinschaftlichen Basis – solche ungeheuren und kompakten Handlungseinheiten geformt, daß die resultierende Öffentlichkeit sich nicht identifizieren und erkennen kann. Und diese Entdeckung ist ihrerseits offenbar eine Vorbedingung jeglicher wirksamen Organisation.[175]

Nicht nur die Bestimmung von Handlungszusammenhängen ist in einer Gesellschaft, in der Handlungen zunehmend an Technik delegiert werden, kompliziert. Auch die Komplexität der sozialen Organisa-

173 Ebd.
174 Ebd., 205.
175 Dewey, Die Öffentlichkeit und ihre Probleme, 112.

tionsformen erschwert zusätzlich die Bildung handlungsfähiger und zugleich allgemein kenntlicher Öffentlichkeiten.

> Es gibt Assoziationen, die von ihrem Umfang her zu eng und beschränkt sind, um eine Öffentlichkeit hervorzubringen, genau wie es Assoziationen gibt, die zu sehr voneinander isoliert sind, um zu derselben Öffentlichkeit zu gehören. Ein Teil des Problems der Entdeckung einer Öffentlichkeit, die zu staatlicher Organisation fähig ist, besteht darin, eine Linie zwischen dem zu Nahen und Intimen und dem zu Entfernten und Unverbundenen zu ziehen. Unmittelbare Nähe, Beziehungen von Angesicht zu Angesicht haben Folgen, die eine Gemeinschaft der Interessen erzeugen, ein Teilen von Werten, die zu direkt und lebensnotwendig sind, um das Bedürfnis nach politischer Organisation zu bewirken.[176]

Öffentlichkeiten, die nicht entdeckt werden und auch solche, die nicht zur politischen Organisation in der Lage, oder aber solche die politisch irrelevant sind, sind aufgrund der institutionellen Ferne zahlreicher Kommunikationsoptionen insbesondere im Internet häufig vorzufinden. Darüber hinaus verändert das Internet in einem noch höherem Ausmaß als das Fernsehen die räumliche Verhältnisbestimmung zwischen Nahem und Fernem, zwischen Intimen und Unverbundenem und erschwert damit die Entstehung von Öffentlichkeit aus einem lokalen quasi naturgegebenen gemeinsamen Kontext. Bereits mit dem Aufkommen des Fernsehens diagnostizierten Kritiker wie der Technikphilosoph Günther Anders das Auseinanderfallen von medienvermittelter und tatsächlicher, lebensweltlicher Wirklichkeit.[177] Medien insgesamt haben die Eigenschaft, Kommunikation von ihren ursprünglichen physischen Zusammenhängen zu lösen. Die klassischen Massenmedien mit ihrem hauptsächlich eindimensionalen Sender-Empfänger-Modell beeinflussen individuelle Haltungen und Handlungen vor allem indirekt, indem sie Weltbilder und Informationen vermitteln. Durch ihre die individuellen Kontexte überschreitenden Vermittlungsleistungen provozieren sie eine Neubewertung der lebensweltlichen Praxis, die Veränderung unseres Bewusstseins und unserer Handlungsmotivationen. G. Anders spricht in diesem Zusammenhang abwertend von einem

176 Ebd., 47f.

177 Günther Anders, Die Welt als Phantom und Matrize. Philosophische Betrachtungen über Rundfunk und Fernsehen, in: Ders., Die Antiquiertheit des Menschen. Bd. 1: Über die Seele im Zeitalter der zweiten industriellen Revolution. München 7. Aufl. 1994, 97–211. Zur Auflösung von Distanzen und simulatorischer Nähe in jüngerer Zeit auch Götz Großklaus, Medien-Zeit, Medien-Raum. Zum Wandel der raumzeitlichen Wahrnehmung in der Moderne, Frankfurt am Main 1995.

»Neutralisierungseffekt«, das heißt, Fernsehen und Radio machten »das Nahe fern« und »das Ferne intim«,

> der Effekt der Neutralisierung ist in beiden Fällen der gleiche; in beiden Fällen ist durch diese Neutralisierung die Welt und die Stellung des Menschen in ihr verzerrt, da es eben zur Struktur des In der Welt-Seins gehört, daß sich die Welt in konzentrischen Nähe- und Fernekreisen um den Menschen herum staffelt; und weil derjenige, dem alles gleichermaßen nah und fern ist, derjenige, den alles gleichermaßen angeht, entweder ein indifferenter Gott oder ein völlig denaturierter Mensch ist.[178]

Ob diese Kritik zutreffend ist, sei für den Moment dahin gestellt[179], fest steht, es trifft für das Internet in einem noch weit höheren Maße zu, dass die Stellung des Menschen in der Welt nicht nach seinen leiblichen Aufenthaltsorten, sondern nach den Maßgaben seiner virtuellen Präsenz bestimmt ist, dass sich seine Wahrnehmung insofern nicht von einem physischen Ort aus »staffelt«, sondern er selbst mittels einer ortsungebundenen (und womöglich dezentrierten) Präsenz im Netz Subjekt vielfältigster Interaktionen mit unterschiedlichen Realitäten ist.

Für das sozialräumliche Auseinanderfallen von Kommunikation und politischen Handlungsfeldern in der Online-Kommunikation hält der Publizistikwissenschaftler Otfried Jarren fest:

> Für die politische Kommunikation sind zwei Dinge bedeutsam: zum einen die Tatsache, daß sich in der Netzkommunikation Gruppen aufgrund einer themenzentrierten Kommunikation bilden; zum anderen ist relevant, daß diese Gruppen sozialräumlich nicht mit den politischen Gliederungsprinzipien übereinstimmen. [...] Die Internet- oder Online-Kommunikationsformen decken sich nur zum Teil mit den (territorialen) Handlungs- und Entscheidungsräumen von Politik, so daß die virtuellen Einheiten auch nur partiell auf die institutionelle Politik einzuwirken vermögen.[180]

Das heißt, Internetkommunikation findet über politische oder kulturelle Grenzen hinweg statt und reflektiert nicht notwendig auf das Wechselverhältnis von Kommunikation und Lebenswelt. Auch Nicho-

178 Anders, Die Welt als Phantom und Matrize, 126.

179 Vgl. die ausführlichere Diskussion der Entfremdungs- beziehungsweise Verbiederungsproblematik sowie die Differenzierung verschiedener Wirklichkeiten, die gerade nicht durch eine Dualität von natürlicher vs. medienvermittelter Wahrnehmung erschöpfend eingeholt werden kann, in Kapitel 3.2.1. *Wahrheitspflicht und Realitätsbezug*, 145 f.

180 Otfried Jarren, Internet – neue Chancen für die politische Kommunikation?, *Aus Politik und Zeitgeschichte* B 40/1998, 13–21, 19.

las Negroponte spricht im Zusammenhang der Online-Kommunikation von einer »Demokratie ohne Geographie«.[181]

Wenn die Konstituierung einer politischen Öffentlichkeit also tatsächlich aus dem Interesse einer gemeinsamen Kontrolle von Handlungsfolgen hervorgeht, so könnte die Funktion dieses Öffentlichkeitsbegriffs durch die interaktive Online-Kommunikation in zwei Hinsichten bedroht sein: Zum einen durch die Lösung der Kommunikation von der Ressource des verständigungsorientierten Handelns und der damit einhergehenden Verunmöglichung einer gemeinschaftlichen Handlungsorientierung. Zum anderen durch die Handlungsunfähigkeit einer virtualisierten allgemeinen Kommunikation hervorgerufen einerseits durch ihre mangelnde institutionelle und lebensweltliche Anbindung und/oder andererseits durch ihre mangelnde Wahrnehmbarkeit.

Der erste Einwand ist zu entkräften: Auch eine translokale Kommunikation bleibt immer notwendig auf ein lebensweltliches Handlungsumfeld verwiesen. Hier wird netzextern beziehungsweise teils biografisch der elektronischen Mediennutzung vorgängig, also in einem jungen Lebensalter, die Kompetenz erworben, die die Bestimmung von Handlungsräumen und einer verständigungsorientierten Kommunikation im Rahmen der allgemeinen Sozialisation erst möglich macht. Hintergrundüberzeugungen werden aus einer gemeinsamen Praxis und ihrer jeweils individuellen Verinnerlichung gewonnen. Zu diesem Prozess treten in der Regel erst schrittweise, dem Lebensalter und Entwicklungsstand angemessen, die apparativen Medien hinzu. Parallel zu den Erfahrungen und Aktivitäten innerhalb von Medien bleibt das lebensweltliche Umfeld auch bei regelmäßiger Mediennutzung ein konstitutiver Bestandteil des täglichen Lebens.[182] Die Verständigungsleistungen der Online-Kommunikation gehen hier also vergleichbar mit einer Extrapolation hervor aus bereits bestehenden lebensweltlich verankerten Beziehungen.[183] In Bezug auf diese Fähigkeiten stehen je-

181 Nicholas Negroponte, Das Internet und die Umwandlung der *Polis*. Institute for Prospective Technological Studies der Europäischen Kommission, IPTS-Report 75, Juni 2003, (http://www.jrc.es/home/report/german/articles/vol75/GOV8G756.htm).

182 Abgesehen von den Fällen, in denen die Internetnutzung, insbesondere das Spielen in virtuellen Welten, zur Sucht wird.
Zu den verschiedenen Ortsbezügen der Internetkommunikation in Bezug auf die Organisationsform (nur am Rande aber in Bezug auf die verschiedenen Kommunikationsgattungen) vgl. Paetau, Sozialität in virtuellen Räumen, 131 f.

183 Vgl. Christian Stegbauer, Grenzen virtueller Gemeinschaft. Strukturen

doch weniger die *gemeinschaftlichen* Hintergrundüberzeugungen und kulturellen oder sozialen Gewissheiten im Vordergrund als die Kompetenzen des Individuums mit seinem Sozialisationswissen in einer neuen Kommunikationsumgebung eigenständig umzugehen.

Problematisch bleibt für eine delokalisierte Internetkommunikation jedoch die Anschlussfähigkeit an eine politische Handlungsperspektive. Nun muss man festhalten, dass das Internet als Kommunikationsforum genauso wenig wie die Massenmedien zu politischen im Sinne von staatlichen, administrativen Handlungen legitimiert ist. Wenn also das Internet nicht mit den sozialen und staatlichen Gliederungsprinzipien übereinstimmt, so muss man diesen Sachverhalt auf Ebene eines diskursiven Öffentlichkeitsbegriffs nicht für eine größere Bedrohung der politischen Institutionen betrachten als die bekannte weltweite Berichterstattung und Unterhaltungsindustrie der Massenmedien.[184]

Vielmehr muss die Delokalisierung der Kommunikation als Chance für die Aufwertung von *thematisch* zentrierten Diskursen angesehen werden. Netzkommunikation eröffnet eine Handlungsperspektive auch über Ortsgrenzen hinweg, indem sie Meinungsbildung, politische Aktivitäten und soziale Bewegungen anstoßen kann und darüber Einfluss auf die staatlich-administrative Macht der jeweiligen geografisch-institutionellen Einheiten erlangt. Im politischen Bereich

internetbasierter Kommunikationsforen, Wiesbaden 2001, 48. Kritisch äußert sich in dieser Hinsicht jedoch Anthony Giddens, der die Lösung der Kommunikation von der körperlichen Unmittelbarkeit als Deformation begreift [vgl. A. Giddens, Die Konstitution der Gesellschaft. Grundzüge einer Theorie der Strukturierung. Mit einer Einführung von Hans Joas (Theorie und Gesellschaft, hg. v. Hans Joas/Claus Offe, Bd. 1), Frankfurt/New York 1995); ähnlich auch Barbara Mettler-Meibom, die von einer schleichenden Zerstörung zwischenmenschlicher Kommunikation durch die Trennung von Kommunikation und gemeinsamer Tätigkeit ausgeht. Vgl. Barbara Mettler-Meibom, Wie kommt es zur Zerstörung zwischenmenschlicher Kommunikation? Überlegungen über längerfristige Tendenzen und die Anwendung von Computern, in: Werner Rammert (Hg.), Computerwelten – Alltagswelten. Wie verändert der Computer die soziale Wirklichkeit? (Sozialverträgliche Technikgestaltung; Bd. 7), Opladen 1990, 65–91, 69. Luhmann dagegen geht indirekt von einer Unabhängigkeit der sozialen Kommunikation von konkreten Orten aus, indem er die systeminterne Anschlussfähigkeit der Kommunikation in den Vordergrund stellt und soziale Räume beziehungsweise Sozialsysteme als Produkt nicht aber als Bedingungsgrund von Kommunikation begreift.

184 Eher fällt ins Gewicht, dass die Informationstechnik supranationale infrastrukturelle Leistungen für die Finanzmärkte und den Warenverkehr erbringt, wodurch Druck auf die politische Hoheit demokratischer Regierungen entsteht.

gewinnt ja gerade mediale Interaktivität an Bedeutung, da sie die Verwirklichung neuer Formen demokratischer Partizipation verspricht. In diesem Zusammenhang werden Hoffnungen auf die Stärkung öffentlicher Meinungsbildungsprozesse und der Wahrnehmung bürgerschaftlicher Verantwortung artikuliert. Sichtbarkeit erlangen solche Prozesse dann, wenn sie auf lokaler oder nationaler Handlungsebene in Erscheinung treten und durch Fernsehen, Radio und Presse wahrgenommen werden.

Die Sozial- und Politikwissenschaften reagierten auf die Globalisierung der Wirtschaft und die zunehmende Vernetzung der transnationalen Kommunikation jedoch mit einer kritischen Herausforderung des staatszentrierten Demokratiemodells, also eines Modells, das auf der Annahme nationalstaatlich gegliederter politischer Handlungsräume beruht:

> Die demokratische Theorie beruht auf der Annahme, dass beide Räume deckungsgleich sind, das heißt, Nationalstaaten die erforderliche Autonomie besitzen, damit die Bürger eines Landes ihr Selbstbestimmungsrecht ausüben können. Faktisch werden wirtschaftliche und politische Entscheidungen jedoch in wachsendem Umfang auf der internationalen Ebene und folglich außerhalb der Reichweite demokratischer Willensbildung getroffen. Das Kongruenzprinzip, das den Betroffenen Einfluss- bzw. Mitwirkungsrechte auf politische Entscheidungen einräumt, wird durch diese Entwicklung geschwächt. Darin besteht das vielfach beschriebene Demokratiedefizit der Globalisierung ...[185]

Dem staatszentrierten Demokratiemodell steht ein kontext- beziehungsweise problemzentriertes Demokratiemodell gegenüber. In transnationalen, kontextzentrierten Demokratiemodellen sollen Partizipationsrechte über die jeweilige Betroffenheit der Bürgerinnen und Bürger entstehen. Auf diesem Wege können sektoral bestimmte Öffentlichkeiten entstehen. Dazu führt der Politikwissenschaftler Klaus Eder aus:

> Diese Öffentlichkeiten sind populär in dem Sinne, als sie partikular, temporär und sozial fluide sind. Diese Eigenschaft wird im transnationalen Raum verschärft. Denn diese Publika formieren sich häufig ad-hoc (als Konsumenten, als Fahrradfahrer, als Benzinkäufer usw.), sind an partikularen Interessen orientiert und konstituieren sich als enttraditionalisierte Kollektivitäten. Es handelt sich um Sekundärver-

185 Jeanette Hofmann, Verfahren der Willensbildung und Selbstverwaltung im Internet – Das Beispiel ICANN und die AT-Large-Membership. Studie Wissenschaftszentrum Berlin für Sozialforschung (WZB) 2002, Einleitung S. 2 (http://duplox.wz-berlin.de/people/jeanette/texte/endbericht/inhaltsverzeichnis.html).

> gemeinschaftungen, denen das Gemeinschaftsethos der traditionalen Gemeinschaft, der »community«, fehlt.[186]

In diesem Zusammenhang entwickelte sich Global Governance – in Abgrenzung zur traditionellen Regierungsbezeichnung »Government« – zu einem Leitbegriff der politischen Diskussion. Unter Global Governance versteht man kooperative Netzwerke von zivilgesellschaftlichen Akteuren (NGO's), Staaten und internationalen Organisationen. Heidrun Abromeit greift jedoch das Problem der Legitimation von Regierungsformen, die sich auf sektorale, themengebundene Öffentlichkeiten beziehen auf und merkt an:

> Die ›network governance‹, die zunehmend zum Markenzeichen europäischer Politik wird, markiert [nach dem Auseinanderfallen von sektoraler Betroffenheit und territorialer Legitimation von Entscheidungsträgern] einen zweiten Schritt, nämlich den der Dominanz der funktionalen über die territoriale Dimension ..., ohne indessen den Nachweis führen zu können, worauf ihr Legitimitäts-Anspruch beruht.[187]

Vorangehend wurde bereits ausgeführt, dass politische Öffentlichkeiten sich auf Betroffene im Sinne einer Handlungsfolgenkontrolle beziehen. Auf die Frage, wer für sich Legitimerweise zumindest den Anspruch erheben kann, betroffen zu sein, kann innerhalb von komplexen Systemzusammenhängen nur mit relativ willkürlichen Grenzziehungen geantwortet werden. Diese Grenzziehungen führen darüber hinaus zu dem diskurstheoretisch nicht begründbaren Ausschluss bestimmter Diskursteilnehmer/innen. Aus pragmatischen Gründen und aus Gründen der gebotenen Differenzierung zwischen unmittelbarer (aktueller oder leiblicher) Betroffenheit einerseits und mittelbarer (zukünftiger oder reflexiver) Betroffenheit andererseits, scheint es deshalb sinnvoll zu sein, die Diskursidee zu globalisieren, Mitbestimmungsrechte jedoch an die lokal situierten Handlungskontexte der Bürger/innen zu binden.[188]

186 Klaus Eder, Öffentlichkeit und Demokratie, in: Markus Jachtenfuchs/Beate Kohler-Koch (Hg.), Europäische Integration, 2. Aufl. Opladen 2003, 85–120, 92.

187 Heidrun Abromeit, Wozu braucht man Demokratie? Die postnationale Herausforderung der Demokratietheorie, Opladen 2002, 195. Eine Chance zur Beherrschung dieses Legitimationsdefizits sieht Abromeit in einer Etablierung der Widerspruchsrechte der Bürgerinnen und Bürger (fakultatives Referendum, vgl. 202 f.).

188 Wer behauptet, er sei in seinem psychischen Wohlbefinden vom Hungertod in Afrika betroffen, dem können deshalb keine Partizipationsrechte in einem afrikanischen Staat eingeräumt werden, wohl aber kann er über seine lokalen Mitbestimmungsrechte auf die internationale Politik seines

Ohne diese Diskussion hier weiter vertiefen zu können, ist zu betonen, dass die Struktur der Kommunikation als netzwerkartiger Many-to-many-Kommunikation trotz aller Diffusion und Exterritorialität in besonderer Weise zur Gestaltung politischer Handlungsinitiativen beiträgt. Vernetzung als Kommunikations- und Handlungsprinzip bedeutet eine Stärkung der Peripherie gegenüber der Zentrale. Netzwerke als gesellschaftliche Steuerungsprinzipien haben ihren Wert vor allem als Alternative zu den hierarchisierten und esoterischen staatlichen oder marktabhängigen Steuerungssystemen. Das Internet als offenes Forum zur Archivierung, Distribution und Interaktion unterstützt in vorher nicht da gewesener Weise die Ausbildung von Netzwerkstrukturen, die unter verschiedenen Aspekten als vorteilhaft zu betrachten sind. So liefern Netzwerke in der Regel effiziente und verlässliche Informationen, fördern durch Komplementarität die Stärken der Beteiligten und sind zur Integration vielfältiger Partner in der Lage.[189]

Dieser ausgeprägte Netzwerkcharakter von Kommunikation und Beziehungen über örtliche Grenzen hinweg stärkt die Bedeutung der Medien als eigene soziale Umwelt, die ihren Stellenwert neben den lebensweltlichen Kontexten der Kommunikationsteilnehmer/innen behaupten kann. Der Medienwissenschaftler Harold Innis betonte mit dem Aufkommen des Rundfunks und schon lange vor dem Aufkommen der radikalen konstruktivistischen Medientheorie, dass Medien selber Umwelten herstellen.[190] *Mit dem Aufkommen der interaktiven Netzkommunikation erfährt diese konstruktive Leistung der Medien*

Landes einwirken. Man spricht in diesem Zusammenhang auch von der Kongruenzbedingung der Demokratie, wonach Nicht-Betroffene nicht über Betroffene entscheiden sollten (zum Kongruenzprinzip vgl. Abromeit, Wozu braucht man Demokratie, 171).

189 Zu den Charakteristika der Netzwerkorganisation vgl. Walter W. Powell, Weder Markt noch Hierarchie: Netzwerkartige Organisationsformen, in: Patrick Kenis/Volker Schneider (Hg.), Organisation und Netzwerk. Institutionelle Steuerung in Wirtschaft und Politik (Europäisches Zentrum Wien: Wohlfahrtspolitik und Sozialforschung, hg. v. Bernd Marin, Bd. 2), Frankfurt/New York 1996, 213–272, 220ff. In Bezug auf die Ermöglichung der Teilhabe an diesem Organisationsprinzip kann man wie Rupert Scheule von der Verpflichtung zur Herstellung einer »Vernetzungsgerechtigkeit« sprechen. Vgl. Rupert M. Scheule, Digitale Spaltung und Vernetzungsgerechtigkeit, in: Ders./Rafael Capurro/Thomas Hausmanninger (Hg.), Vernetzt gespalten. Der Digital Divide in ethischer Perspektive (Schriftenreihe des International Center for Information Ethics, ICIE, Bd. 3), München 2004, 121–139.

190 Harold Adams Innis, The bias of communication. Reproduktion der Ausgabe 1951, Toronto 1964.

eine demokratische Radikalisierung. Virtuelle Umwelten sind offen für die Beiträge jedes einzelnen Medienteilnehmers an der Konstituierung von Wirklichkeit. Jeder Medienteilnehmer tritt somit ein in einen medialen Raum der Interaktion. M. Pateau sieht darin eine »Verräumlichung des Sozialen« und eine Auflösung der gewohnten sozialen Identitäten:

> Es könnte also sein ..., daß gemeinsam mit unserem Wahrnehmungsverhalten sich auch unsere Gewohnheit, räumliche Grenzziehungen für unsere soziale Identität einzusetzen, derart verändert, daß möglicherweise mit Hilfe einer weiteren Mediatisierung gerade die Delokalisierung beziehungsweise die Verräumlichung des Sozialen neue Formen sozialer Bindewirkungen erzeugt, die den neuen Kommunikationsverhältnissen auf den Leib geschnitten sind.[191]

Hypothetisch zugespitzt – und mit der Einschränkung, dass es sich hier nicht um ein Ursache-Wirkungs-Schema handelt – kann man insofern festhalten, dass delokalisierte Sozialräume als diskursive Antwort auf eine Globalisierung der Handlungsfolgen zu interpretieren sind. Das Internet kann als eigene soziale Umwelt, die eigene Beiträge zu den verschiedenen Formen von Öffentlichkeit leistet, beschrieben werden. In Bezug auf den gemeinsamen örtlichen oder aber virtuellen Handlungskontext ergeben sich hier Möglichkeiten zur Entstehung spontaner Öffentlichkeiten als Handlungsfolgengemeinschaften entlang lokaler, nationaler und transnationaler Problemlagen. Diese Potenziale relativieren sich jedoch vor dem Hintergrund der dargestellten Probleme der Internetkommunikation in Bezug auf Kenntlichkeit, Organisations- und Artikulationsfähigkeit in einer breiten Öffentlichkeit.

Im Kapitel *Beobachtende Öffentlichkeit* wurde auf die Einflussnahme des antizipierten Nutzer- und Publikumsverhaltens auf Formen und Inhalte der öffentlichen Kommunikation in den Massenmedien und im Internet eingegangen. Dabei standen vor allem systemrational und empirisch-medienwissenschaftlich fundierte Ergebnisse im Vordergrund, die den Beitrag der Medien zur Konstituierung von Wirklichkeit reflektieren. Unter dem Titel *Sozialisierende Öffentlichkeit* stand der Einfluss von Öffentlichkeit auf die Weisen der Selbstwahrnehmung und Identitätsausbildung im Vordergrund. Das letzte Kapitel beschäftigte sich mit den politischen Ansprüchen des Öffentlichkeitsbegriffs. Ausgehend von der demokratietheoretisch gerechtfertigten Position, dass politische Öffentlichkeit ein unerlässlicher Bestandteil zur Hand-

191 Michael Paetau, Sozialität in virtuellen Räumen?, in: Barbara Becker/Michael Paetau (Hg.), Virtualisierung des Sozialen. Die Informationsgesellschaft zwischen Fragmentierung und Globalisierung, Frankfurt am Main/New York 1997, 103–134, 107.

lungskoordinierung unter Werten ist, wurden hier Probleme in der Verhältnisbestimmung individuell verbürgter Freiheitsrechte zu den Vergesellschaftungstendenzen von Öffentlichkeit skizziert.

Im Folgenden soll nun für die individualisierte Online-Kommunikation nach solchen Werten gefragt werden, die für die Entwicklung eines normativen Öffentlichkeitsbegriffs wie auch für dessen Reproduktion eine konstitutive Rolle spielen. Für diese Fragestellung bietet sich in besonderer Weise ein Vergleich des Internet mit dem Rundfunk und hier insbesondere dem Fernsehen an, zum einen deshalb, weil das Fernsehen schon lange als Leitmedium der westlichen Industrienationen gilt und zum anderen aus dem Grund, dass für Fernsehen und Hörfunk in Form der Mediengesetzgebung wie auch der öffentlich-rechtlichen Sendeaufträge bereits Grundsätze formuliert wurden, die die Rolle der Medien für einen demokratisch legitimierten Öffentlichkeitsbegriff zum Ausdruck bringen.

3. Rundfunk und interaktive Medien

3.1. Interaktivität als Leitdifferenz

Bezug nehmend auf Interaktivität als Leitdifferenz medienwissenschaftlicher Analysen wird eine Darstellung der Kommunikationsformen, der Profile der Medienakteure und der Steuerungsinstrumente für Rundfunk und Internet vorgenommen. Nach einer Problematisierung des Interaktionsbegriffs in der geschichtlichen Entwicklung der Medien wird der Begriff selbst einer Analyse unterzogen. Für eine systematische Differenzierung der sprachlichen Verwendung des Begriffs in den Medien- und Ingenieurwissenschaften werden das Maß an Wechselseitigkeit und personaler Ausrichtung der Interaktionsbeziehung als Kriterien gewählt. Auf diese Weise kann gezeigt werden, ob beziehungsweise wie mediale und informationstechnische Interaktivität überhaupt Erwartungen in Bezug auf eine normativ gehaltvolle Kommunikation erfüllen kann.

Im Folgenden sollen vor einer Diskussion der Wertproblematik in Bezug auf Massenmedien und Internet grundlegende Unterschiede in Hinsicht auf Adressatenkreis, Nutzungsoptionen und Akteursebene dargestellt werden. Dabei zeigt sich, dass Interaktivität das leitende Funktionsmerkmal zur Charakterisierung der Unterschiede zwischen Massenmedien und Internet auf allen drei genannten Ebenen ist.

Das Funktionsmerkmal Interaktivität ist grundlegende Ursache für eine Herausforderung bestehender Konzepte öffentlicher Kommunikation durch die neuen Informations- und Kommunikationstechniken. Das Internet unterscheidet sich nicht nur unmittelbar durch seine Many-to-Many-Sendeform vom Rundfunk (1), sondern auch durch ein verändertes Profil der Medienakteure (2).

(1) Die Kriterien zur Bestimmung des *Rundfunkbegriffs* werden aus der Form der medientechnischen Verbreitung und aus den inhaltlichen Charakteristika der Angebote gewonnen.[1] In Bezug auf die Sendeform gilt nur das als Rundfunk (Hörfunk und Fernsehen), was dem Kriterium der Allgemeinheit genügt. »Allgemeinheit« bezieht sich auf das Publikum und bezeichnet einen unbestimmten Adressatenkreis mit beliebiger Zusammensetzung. Der Rundfunk wendet sich also nicht an eine bestimmte Zielgruppe, sondern an alle, die im Besitz eines entspre-

1 Vgl. Rundfunkstaatsvertrag (http://www.mediendaten.de/gesamt/medien politik/rfsv/rfsv.html).

chenden Empfangsgerätes sind. Diese Sendeweise unterscheidet sich von Medien für geschlossene Benutzergruppen, die durch wechselseitige Beziehungen oder durch Beziehungen zum Veranstalter untereinander verbunden sind, wie etwa Anbieter und Konsumenten durch Teleshopping. Diese Gegenüberstellung von Massenkommunikation und Individualkommunikation strukturierte bislang die Agenda kommunikationswissenschaftlicher und medienpolitischer Diskurse. Das Aufkommen des Computers als Medium revolutionierte jedoch die Medientechnik und ließ eine Revision der medientheoretischen Begriffsbestimmungen notwendig werden.

Wie bereits an anderen Stellen ausführlicher dargelegt, vereinigt das Internet die Eigenschaften der verschiedenen medialen Kommunikationsformen. Im Rahmen seiner unterschiedlichsten Nutzungsmöglichkeiten bietet das Internet immer wieder neu kombinierbare Möglichkeiten des Wechsels von der Individual- zur Massenkommunikation und umgekehrt. Über Netzseiten ist es theoretisch jedem und jeder möglich, nach dem Sender-Empfänger-Modell an die weltweite Allgemeinheit zu senden. Private interpersonale Individualkommunikation, zeitversetzt und schriftlich, wird über E-Mail realisiert. Eine weitere Neuerung gegenüber den bekannten Kommunikationsformen stellen interpersonale Kontakte in Echtzeit oder zeitversetzt in den Chatrooms dar. Hier kann (bislang überwiegend) schriftliche Individualkommunikation unter den Augen der Öffentlichkeit stattfinden. In Zukunft werden durch die Verschmelzung der Sendetechniken über das Internet auch die üblichen Programme der Rundfunkanstalten für die Allgemeinheit in guter Qualität zu empfangen sein. Das Internet vereinigt somit die technischen und inhaltlichen Möglichkeiten aller vorangegangenen reproduktiven Medien.

(2) Auf Ebene der *Akteure im Medienbereich* ist zwischen den individuell und den korporativ Handelnden zu unterscheiden. Für die individuell Handelnden sind an erster Stelle die Journalistinnen und Journalisten zu nennen. Im Mediengeschehen kommt ihnen als *gatekeeper* (Torwächter),[2] also als Vermittlungsinstanz zwischen Publikum und Berichterstattungsobjekt, eine tragende Rolle zu. Zu den individuell Mitwirkenden am Mediengeschehen gehören jedoch auch die Rezipientinnen und Rezipienten der traditionellen Massenmedien, wie auch in noch höherem Maße die Nutzerinnen und Nutzer der interaktiven Onlinemedien. Die Vielzahl von Handlungsbezügen und Rahmenbedingungen, die das individuelle Handeln regulieren, bedingt

2 Vgl. zu diesem Begriff Joachim Friedrich Staab, Nachrichten-Theorie. Formale Struktur und empirischer Gehalt, Freiburg/München 1990.

die Schwierigkeit der Verantwortungszuschreibung im Medienbereich. Unmittelbar mitbestimmend sind auch die korporativen Handlungsinstanzen wie Medienunternehmen, Rundfunkanstalten, Verlage und Provider. Mittelbar nehmen, insbesondere bei privaten Medienunternehmen, marktkonforme Motive für das korporative wie das individuelle Handeln einen leitenden Stellenwert ein.

Eine Steuerung der Medien in normativ-rechtlicher Perspektive wird insbesondere über verschiedene sanktionsfähige Einrichtungen versucht.[3] Dazu gehören unter anderem das Recht, die Rundfunkräte für die öffentlich-rechtlichen Rundfunkanstalten, die Landesmedienanstalten für die privaten Rundfunkbetreiber, der Presserat für die Printmedien, die Prüfstelle für jugendgefährdende Schriften zur Kennzeichnung beziehungsweise Indizierung einschlägiger Erzeugnisse sowie die Selbstverpflichtungen der einzelnen Mediengattungen. Die für den Rundfunk gegebene staatliche Fürsorge in Bezug auf Sendeinhalte – begründet durch Senderknappheit und Suggestivkraft des Rundfunks – entfällt jedoch faktisch mit der technischen Realisierung von Interaktivität. Die Möglichkeit zur »Rückantwort« und zur Veröffentlichung der eigenen Meinung hat hier Vorrang vor einer Regulierung von Sendeinhalten durch Kontrollorgane des öffentlichen Rechts.[4] Festzuhalten ist, dass das Internet im Unterschied zum Rundfunk die Nutzerinnen und Nutzer grundsätzlich in einen Akteurstatus versetzt und somit Nutzerkompetenz und Nutzerverantwortung vor neue Herausforderungen stellen.[5] Auch zum Beispiel die passive Rezeption von Informationsangeboten aus dem World Wide Web verlangt eine aktive

3 Die Medienethik als *normativer* Bereich der Medienkritik und -kontrolle beschäftigt sich mit der Steuerungsmöglichkeit wie auch mit der grundsätzlichen Reflexion medialen Handelns. Zu der Unterscheidung zwischen Steuerungs- und Reflexionsfunktion vgl. Bernhard Debatin, Ethische Grenzen oder Grenzen der Ethik: Überlegungen zur Steuerungs- und Reflexionsfunktion der Medienethik, in: G. Bentele/M. Haller (Hg.), Aktuelle Entstehung von Öffentlichkeit, Konstanz 1997, 281–290. Ausführlicher zur Medienethik vgl. auch Jessica Heesen, Medienethik, in: Marcus Düwell/Christoph Hübenthal/Micha H. Werner (Hg.), Handbuch Ethik. 2. Aufl. Stuttgart 2006, 263–268.

4 Die Kontrolle der Inhalte beschränkt sich auf die Verfolgung illegaler Inhalte und Aktivitäten.

5 In Bezug auf die individuelle Verantwortungswahrnehmung der Medienteilnehmer wie auch in Hinsicht auf Selbstverpflichtungen als Instrument der Medienkontrolle ergeben sich jedoch für das Internet spezifische Problemlagen, die vor allem seiner Überschreitung kultureller Wertegemeinschaften geschuldet sind, vgl. Thomas Hausmanninger, Angriff der Kontrolleure. Teil 1, Welche Ethik braucht das Internet? *medien praktisch* 2/2001, 48–53, Teil 2, Wege zu Ethiken für das Internet, *medien praktisch* 3/2001, 55–58.

Recherche und grundlegende Computerkenntnisse. Interaktivität bezeichnet also einerseits die Möglichkeit zur produktiven Mediennutzung, andererseits eine im Vergleich zu den herkömmlichen Medien erhöhte Kompetenz zu eigenständiger Orientierung, Auswahl und Medienproduktion.

Als Leitbild der medientheoretischen Debatte ist Interaktivität schon seit dem Aufkommen der analogen Kommunikationsmittel wie Telefon und Radio in der Diskussion. Schon in den1920er Jahren wurden in die damals neuen Medien große Hoffnungen als Instrument zur stärkeren Demokratisierung gesetzt. Bertolt Brecht forderte »eine Art Aufstand des Hörers, seine Aktivisierung und seine Wiedereinsetzung als Produzent.«[6] Der Rundfunk sei von »einem Distributionsapparat in einen Kommunikationsapparat zu verwandeln.«[7] Doch schon an der Brechtschen Radiotheorie zeigen sich Probleme, die mit den Erwartungen an Interaktivität in normativer Hinsicht verbunden sind. Verspricht Interaktivität einerseits die Emanzipation der Mediennutzerinnen und -nutzer, so finden diese Aktivitäten doch in einem medial restringierten Kontext statt, der individuelle Beiträge kanalisiert und filtert. So ist auch bei Brecht die »Aktivisierung des Hörers« gleichbedeutend mit seinem Einsatz nach einer vorgegebenen Rolle in einem Radiohörspiel.[8] Mediale Interaktivität steht insofern unter dem Vorbehalt, eine bloß fremdbestimmte *Re*aktion der Nutzerinnen und Nutzer zu sein.

In Bezug auf das Programmgeschehen der Massenmedien (und für das Internet insofern es massenmediale Bestandteile hat) können verschiedene Eingriffstiefen von Interaktivität unterschieden werden. Hierfür beispielhaft ist ein dreistufiges Modell von Interaktionsformen von Ulrich Riehm und Bernd Wingert, in dem sie sich am Sendemodell der Massenmedien orientieren. Sie unterscheiden (1) eine einfache, oft punktuelle *Reaktion* auf ein vorgegebenes Programm (zum Beispiel durch »TED«, dem so genannten Teledialog), (2) die *Beeinflussung* eines Programms nach vorgegebenen Möglichkeiten (zum Beispiel Zuschaueranrufe), (3) die *Gestaltung* eines Programms durch die Herstellung eigener Beiträge.[9]

6 Bertolt Brecht, Radiotheorie, in: Ders., Gesammelte Werke (werkausgabe edition suhrkamp), Frankfurt am Main 1967, Bd. 18, 119–134, 126.

7 Ebd., 129.

8 Vgl. Klaus-Detlef Müller (Hg.), Bertolt Brecht. Epoche – Werk – Wirkung. Von Jörg-Wilhelm Joost, Klaus-Detlef Müller und Michael Voges, München 1995, 170.

9 Ulrich Riehm/Bernd Wingert, Multimedia – Mythen, Chancen und Herausforderungen. Mannheim 1995, 67 (www.itas.fzk.de/deu/itaslit/riwi95a.htm Inhaltsverzeichnis).

In Bezug auf das Internet ist der Begriff Interaktivität des Weiteren um den Aspekt der Gestaltung eines Programms durch eine eigenverantwortliche *Komposition* der Angebote und Inhalte durch *Verknüpfung*[10] zu ergänzen. Auf diese Weise entsteht eine neue Art von Text, der der Regie der einzelnen Nutzerinnen und Nutzer folgt. Neue Perspektiven und Interpretationen entstehen durch die Weise der Wahl und Zusammenstellung des eigenen »Programms«. Das Nebeneinander bestimmter Inhalte, ihr gegenseitiger Verweis, die Dekontextualisierung von Bedeutungseinheiten, bringen einen neuen, provisorischen Text hervor. Darüber hinaus nimmt Interaktivität auf das Angebot auch in Bezug auf Qualität und Quantität Einfluss. Individuelle Beteiligungsformen bringen ein größeres Informations- und Programmspektrum hervor.

Eine Anpassung des Interaktionsbegriffs ausschließlich für das Internet hat die Philosophin Sybille Krämer unternommen. Sie nennt vier verschiedene Arten von Interaktionsverhältnissen: (1) Die Herstellung reziproker Kommunikationsverhältnisse durch eine Personalisierung beziehungsweise Individualisierung der Massenmedien. (2) Die Realisierung von individueller Echtzeit-Kommunikation im Medium der Schrift. (3) Das Eintauchen in symbolische Welten mit Hilfe von Bewegungen des natürlichen Körpers. (4) Die Erstellung von Hypertexten, die durch ihren Verweischarakter Ausdruck eines Wechselverhältnisses einerseits zwischen Text und Leserschaft und andererseits zwischen den einzelnen Textrezipient/innen ist.[11] Krämers Interesse liegt hauptsächlich auf rezeptionsästhetischen Aspekten von Interaktionsbeziehungen zwischen Medienprodukten und Mediennutzer/innen.[12] Sie unterscheidet systematisch in diesem Zusammenhang nicht zwischen personaler Interaktion und medialer Interaktivität.[13] Riehm und Wingert geht es um den Einfluss von interaktiven Elementen auf

10 Vgl. Flusser, Kommunikologie, 50f.

11 Vgl. Sybille Krämer, Subjektivität und neue Medien. Ein Kommentar zur Interaktivität, in: Mike Sandbothe/Winfried Marotzki (Hg.), Subjektivität und Öffentlichkeit. Kulturwissenschaftliche Grundlagenprobleme virtueller Welten, Köln 2000, 102–117, 103.

12 Krämer beschäftigt sich in Bezug auf Interaktionsverhältnisse mit der literatur- beziehungsweise kulturwissenschaftlichen These von einer Interaktion mit symbolischen Formen in der Online-Kommunikation, vgl. Krämer, Subjektivität und neue Medien.

13 Leggewie und Bieber machen in diesem Zusammenhang eine terminologische Unterscheidung zwischen Interaktion (sozial) und Interaktivität (medial), vgl. Claus Leggewie/Christoph Bieber, Interaktivität – Soziale Emergenzen im Cyberspace?, in: Dies. (Hg.), Interaktivität. Ein transdisziplinärer Schlüsselbegriff, Frankfurt am Main 2004, 7–15.

die Gestaltung des massenmedialen Programmgeschehens. Interaktionsbeziehungen lassen sich jedoch auch in Bezug auf den Öffentlichkeitsbegriff strukturieren.

Friedhelm Neidhardt unterscheidet drei Modelle öffentlicher Kommunikation, die hier in Abhängigkeit von der Intensität der Interaktionsbeziehungen betrachtet werden sollen. (1) Er nennt ein »Verlautbarungsmodell« öffentlicher Kommunikation, in dem die interaktiven Elemente so gut wie nicht vorhanden sind, also eine typische Situation der Massenmedienkommunikation. (2) Weitere Aspekte einer vermachteten Öffentlichkeit bringt er durch das »Agitationsmodell« zum Ausdruck, in dem die Sprecher aufeinander reagieren, aber aus strategischen Interessen. (3) Das »Diskursmodell« schließlich erfüllt den Wunsch nach kommunikativer Handlungsorientierung, indem hier eine argumentative Auseinandersetzung auch mit den Gegnern und Kritikern des eigenen Arguments stattfindet.[14] Neidhardt differenziert mit Habermas personale Interaktionsverhältnisse nach dem Grad ihrer Verständigungsorientierung. Die Verbindung von Diskurstheorie und Interaktivität verdeutlicht die normativen Erwartungen, die mit Wechselseitigkeit in Hinblick auf Verständigung verbunden sind.

Wenn es um den Verständigungsaspekt geht, stellt sich die Frage, wer die Subjekte einer Interaktion sind, inwiefern Interaktion also überhaupt eine Kategorie des sozialen Handelns ist. Traditionelle sozialwissenschaftliche Fassungen des Interaktionsbegriffs legen die Interaktionspartner beidseitig auf Personen fest, während weitere Definitionen aus den Informations- und Medienwissenschaften auch Austauschbeziehungen zwischen Personen einerseits und Maschinen und Softwareprogrammen andererseits als Interaktion bezeichnen. Jarren etwa sieht jedoch eine drohende Banalisierung des Begriffs Interaktivität durch die Zuschreibung interaktiver Eigenschaften an Maschinen.[15] Er führt aus:

> Soziale Wesen interagieren, Maschinen tun dies nicht. Interaktion gehört zu den Kernbegriffen unserer sozialen Welt und damit zum menschlichen Verhalten. Interaktion unterscheidet sich vom bloßen Verhalten dadurch, daß eine Handlung sich aus subjektiv gemeintem Sinn, Handlungsmotiv und Handlungserwartung zusammensetzt. Interaktionen sind nicht technisch induziert, sondern sozial motiviert; Interaktion zielt auf Sinnerfüllung.[16]

14 Friedhelm Neidhardt, Jenseits des Palavers. Funktionen politischer Öffentlichkeit, in: Wolfgang Wunden (Hg.), Beiträge zur Medienethik. Bd. 2: Öffentlichkeit und Kommunikationskultur, Hamburg u.a. 1994, 19–31, 25.

15 Vgl. Jarren, Internet – neue Chancen, 18.

16 Ebd.

Jarren versteht unter Interaktion somit annähernd das Gleiche wie Habermas unter dem Begriff des kommunikatives Handelns. Die Nähe der Begriffe Interaktion und Kommunikation macht eine Abgrenzung schwierig. Häufig wird versucht, Interaktion und Kommunikation nach dem Verhältnis Ober- und Unterbegriff einzuordnen, wobei die Zuordnungen in der Literatur hierzu abwechseln. Karl H. Delhees ist zuzustimmen, wenn er die Begriffsbestimmungen als letztlich willkürlich bezeichnet.[17] Delhees selbst rückt den Kommunikationsbegriff in die Nähe von Verständigung. Interaktion als Oberbegriff wäre die Bezeichnung für den Vorgang der gegenseitigen Beeinflussung, wobei diese Beeinflussung aber eine Folge wechselseitiger Kommunikation wäre und deshalb praktisch von der Verständigung nicht zu trennen sei. »Interaktion ist demnach die beobachtbare Handlung, wogegen Kommunikation die Inhalte und Bedeutung der Handlung transportiert.«[18]

Als allgemeinste Bestimmung des Interaktionsbegriffs soll hier das Kriterium der wechselseitigen Beeinflussung der Interaktionssubjekte festgelegt werden. Ohne diese Bestimmung ist Interaktion nicht trennscharf von der bloßen *Bedienung* von Maschinen beziehungsweise apparativen Medien abzugrenzen. Hinzu kommt die Frage nach dem Personenbezug eines Interaktionsverhältnisses, deren Beantwortung dazu beiträgt, den Grad an Verständigungsleistung eines Kommunikationsverhältnisses zu bewerten. Leitend für die im Folgenden vorgestellten Unterscheidungen verschiedener Interaktionstypen ist also das Maß an *Wechselseitigkeit* und *personaler* Ausrichtung. Es ist zu unterscheiden zwischen:

(1) Interaktion zum Zwecke personaler Kommunikation
Wechselseitige Kommunikation zwischen Personen, die sowohl direkt wie auch medienvermittelt (Medien der Individualkommunikation wie Brief, Telefon, Chats) stattfinden kann. Sie geht in der Regel auf eine soziale Motivation zurück (ist also nicht technisch induziert).[19] Aus normativer Perspektive ist sie mit Erwartungen in Bezug auf Handlungskoordination und Verständigung verbunden.

(2) Interaktion zum Zwecke der Bedienung von Maschinen *als Speichermedien (Trägern von Inhalten)*
Bestimmung von Programmelementen, Programminhalten oder dem Zeitpunkt zu dem ein Dienst abgerufen wird. Die Momente Wechsel-

17 Karl H. Delhees, Soziale Kommunikation. Psychologische Grundlagen für das Miteinander in der modernen Gesellschaft, Opladen 1994, 12.

18 Ebd.

19 Vgl. Jarren, Internet – neue Chancen, 18.

seitigkeit und Personenbezug sind hier nur sehr schwach vorhanden, da die anonyme und einseitige Nutzung nach einem Sender-Empfänger-Modell das Kennzeichen der apparativen Massenmedien ist. Der Begriff Interaktivität lässt sich in diesem Zusammenhang nur als Bezeichnung dafür erklären, dass es nach einer langen Vorherrschaft institutionalisierter Sendeanstalten nun auch einzelnen Bürgerinnen und Bürgern möglich ist *aktiv* und selbstständig nach diesem Modell Einfluss zu nehmen oder Produktionen beizutragen. Diese Form der Interaktivität betrifft den Rundfunk wie auch die One-to-Many Informationsdienste in der Netzwerkkommunikation.[20]

(3) Mensch-Maschine-Interaktion/Mensch-Computer-Interaktion
Unter diesen Begriff fallen psychologische, ergonomische wie auch funktionale Problemlagen, die sich aus der Interaktion des Menschen mit Computern über eine Mensch-Maschine-Schnittstelle ergeben. Interaktion wird hier als Interaktion mit und nicht mittels Medien verstanden. Der Dialog zwischen Mensch und Computer ist hier ein Element der Bedienung, das die optimierte Umsetzung bestimmter Handlungszwecke ermöglichen soll. Es geht bei diesem Typ von Interaktion insofern nicht um Wechselseitigkeit im Sinne einer gegenseitigen Wirkung aufeinander, sondern um die Benutzung einer zumeist komplexen Maschine für eine spezifischen in der Interaktion zu definierenden Zusammenhang.

(4) Maschine-Maschine-Interaktion
Beschreibt die Interaktivität von technischen, häufig selbst lernenden, Systemen untereinander wie dies zum Beispiel in instrumentierten Umgebungen der Fall ist. Zwischen den technischen Systemen findet eine wechselseitige Beeinflussung statt, die jedoch von menschlichen Interaktionspartnern abgelöst ist.

Innerhalb der Computertechnik und auch im Umfeld der meisten medientheoretischen Erörterungen wurde die ursprüngliche soziologische Bestimmung einer unmittelbaren personalen Bindung des Interaktionsbegriffs also aufgegeben. Grundsätzlich kann man zwischen einer *medien*zentrierten[21] und einer *technik*zentrierten Perspektive

20 Vgl. die Ausführungen in Kapitel 2.2.2. *Massenmedien als Raum partikularer Interaktion*, wonach in den Massenmedien nur die Interaktion weniger Personen beobachtet werden kann.

21 Hans Poser, Christoph Hubig, Eva Jelden und Bernhard Debatin unterscheiden im Rahmen der Mensch-Maschine-Interaktion zwischen zwei Weisen der Modellierung des Kommunikationssystems. 1. Der Computer

von Interaktivität auf allen vier Ebenen unterscheiden. Aus technikzentrierter Perspektive werden Interaktionsbeziehungen zumeist unter dem Stichwort Mensch-Maschine-Interaktion verhandelt. Die medienzentrierte Perspektive fragt höherstufig nach der Rolle der Interaktion für die Medialisierung der Wirklichkeitserfassung über Inhalte, Darstellungsformen und die Schaffung bestimmter Nutzungsoptionen. Hier geht es also insbesondere um den Einfluss von Interaktivität auf das Programmgeschehen in seinem Ablauf, wie auch um die Bedeutung von Interaktivität für die Entstehung neuer Gattungen beziehungsweise Formate wie Homepages, Chats, Blogs, Podcasts, Hypertexte oder virtuelle Realitäten, die notwendig auf eine interaktive Realisierung angewiesen sind.

In Bezug auf die Entstehung von Öffentlichkeit wären somit solche medialen Interaktivitätsformen von Bedeutung, die a) einen wechselseitigen Personenbezug aufweisen (Verständigungsaspekt), b) die Rezeption der Massenmedien individuell steuerbar machen (Fragmentierung der Beobachtungsperspektive) und c) Informationstechniken für die Partikularisierung und Modifizierung des Orientierungswissens nutzbar machen (Entstehung individualisierter Anwendungen und Formate aus medienzentrierter Perspektive).

Es lässt sich zusammenfassen: Interaktivität ist der Schlüssel zu einer Individualisierung der Medien und somit der Anlass für eine konzeptionelle Verhältnisbestimmung zwischen öffentlicher Kommunikation einerseits und institutionell nicht verankerten, individuellen Medienproduktionen andererseits. Unter diesen Gesichtspunkten rücken insbesondere folgende durch Interaktivität hervorgerufene Wirkungen und Problemlagen in den Vordergrund:

(1) Die Auswirkung auf die Entstehung von Öffentlichkeit im Netz. Interaktivität ist hier gleichbedeutend mit der Verwirklichung eines medialen, delokalisierten Handlungsraums.[22]

wird als Kommunikations*partner* des Menschen betrachtet; 2. der Mensch wird als *Medium der Kommunikation* modelliert. Diese im zweiten Punkt terminologisch ähnliche Unterscheidung beschränkt den Begriff Medium aber auf den Computer als »vermittelnde Instanz, ... die je verschiedenen kommunikativen Funktionen und unterschiedlichen Verwendungskontexten dient« (Hans Poser u.a., Algorithmus und Unsicherheit, in: Rainer Mackensen (Hg.), Konstruktionshandeln. Nicht-technische Determinanten des Konstruierens bei zunehmendem CAD-Einsatz, München/Wien 1997, 83–152, 125). Es geht hier um Probleme der Semiotik für den Bereich der Funktionaliät des Systems, nicht jedoch um die gesellschaftliche Bedeutung apparativer Medien als Träger von Inhalten, sozialer oder kultureller Art.

22 Vgl. zur Problementfaltung Kapitel 2.2.–2.2.3 *Orte und Räume öffentlicher*

(2) Die Auswirkungen in Bezug auf normative Erwartungen, die mit Medienöffentlichkeiten verbunden sind. Die Möglichkeit zur aktiven Teilnahme an einer allgemeinen Kommunikation stellt den oder die Einzelne/n in den Kontext eines bislang institutionell abgesicherten Wertekanons öffentlichen medialen Handelns. Können die Erwartungen, die mit Öffentlichkeit in Hinblick etwa auf Geltungsansprüche verbunden sind gewahrt werden, oder entstehen Teilbereiche von Öffentlichkeit, die außer den strukturellen Voraussetzungen nichts mehr mit Öffentlichkeit als »transzendentaler Illusion« (Luhmann) oder politischen Legitimationsmodellen zu tun haben?[23]

(3) Die Neubestimmung der Idee der Emanzipation des Subjekts durch einen selbstständigen Mediengebrauch.[24]

(4) Die Auswirkungen auf das Angebotsspektrum im Internet, in der Sprache der Massenmedien also die Wirkung auf das Programm. Dieser letztgenannte Punkt wird im Folgenden für einen Vergleich von Internet und Fernsehen[25] als populärstem Leitmedium maßgeblich sein. Die Programmangebote der Rundfunkanstalten stehen in einem engen Verhältnis zu einem am Allgemeinwohl orientierten Verständnis von Öffentlichkeit, das wiederum leitende normative Maßgabe für grundlegende medienethische Verpflichtungen ist. Nachfolgend werden diese Verpflichtungen in einem Vergleich von Rundfunk und interaktiver Netzwerkkommunikation diskutiert.

3.2. Aufträge und Werte öffentlicher Kommunikation

Der Wertekanon der Medienethik entfaltet sich analog zu der rechtlich-normativen Fundierung des Grundrechts auf freie Meinungsäußerung. Die Freiheit der Medien verwirklicht sich als demokratischer

Kommunikation; Versammlungsorte; Massenmedien als Raum partikularer Interaktion; Virtuelle Räume öffentlicher Kommunikation (Internet).

23 Vgl. insbesondere Kapitel 2.3.2.6. *Orientierungswissen*, 2.5.1. *Öffentlichkeit als Handlungsrechtfertigung* und 3.2.1. *Wahrheitspflicht und Realitätsbezug.*

24 Kapitel 3.2.3. *Der Freiheitsbegriff in Rundfunk und Internet* und 4.1. *Individualisierung und Autonomie.*

25 Dabei werden die nicht-kommerziellen, unabhängigen (aber öffentlich subventionierten) Anbieter, wie das in manchen Regionen vorhandene Bürgerfernsehen, aufgrund ihrer geringen allgemeinen Bedeutung nicht berücksichtigt.

Grundsatz notwendig unter der Berücksichtigung der Werte Qualität und Öffentlichkeit. Nur auf diesem Wege konstituiert sich Vertrauen als Basis des kooperativen Handelns in komplexen Gesellschaften. Der Öffentlichkeitsgrundsatz gibt normative und deskriptive Kriterien für Massenkommunikation vor, dazu gehören Repräsentation, Relevanz, Transparenz und Allgemeinheit.

Medienethische Wertannahmen, wie sie in Deutschland und anderen europäischen Staaten in das Rundfunkrecht, Ethikkodizes oder Sendeaufträge eingegangen sind, beziehen sich auf einen weitgehend unkontroversen Wertekanon. Dazu gehören Medienfreiheit, Öffentlichkeit, Schutz der Privatsphäre sowie Wahrheit und Pluralität der Berichterstattung.[26] Strittig ist jedoch die Frage nach der praktischen Realisierung dieser Werte, beispielsweise wenn es um die Abwägung von öffentlichem Interesse und dem Persönlichkeitsschutz oder um das Maß an Ausgewogenheit der Berichterstattung geht. Die Werte entfalten sich analog zu der rechtlich-normativen Fundierung des Grundrechts auf freie Meinungsäußerung. Das Recht auf freie Meinungsäußerung wiederum geht aus zwei Wurzeln hervor: dem individuellen Freiheitsrecht sowie dem kollektivrechtlichen demokratischen Grundsatz als solchem. In der Freiheit der Medien artikulieren sich demnach das Prinzip der Menschenwürde als individuellem Freiheitsrecht und das gesamtgesellschaftliche demokratische Prinzip.[27]

Die Verwirklichung des demokratischen Grundsatzes Medienfreiheit ist an die Verwirklichung der Werte Qualität und Öffentlichkeit gebunden.[28] Qualität als Wahrheit und Wahrhaftigkeit der dargebotenen Information konstituiert Vertrauen, das seinerseits die Voraussetzung jedes kooperativen Handelns in ausdifferenzierten Gesellschaften bildet.[29] Der medienethische Grundsatz »Herstellung von Öffentlichkeit« leistet in Bezug auf die demokratischen Gemeinschaftsgüter verschiedene Beiträge. Er bezeichnet in normativer Perspektive das Ziel und gibt auch deskriptiv die Kriterien für Massenmedienkommunikation vor, von denen hier die vier wichtigsten genannt seien:

26 Vgl. Staatsvertrag über den Rundfunk im vereinten Deutschland (Rundfunkstaatsvertrag) vom 31. August 1991, zuletzt geändert durch Artikel 1 des Siebten Staatsvertrags zur Änderung rundfunkrechtlicher Staatsverträge vom 23. bis 26. September 2003 (GBI. BW 2004, S. 104).

27 Vgl. Herzog, Artikel 5 GG, Rn. 5–10.

28 Wolfgang Wunden, Freiheitliche Medienmoral. Konzept einer systematischen Medienethik, in: R Funiok/U.F. Schmälzle/C.H. Werth, (Hg.), Medienethik – die Frage der Verantwortung, Bonn 1999, 36-56.

29 Vgl. Niklas Luhmann, Vertrauen. Ein Mechanismus der Reduktion sozialer Komplexität, 3. Aufl. Stuttgart 1989.

(1) *Repräsentation:* Öffentlichkeit ist Repräsentationsinstanz für die von den verschiedenen Bevölkerungsgruppen vertretenen Meinungen. Daraus ergibt sich die journalistische Verpflichtung zu Ausgewogenheit und Pluralität der Berichterstattung.
(2) *Relevanz:* Gleichzeitig ist mit Öffentlichkeit ein Kriterium für die Unterscheidung zwischen allgemein wichtiger und für das Gemeinwesen nicht einschlägiger Information gegeben. Öffentlichkeit als Selektionskriterium kennzeichnet die Relevanz des Themas für die allgemeine Meinungsbildung.[30]
(3) *Transparenz:* Der Öffentlichkeits-Grundsatz enthält die Forderung nach Transparenz und impliziert die Negierung der Etablierung von Geheimnissen und elitären Diskursen.
(4) *Allgemeinheit:* Mit Öffentlichkeit sind im Rahmen der rundfunkpolitischen Diskussion Erwartungen in Bezug auf eine hohe Anzahl von Kommunikationsteilnehmern und -teilnehmerinnen verbunden. Die »öffentliche Meinung« fußt so auf einer für den demokratischen Prozess auch quantitativ bedeutsamen Basis.

Medienpolitische und gesetzliche Forderungen nach einer informationellen Grundversorgung,[31] als Vollständigkeit der Informationsangebote und rundfunktechnischer Erreichbarkeit aller Bürgerinnen und Bürger, verleihen dem Öffentlichkeits-Grundsatz auf praktischer Ebene Nachdruck. Aus der Wechselbeziehung zwischen Meinungsäußerungsfreiheit und demokratischem Prinzip ergeben sich bestimmte öffentliche Aufgaben für die Medien.

3.2.1. Wahrheitspflicht und Realitätsbezug

Der Wahrheitspflicht wird nach der journalistischen Ethik durch ein größtmögliches Maß an Ausgewogenheit und Objektivität der Berichterstattung entsprochen, sie wird nach Möglichkeit institutionell abgesichert. Im Unterschied dazu spielt die mediale Wahrheitspflicht für die individualisierten Formen der Online-Kommunikation eine wesentlich geringere Rolle, obwohl für das Internet als Ganzem positive Erwartungen in Bezug auf Wahrheit, Meinungsbildung und gesellschaftliche Orientierung existieren. Gemäß der Leitvorstellungen Transparenz und Offenheit ist dem Netznutzer die Möglichkeit zur eigenständigen Recherche in einem reichhaltigen Informationsangebot gegeben. Auch

30 Trotzdem gibt es viele Themen, die zwar öffentlich sind, aber nicht relevant für die allgemeine Meinungsbildung. Zu den Kennzeichen von Meinungsbildungsrelevanz vgl. 160ff.

31 Vgl. Ricker/Schiwy, Rundfunkverfassungsrecht, Rn. F 14–24.

auf einer höherstufigen Ebene, wo sich die Wahrheit der Medien als erkenntnistheoretisches Problem der Realitätserfassung darstellt, sind Rundfunk und interaktive Medien zueinander in Beziehung zu setzen. Wirklichkeitskonstruktive Leistungen der Medien erlangen durch Interaktivität, virtuelle Realitäten und Simulationen eine neue Ausdehnung. Mediale Interaktivität ist eine maßgebliche technische Voraussetzung zu der quasi bruchlosen Implementierung virtueller Handlungen und Erfahrungen in den individuellen Wirklichkeitshorizont. Relativierungen von Wirklichkeits- und Wahrheitsbegriff müssen nicht zu einer Schwächung des journalistischen Ethos führen. Auf Grundlage der Diskursethik kann gezeigt werden, dass die Geltungsansprüche Wahrheit, normative Richtigkeit und subjektive Wahrhaftigkeit von Unsicherheiten der Erkenntnis auf grundsätzlichster Ebene insofern unberührt bleiben, wie sie der intersubjektiven Verständigung in Hinblick auf Integration und Handlungskoordination dienen.

Im Zusammenhang der journalistischen Berufsethik wird der Wahrheitsbegriff erkenntnistheoretisch unproblematisiert als Übereinstimmung mit einer vorgefundenen Realität diskutiert. Wahrheit der Information bedeutet also die größtmögliche Sorgfalt in Bezug auf Richtigkeit, Neutralität und Vollständigkeit der Berichterstattung. So lautet der deutsche Pressekodex:

> Zur Veröffentlichung bestimmte Nachrichten und Informationen in Wort und Bild sind mit der nach den Umständen gebotenen Sorgfalt auf ihren Wahrheitsgehalt zu prüfen. Ihr Sinn darf durch Bearbeitung, Überschrift oder Bildbeschriftung weder entstellt noch verfälscht werden. Dokumente müssen sinngetreu wiedergegeben werden. Unbestätigte Meldungen, Gerüchte und Vermutungen sind als solche erkennbar zu machen. Symbolfotos müssen als solche kenntlich sein oder erkennbar gemacht werden.[32]

Zu den normativen Aufgaben, den materiellen Programmgrundsätzen, gehört insofern die Wahrheitspflicht für den öffentlichen und den privaten Rundfunk.[33] Garanten für die Wahrung eines höchstmöglichen Maßes an Wahrheit und Sachlichkeit sind Journalisten, Redaktionen

32 Pressekodex. Vom Deutschen Presserat in Zusammenarbeit mit den Presseverbänden beschlossen und Bundespräsident Gustav W. Heinemann am 12. Dezember 1973 in Bonn überreicht. In der Fassung vom 2.3.2005 (www.presserat.de/pressekodex.html), Ziffer 2.

33 Das Bundesverfassungsgericht nennt außerdem die Grundsätze Ausgewogenheit und Sachlichkeit sowie gegenseitige Achtung und Gegendarstellungsrecht (vgl. Roman Herzog, in: Maunz/Dürig/Herzog, Kommentar zum Grundgesetz, Art. 5, Rn. 215a).

und Sendeanstalten. Sie können bei einer Verletzung ihrer Sorgfaltspflicht rechtlich belangt und zur Verantwortung gezogen werden.

Die gesetzlich formulierte Wahrheitspflicht betrifft die öffentliche Medienkommunikation und nicht etwa die mediale Individualkommunikation. Die Verpflichtung zur Wahrheit der Berichterstattung meint im Zusammenhang der journalistischen Ethik das Bemühen, ein größtmögliches Maß an Objektivität bzw. Ausgewogenheit zu erlangen. Sie zielt ab auf Meinungsbildung und gesellschaftliche Orientierung. Das ist nicht die Ausrichtung der interaktiven Kommunikationstechniken. Im Gegenteil, Angebote wie Chats haben häufig nicht den Anspruch, auf Allgemeingültigkeit abzuheben. Die genrespezifische Möglichkeit zur Verschleierung der Autorschaft ermöglicht das Spiel mit persönlichen Identitäten und eine gleichsam fiktionalen Erweiterung der Kommunikation. Einerseits führt die Pseudonymisierung der interpersonalen Kommunikation dazu, dass Inhalte nicht durch Vorurteile kategorisiert werden. Andererseits ermöglicht diese Tatsache die Verbreitung fiktionaler Inhalte, die im realen Leben wahrscheinlich als Unwahrheit oder als Lüge bezeichnet würden, oder auch als absichtliche Verbreitung irreführender Informationen. In Bezug auf die pseudonymisierungsfreundlichen Diskussionsforen (oder Plauderrunden) ist nicht der Wahrheitsgehalt oberstes Bewertungskriterium der Kommunikation. Im Vordergrund steht hier nicht, »was sage ich« und »bin ich dazu bereit, die Konsequenzen meiner Rede zu verfolgen«, sondern »ist meine Kommunikation von einer Güte, die ihre Fortsetzung erlaubt«. Kriterien für eine gelingende Kontinuität der personalen Interaktion sind die Kompetenz zur Reaktion auf Kommunikationspartnerinnen und -partner als solche und eine gelingende Selbstdarstellung, die aber nicht den Äußerungen in einer Face-to-Face-Kommunikationssituation beziehungsweise den persönlichen Daten faktisch entsprechen müssen.

Zu unterscheiden von Chats als Formen der Individualkommunikation im Netz sind die an die Allgemeinheit gerichteten Informationsangebote, die Netzseiten. Hier ist die institutionelle oder persönliche Zuordnung des Beitrags in der Regel erwünscht und inhaltlich damit von größerer Verbindlichkeit. Sie entsprechen damit eher einem Ethos der öffentlichen Kommunikation, der den medienrechtlichen Bestimmungen für den Rundfunkjournalismus zugrunde liegt.[34]

Wahrheitspflicht in der Medienberichterstattung stellt sich häufig als Frage der Ausgewogenheit dar. Jeder einzelne Beitrag soll sorgfältig recherchiert und stichhaltig sein, gleichzeitig geht es in der Medien-

34 Insofern unterliegen sie den medienrechtlichen Bestimmungen für Mediendienste.

öffentlichkeit aber auch darum, die Interessen einzelner Gruppen und Minderheiten zu Wort kommen zu lassen und insofern im Sinne eines anwaltschaftlichen Journalismus Position zu beziehen. Um das Meinungsspektrum trotzdem zu wahren, sind die öffentlich-rechtlichen Sendeanstalten auf Binnenpluralismus verpflichtet. Auch über die Ausgewogenheit innerhalb der Medienlandschaft insgesamt wachen die Landesmedienanstalten und die Konzentrationskontrolle.

Im Internet sind eine Vielzahl der Informationsangebote institutionelle oder kommerzielle Eigeninformationen und damit immer auch der »Öffentlichkeitsarbeit« und einem gewissen Werbeinteresse verpflichtet. Die Frage nach dem Einfluss von Interessengruppen auf die Sendeinhalte stellt sich hier nicht als Problem, denn eine parteiliche oder tendenziöse Eigeninformation steht in den Online-Medien ohnehin im Wettbewerb mit anderen interesseabhängigen Angeboten. Der medienethische Grundsatz zur Wahrung der inhaltlichen Ausgewogenheit als Interessenferne der Berichterstattung wird hier obsolet, weil theoretisch jede ihre und jeder seine eigenen Interessen verfolgen kann und darf. Diese Transformation des Grundsatzes ist jedoch nicht gleichzusetzen mit einer Erosion der Informationsethik. Das Prinzip der inhaltlichen Ausgewogenheit konkurriert mit dem einer neuen individualisierten Informationsfreiheit. Deren Grundlage ist das Ideal vom aufgeklärten Rezipienten, der »sich seine Meinung selbst bildet« und entspricht damit dem Leitbild vom autonomen Individuum, das den ideologischen Hintergrund vieler Netzaktivist/innen bildet. Der Idealrezipient nimmt die redaktionelle Auswahl und Bewertung der Information eigenständig vor: Die Internetlobby geht davon aus, dass ihm diese Tätigkeiten guten Gewissens überlassen werden können, denn als interaktiver Rezipient ist er einer tendenziösen Berichterstattung nicht hilflos ausgeliefert. »Laßt die Inhalte für sich selbst streiten, in einem offenen Markt. Ich habe auch genug Zutrauen in die Menschen, daß sich am Ende die Wahrheit durchsetzen wird.«[35]

Darüber hinaus bietet das Internet in Bezug auf die selbstständige Nachprüfbarkeit von Wahrheit neue Möglichkeiten. Die Ermittlung der Wahrheit einer Aussage ist immer gebunden an die Identifizierung der Autoren und der Möglichkeit zur faktischen Nachprüfbarkeit. Die Nutzung des Internet erleichtert in der Regel die Kontaktaufnahme zu den Verfasserinnen oder Verfassern von Angeboten, die auf Interesse stoßen. Internetbeiträge können zumeist unmittelbar kritisiert und

35 Esther Dyson, populäre Internetpionierin, in einem Interview mit Claus Leggewie, vgl. Claus Leggewie, Laßt die Inhalte für sich selbst streiten! (20.4.1998), *telepolis* archiv: »Special über Internet und Politik«, S. 4 (http://www.heise.de/tp/deutsch/inhalt/co/2326/1.html).

hinterfragt werden und Kommunikationsforen bieten Gelegenheit zu sachspezifischen und kritischen Diskussionen. Diese »Erreichbarkeit« entspricht einem Netzethos, das dem Leitbild Transparenz und Offenheit folgt. Zusätzlich bietet das digitale Datennetz einen großen Service in Bezug auf Quellentexte. Wahlprogramme, Presseerklärungen, Deklarationen, Statistiken und so weiter können mit wenig Aufwand aus dem Internet kopiert werden. Die Gefahr einer normativ geprägten Vorselektion von Information durch journalistische Darstellungen ist somit theoretisch gebannt.

Die Existenz des Internet zeigt außerdem indirekte Effekte in Bezug auf Wahrheit und Transparenz. In informationspolitischer Perspektive brachte das Aufkommen des Internet Verbesserungen mit sich. Mit dem Schlagwort »Informationsgesellschaft« rückte auch die bürgerschaftliche Perspektive der »Cyber-Revolution« in den Vordergrund. Die neuen Informationsdienste sollen Verwaltungsentscheidungen transparenter machen. Die so genannte gläserne Verwaltung soll den Bürgerinnen und Bürgern ein weit gehendes Recht auf allgemeine Akteneinsicht gewähren. Fragt man nach den faktischen Kontrollmöglichkeiten medialer Wahrheitspflicht, so sind auch diese indirekten Effekte der Informationstechnik in Rechnung zu stellen.

Ein zentrales Thema vieler medientheoretischer Untersuchungen abseits der soeben geschilderten medienpraktischen Ebene ist das Bestimmungsverhältnis von Medien und Realität. Auf höherstufiger Ebene ist auch hier von einer Problematisierung der Wahrheitsfrage zu sprechen, da Wahrheit als relationale Kategorie der Bewertung entscheidend von der sie rahmenden Realitätswahrnehmung abhängt. Das was einer Gruppe als geteiltes Wissen gilt, wird sie auch als wahr identifizieren. Insofern muss die Wahrheitsfrage ihrem Sinne nach als Frage nach dem geteilten Verständnishorizont der Kommunikationsteilnehmerinnen und -nehmer gestellt werden. Dieser Wissensbestand ist als gemeinsames Orientierungswissen Grundlage für sprachliche Verständigung und die Rationalisierung des öffentlichen Diskurses. Habermas spricht in diesem Zusammenhang von einem Einverständnis in Bezug auf die Gültigkeit von Wissen.

> Einverständnis bedeutet, daß die Beteiligten ein Wissen als gültig, d.h. als intersubjektiv verbindlich akzeptieren. Nur darum kann ein gemeinsames Wissen, soweit es interaktionsfolgenrelevante Bestandteile oder Implikationen enthält, Funktionen der Handlungskoordinierung übernehmen.[36]

36 Jürgen Habermas, Vorstudien und Ergänzungen zur Theorie des kommuni-

Gerade aufgrund seiner interaktiven und individualisierten Nutzungsmöglichkeiten wird das Internet immer wieder mit intersubjektiven Prozessen in Zusammenhang gebracht. So vermutet zum Beispiel Rafael Capurro, wir »können […] im Falle des vernetzten *interface* von einer Abschwächung der ›starken‹ Intersubjektivität des *face to face* … sprechen. Die Cyberkultur des Internet ist (könnte) eine Massenkultur mit menschlichem Antlitz (werden).«[37] Die Prüfung des Geltungsbereichs von Aussagen wäre somit technisch durch die Übersetzung von »intersubjektiv« in »interaktiv« geleistet. Hier ergeben sich Parallelen zum Gedanken der ethischen Universalisierung und der Herstellung einer globalen Öffentlichkeit im Zusammenhang einer weltweiten Internetkommunikation.[38]

Die Pflicht zur Wahrheit medialer Berichterstattung ist in den Mediengesetzen nicht nur als moralische Verpflichtung aufgegeben, sondern aufgrund der bedeutenden Rolle, die eine wahrheitsgemäße Information für die öffentliche und individuelle Meinungsbildung spielt. In der Medientheorie war die Bewertung der Wahrheitsfähigkeit medienvermittelter Kommunikation von Anfang an ein wichtiges Thema. Es war eng verknüpft mit der Frage nach der Wirklichkeitstreue der Darbietungen, die als Bewertungskriterium für die Geltung ihrer Wahrheit diente. Auch Günther Anders hebt in seiner Fernsehkritik von 1956 auf die Punkte Wirklichkeitsentfremdung und Wirklichkeitsverzerrung ab.[39] Typisch für die Medienkritik dieser Zeit wird in Anders' Position die Dualität von natürlicher, gleichsam unvermittelter, und künstlicher, medienvermittelter Wahrnehmung aufrechterhalten. Anders behauptet eine Entgegensetzung von Original- und Reproduktionsform der Welt, die als so genanntes Phantom, im Zustand einer ontologischen Zweideutigkeit, durch das Fernsehen zu uns ins Haus komme.[40] Gleichzei-

kativen Handelns, Frankfurt am Main, 2. Aufl. 1986, darin, Erläuterungen zum Begriff des kommunikativen Handelns, 1982, 571–607, 574.

37 Rafael Capurro, Das Internet und die Grenzen der Ethik. Eine neue Informationstechnik stellt sich den Ergebnissen der Medienwirkungsforschung, in: Matthias Rath (Hg.), Medienethik und Medienwirkungsforschung, Wiesbaden 2000, 105–126, 115. Vgl. auch: Pierre Lévy, Collective intelligence. Mankind's emerging world in cyberspace, übs. v. R. Bononno, London 1997; Alexander Roesler, Bequeme Einmischung. Internet und Öffentlichkeit, in: Stefan Münker/Alexander Roesler (Hg.), Mythos Internet, Frankfurt am Main 1997, 171–192, 182ff.

38 Vgl. Kapitel 1.2. *Wertvorstellungen orientieren die Medientechnik.*

39 Diese Kritik ist nicht alleine den modernen elektronischen Massenmedien vorbehalten, sie war schon aktuell mit dem Aufkommen des Zeitschriftenwesens und der populären Romanlektüre im 18. Jahrhundert.

40 Vgl. Anders, Die Welt als Phantom und Matrize, 131. Die gesendeten Ereig-

tig betont Anders jedoch, der konstruktivistischen Medientheorie ganz ähnlich,[41] unter dem Begriff »invertierte Imitation« die herausragende Bedeutung der Massenmedien für die Herstellung von Wirklichkeit.

> *Wir bilden unsere Welt den Bildern der Welt nach – »invertierte Imitation«.* – Da es kein Bild gibt, das nicht, mindestens potentiell, als Vorbild wirkte, prägen wir effektiv die Welt nach dem Bilde ihrer Abbildungen: Jeder Johnny küßt heute wie Clark Gable. Damit wird die Wirklichkeit zum *Abbild ihrer Abbilder* (nicht etwa, wie bei Plato, zum Abbild von Ideen).[42]

Ähnlich konstruiert auch Jean Baudrillard als neuerer Vertreter der Medientheorie ein dialektisches Bild medialer Wirklichkeitsvermittlung, wobei sein Realitätsverständnis aber ebenso an einer Realität als bestimmbarer Sachlage orientiert bleibt. Ein zentraler Begriff bei Baudrillard ist der der Simulation. Bei Baudrillard ist dann von Simulationen die Rede, wenn darauf aufmerksam gemacht werden soll, dass die Berichterstattung der Medien von der realen Welt völlig losgelöst ist. Diese Ablösung ist gleichzeitig Gegenstand der Kritik der Medien. So erregte Baudrillard beispielsweise Aufsehen mit der Behauptung, der Golfkrieg 1990 habe gar nicht stattgefunden, sondern wäre nur in den Medien inszeniert worden.[43] Der philosophische Begriff der Simulation kennzeichnet in der Position Baudrillards die Selbstreferenzialität der Zeichenprozesse, die innerhalb des Mediensystems, aber auch in anderen gesellschaftlichen Bereichen zum tragen kommt. Die Abstrahierung der Kommunikation führe zwangsläufig zu einer Liquidierung des realen Ereignisses. Die Darstellungen der Medien erzeugen in ihrer Sprache eine Simulation dieses Ereignisses. Diese Verdoppelung der realen Ereignisse macht die Unterscheidung von Fiktion und Realität unmöglich, so dass Realität »verschwindet«.[44] Nach Baudrillard geht mit dem Verschwinden der Realität auch die Wahrheit der gesellschaftlichen Kommunikation verloren. Realität bestimmt er als Realität

nisse seien demnach »zugleich gegenwärtig *und* scheinbar, zugleich wirklich *und* scheinbar ...«

41 Trotzdem ist die Ausrichtung der theoretischen Ansätze ganz unterschiedlich: Während sich Anders mit der Wirkung der Medienprodukte auf die Rezipientinnen und Rezipienten auseinander setzt, ist der Konstruktivismus vor allem an dem Zustandekommen des Medien*systems* und dessen Herstellung von Wirklichkeit interessiert.

42 Günther Anders, Die Antiquiertheit des Menschen. Band 2: Über die Zerstörung des Lebens im Zeitalter der dritten industriellen Revolution, darin: Die Antiquiertheit der Wirklichkeit, 252.

43 Vgl. Jean Baudrillard, La guerre du golfe n'a pas lieu, Paris 1991.

44 Vgl. Ders., Agonie des Realen, Berlin 1978.

der Objekte und Ereignisse, allein deren Berücksichtigung ermöglicht die Aufbrechung selbstreferenzieller Prozesse und die Bindung der sprachlichen Zeichen an ihre Wahrheitsfunktion. Während Baudrillard also die Wahrheit einer Aussage an einen nicht relativierbaren Realitätsbegriff knüpft,[45] versteht die konstruktivistische Position unter Wahrheit einen grundlegender wandelbaren Begriff, der aus der Wahrnehmungsperspektive und den Kommunikationsverhältnissen der gesellschaftlichen Teilbereiche entsteht.

Auch in Bezug auf den Öffentlichkeitsbegriff betonen konstruktivistische Theorien die Funktion der Medien als Mittel zur Erzeugung von Realität. Die Medien repräsentieren gesellschaftliche Selbstverständigungsprozesse: Sie beobachten, wie die Gesellschaft die Realität konstruiert, und erzeugen damit wiederum das Bild, das die Beobachter der Medien von der Realität gewinnen.[46] Öffentlichkeit ist hier als ein allgemeines Reflexionsmedium vorgestellt, dessen Leistung auch in der gesellschaftlichen Selbstbeobachtung liegt, also darin, dass die Mitglieder des Sozialsystems gesellschaftliche Selbstverständigungsprozesse wie auch die »öffentliche Meinung« beobachten können. Sie erschließen sich damit ein Wissen vom Wissen der Anderen, das eine unabdingbare Voraussetzung zur Teilnahme am öffentlichen Diskurs ist.

Die Kennzeichen einer so entstandenen öffentlichen Kommunikation sind nach Luhmann nicht die Übereinstimmungen mit Tatsachen, wie es einem spontanen Verständnis von Realität entsprechen würde, sondern die Konsistenzen im Verhältnis zum gesellschaftlichen Gesamtsystem. Es gäbe demnach also keine Möglichkeit zu einer Berichterstattung über neutrale, objektiv vorgefundene Themen oder Sachverhalte, da es ja keine an sich gegebenen Tatsachen gibt, die Gegenstand der Medienproduktion sein könnten. Der Grund hierfür beruht auf einem grundsätzlichen Problem unserer Welterschließung: der prinzipiellen Unmöglichkeit, Gewissheit über die unabhängige Existenz von Realitäten zu erlangen, die nicht immer schon durch die menschliche Wahrnehmungsweise im Prozess des Erkennens hervorgebracht wurden:

> Konstruktivistische Theorien behaupten, daß kognitive Systeme nicht in der Lage sind, zwischen Bedingungen der Existenz von Realobjekten und Bedingungen ihrer Erkenntnis zu unterscheiden, weil sie keinen erkenntnisunabhängigen Zugang zu solchen Realobjekten haben. Dieser Defekt kann zwar auf der Ebene der Beobachtung zweiter Ordnung, der Beobachtung von kognitiven Operationen *anderer* Systeme

45 Obwohl Baudrillard durchaus nicht davon ausgeht, dass es möglich ist »... eine absolute Ebene des Realen auszumachen ...« (ebd., 35).

46 Vgl. Kapitel 2.3.1.2. *Öffentlichkeitseffekt und Orientierungswissen.*

> korrigiert werden. [...] Aber das führt nur zu einer Wiederholung des Problems auf der Ebene der Beobachtung zweiter Ordnung. Auch Beobachter anderer Beobachter können die Bedingungen der Existenz dieser Beobachter nicht unterscheiden von den Bedingungen des Erkennens, daß es sich um bestimmte, sich selbst konditionierende Beobachter handelt.[47]

Der soziologische Konstruktivismus hat sich dieses philosophiegeschichtlich bereits lange formulierte Problem in einer bestimmten Sichtweise zu Eigen gemacht, für die die Fundierung auf die Systemtheorie bestimmend ist.

Doch welche Bedeutung hat dieses erkenntnistheoretische Problem für einen aufgeklärten Umgang mit den Medien? Ist ihre gesellschaftliche Orientierungsleistung vor diesem Hintergrund hinfällig, weil durch die Medien doch ohnehin kein Abbild unserer Realität hergestellt werden kann? Welche Rolle spielt der Wahrheitsbegriff noch vor diesem Hintergrund? Eine Möglichkeit wäre, den gängigen journalistischen Wahrheitsbegriff, verstanden als Übereinstimmung der Darstellung mit einer vorgefundenen Realität, zu verabschieden und wie der radikale Konstruktivismus nur nach der Art der Realitätskonstruktion zu fragen.

> [Die Frage] lautet *nicht*: Wie *verzerren* die Massenmedien die Realität durch die Art und Weise ihrer Darstellung? Denn das würde ja eine ontologische, vorhandene, objektiv zugängliche, konstruktionsfrei erkennbare Realität, würde im Grunde den alten Essenzkosmos voraussetzen.[48]

Erkenntnistheoretisch begründete Relativierungen des Wahrheitsbegriffs müssen auf moralischer Ebene jedoch nicht zu einer Schwächung des journalistischen Ethos führen. Die Wertsetzungen der Medienethik lassen sich außer aus den bereits genannten Prinzipien, Menschenwürde und Demokratie, auch aus den in der Diskursethik begründeten Normen ableiten.[49] Grundlage ist hier ein Freiheitsideal, das der Gleichberechtigung aller Kommunikationsteilnehmer/innen korrespondiert. Jeder Kommunikationsteilnehmer erkennt demnach, wie Karl-Otto Apel ausgeführt hat, implizit immer schon eine »Grundnorm der verallgemeinerten Gegenseitigkeit aller Geltungsansprüche«[50] an. Die

47 Luhmann, Realität der Massenmedien, 17.

48 Ebd., 20.

49 Vgl. Edmund Arens, Die Bedeutung der Diskursethik für die Kommunikations- und Medienethik, in: Rüdiger Funiok (Hg.), Grundfragen der Kommunikationsethik, Konstanz 1996, 73–96.

50 Karl-Otto Apel, Diskurs und Verantwortung. Das Problem des Übergangs zur postkonventionellen Moral, Frankfurt am Main 1988, 7.

damit geforderte Einlösung der Geltungsansprüche Wahrheit, normative Richtigkeit und subjektive Wahrhaftigkeit[51] spiegelt sich wider in den ethischen Grundsätzen der journalistischen Arbeit. Die normative Richtigkeit, die in der Verfolgung der genannten Geltungsansprüche liegt, ist von der Frage nach der objektiven Übereinstimmung unserer Erkenntnisse mit der Realität nicht berührt, wie insbesondere der allgemeine *Anspruch* auf Wahrheit und Wahrhaftigkeit der Aussage nicht verletzt wird. Es handelt sich hierbei um eine Wertsetzung, die innerhalb des Mediensystems entstanden ist und von einer Unsicherheit der Erkenntnis auf grundsätzlichster Ebene unberührt bleibt. Kommunikation unter angenommenen systemischen Determinanten oder erkenntnistheoretischen Unwägbarkeiten dient, wenn sie nach »bestem Wissen und Gewissen« betrieben wird, auch weiterhin der intersubjektiven Verständigung in Hinblick auf Integration und Handlungskoordination.

Treibt man hingegen die Argumentation des Konstruktivismus auf die Spitze, müssten auch sehr eigenwillige Konstruktionen von Realität erlaubt sein, wie zum Beispiel die Veränderung von Fotografien oder Filmen durch eine digitale Nachbearbeitung. Eine solche individualisierte Konstruktion von Realität, wäre jedoch selbst innerhalb einer konstruktivistischen Weltsicht nicht legitimiert, weil sie nicht dem intersubjektiven, und insofern objektiven, Realitätsverständnis der Mediennutzerinnen und -nutzer entspricht – auch wenn es sich selbst konditionierende Beobachter sind. Siegfried J. Schmidt und Siegfried Weischenberg führen aus, was »Objektivität« als Bedingung für die Wahrheit der Berichterstattung unter konstruktivistischen Prämissen bedeuten kann. Objektive Berichterstattung sei demnach nur eine journalistische Technik, die bestimmten formalen Vorgaben entsprechen muss, deren oberstes Merkmal aber nicht die neutrale Wiedergabe von Realität sein kann:

> Objektivität ist dann […] eine intersubjektive Vereinbarung über die Art der Wirklichkeitskonstruktion, die vom System Journalismus erwartet werden kann. Die dieser Vereinbarung zugrunde liegenden Kriterien sind nicht »Wahrheit« oder »Realitätsnähe«, sondern »Nützlichkeit« und »Glaubwürdigkeit.[52]

51 Vgl. Jürgen Habermas, Theorie des kommunikativen Handelns. Bd. 1: Handlungsrationalität und gesellschaftliche Rationalisierung, Frankfurt am Main, 2. Aufl. 1997, 148 ff.

52 Siegfried J. Schmidt/Siegried Weischenberg, Mediengattungen, Berichterstattungsmuster, Darstellungsformen, in: K. Merten/S. J. Schmidt/S. Weischenberg (Hg.), Die Wirklichkeit der Medien. Eine Einführung in die Kommunikationswissenschaft, Opladen 1994, 212–236, 227 f.

Innerhalb der konstruktivistischen Medientheorie wird unter diesen Prämissen eine Legitimation der journalistischen Ethik durch eine Orientierung auf eine »Sozialverantwortung« der Medien angestrebt, die beispielsweise in dem Ziel einer gesellschaftlichen Demokratisierung durch die Medien zum Ausdruck käme.[53]

Verschärft wird die Frage nach dem Realitätsbezug der Medien durch eine zunehmende Virtualisierung von Handlungen im Rahmen medialer Interaktivitätsangebote. Grundsätzlich kann man zwischen einer ontologischen und einer epistemologischen Sichtweise von Virtualität unterscheiden.[54] Die ontologische Bestimmung versteht unter virtuell »der Möglichkeit nach«, virtuell wäre also das, was *potenziell*, nicht aber (beziehungsweise noch nicht) seiner physischen Erscheinung nach existiert.[55] Die begriffsgeschichtlich spätere epistemologische Sichtweise bringt den Virtualitätsbegriff mit den kreativen Leistungen der menschlichen Vermögen zur Wirklichkeitserfahrung in Zusammenhang. Die grundsätzliche Disponibilität der Weisen der Erfahrbarkeit der physischen Welt führt aus erkenntnistheoretischer Perspektive zu einer weitgehenden Gleichbewertung ästhetisierter, virtueller und einer vermeintlich unmittelbaren sinnlichen Wahrnehmung. Eine virtuelle Realität ist vor diesem Hintergrund nur eine von verschiedenen möglichen Weltzugängen beziehungsweise Konstruktionen von Wirklichkeit.[56]

Der Begriff virtuell zeigt im Kontext medialer Kommunikation einen Erfahrungsraum an, der nicht gegenständlich erfassbar dargestellt ist, aber trotzdem Effekte für unsere Wirklichkeit hervorbringt. »›virtual‹ here designates something that is not actually real but that nevertheless functions as well as if it were real«, so Wolfgang Welsch zur Bedeutung des Begriffs im Computerjargon.[57]

53 Siegfried Weischenberg, Journalismus als soziales System, in: Merten/Schmidt/Weischenberg (Hg.), Die Wirklichkeit der Medien, 427–454.

54 Wolfgang Welsch nimmt diese Unterscheidung für die Leibnizsche Position auf, vgl. Wolfgang Welsch, Virtual to Begin With?, in: Mike Sandbothe/Winfried Marotzki (Hg.), Subjektivität und Öffentlichkeit. Kulturwissenschaftliche Grundlagenprobleme virtueller Welten, Köln 2000, 25–60, 31.

55 So wären etwa Naturbegabungen virtuell, die sich in der Realität aktualisieren. Feinmotorische Fähigkeiten aktualisieren sich zum Beispiel im Uhrmacherhandwerk oder in der Chirurgie.

56 Vgl. Stefan Münker, Was heißt eigentlich: »virtuelle Realität«? Ein philosophischer Kommentar zum neuesten Versuch der Verdoppelung der Welt, in: Stefan Münker/Alexander Roesler (Hg.), Mythos Internet, Frankfurt am Main 1997, 108–131.

57 Wolfgang Welsch, Virtual to Begin With, 27. Zur Bestimmung des Virtualitätsbegriffs in dieser Hinsicht vgl. auch Christoph Hubig, Wirklichkeits-

Eine besondere Ausprägung im Bereich der Herstellung virtueller Handlungsumgebungen sind die so genannten Virtuellen Realitäten (VR). Das Steuern eines Flugzeugs, die Teilnahme an Formel-1-Rennen, Cybersex oder der Aufbau einer mittelalterlichen Dorfgemeinschaft – die Simulationstechniken[58] der Virtual Realities erlauben eine Vielzahl von ungewöhnlichen Aktivitäten. Überzeugend können diese Simulationen von Realität gelingen, weil sie im Medium bewegter Bilder stattfinden und weil die Besucher und Besucherinnen dieser Realitäten in deren Bewegungsabläufe aktiv integriert sind. Simulationen sind damit ein paradoxes Surrogat der »ganzheitlichen Wahrnehmung«. Komplexe Virtuelle Realitäten reagieren auf die Blickrichtung der Nutzer/innen, auf den Tastsinn und geben Handlungsoptionen vor. Diese extremen Formen von Wirklichkeitskonstruktionen unterscheiden sich jedoch grundlegend von denen der populären Bildmedien, zum einen durch den interaktiven Zugang, zum anderen aufgrund ihres sehr partikularen Realitätsbegriffs. Virtuelle Realitäten simulieren in der Regel Situationen, die uns in unserer gewohnten Lebenswelt nicht zugänglich sind. Sie sind somit Simulationen des Unmöglichen[59] und ziehen daraus ihren Reiz. Damit wirken sie nicht in gleicher Weise auf Weltbilder wie das Fernsehen, sie beeinflussen jedoch das individuelle Selbstbild. Für eine Jugendliche, die soeben in einer der virtuellen Spielplattformen des Internet den heiligen Gral gefunden hat, wird dieser Erfahrungsraum auch beim späteren familiären Abendessen als Bestandteil der Eigen- und Fremdwahrnehmung eine Rolle spielen.

Man kann in diesem Zusammenhang erneut von einer Wirklichkeit des Virtuellen sprechen. In ihren Ausführungen zur Konstitution der Lebenswelt halten Alfred Schütz und Thomas Luckmann fest: »Wichtig ist es vor allem zu betonen, daß die Wirklichkeitsordnungen nicht durch eine etwaige ontologische Struktur ihrer Objekte, sondern durch den Sinn unserer Erfahrungen konstituiert werden.«[60] Wirklich-

verengung oder Wirklichkeitserweiterung? Über Kompetenzverluste und ihre Kompensation in der Wissensgesellschaft, in: Colloque/Kolloquium: Du réel au virtuel? Von der realen zur virtuellen Welt? L'individu dans une nouvelle culture de communication/Die Zukunft des Einzelnen in der neuen Kommunikationskultur, 15 et 16 mai 2000, Bâtiment Jean Monnet, Luxembourg, Luxemburg 2000, 22 f.

58 Simulation meint hier im Unterschied zu Baudrillard in einer schlichten Bestimmung die bloße Nachahmung.

59 Zum Begriff des Unmöglichen in ästhetischer Hinsicht vgl. Münker, Was heißt eigentlich: »virtuelle Realität«?, 112.

60 Alfred Schütz/Thomas Luckmann, Strukturen der Lebenswelt, Band 1, Frankfurt am Main 1979, 49.

keit ist insofern eine Verknüpfungskategorie, in der sowohl diejenigen Erfahrungen, die uns unmittelbar affizieren, wie auch kulturelle Dispositionen und gegebene Sachlagen (realitas) eine Rolle spielen. Wirklichkeit gibt somit eine bestimmte »Horizontordnung« vor, an deren Konstituierung virtuelle Elemente ebenso wie andere technische und künstlerische Artefakte beteiligt sind.[61] Die Welt gliedert sich also nicht wie Günther Anders dies als natürlich und richtig beschrieben hat in konzentrischen Kreisen um den Menschen. Anders wollte mit der räumlichen Gliederung der Erfahrung auch ihren abgestuften Stellenwert für den »antiquierten« Menschen in Beziehung setzen und vermutete einen allgemeinen Neutralisierungseffekt in Bezug auf die Empfindung des Erfahrbaren, da durch die Medien alles gleich nah und fern würde.[62] Anders konnotiert Neutralisierung negativ in dem Sinne, dass das Wichtige vom Unwichtigen nicht mehr getrennt und nicht mehr erkannt werden kann. Vor dem Hintergrund, dass aber auch mediale Umwelten Wirklichkeit beanspruchen können, kann man mit und gleichzeitig gegen Anders festhalten, dass Medien, passive wie auch interaktive, das Erfahrene zwar neutralisieren können, aber es auch im positiven Sinne gleich bedeutend und gleich gültig machen. Mediale Interaktivität ist in diesem Zusammenhang eine maßgebliche technische Voraussetzung zu einer gleichsam natürlichen Einbindung virtueller Handlungen und Erfahrungen in den individuellen Wirklichkeitshorizont.

Um zum pragmatischeren Ausgangspunkt dieser Überlegungen zurückzukommen, der Frage nach qualitativen Anforderungen an eine öffentliche Medienkommunikation: Aus dem Öffentlichkeitsgrundsatz können inhaltliche Anforderungen an die Qualität der Medienproduktionen abgeleitet werden. Wahrheit als eine dieser Qualitäten verweist auf eine bestimmte Art von Medienproduktionen, nämlich die Berichterstattung, die Aufschluss über tatsächliche Ereignisse und Sachverhalte geben soll. In dieser Hinsicht rückt die Meinungsbil-

61 Zu den Begriffen »Verknüpfungskategorie« und »Horizontordnung« vgl. Klaus Wiegerling, Medienethik als Symbolphilosophie. Handeln im Zeitalter virtueller Welterzeugungen und Weltordnungen, in: Thomas Hausmanninger/Rafael Capurro (Hg.), Netzethik. Grundlegungsfragen der Internetethik (Schriftenreihe des ICIE Bd. 1), München 2002, 89–105, 95 f. beziehungsweise 104 f. Ansätze zur Unterscheidung von Realität und Wirklichkeit vgl. ebd. wie auch: Christoph Hubig, Wirklichkeiten und Virtualitäten. Vertrauensverluste auf dem Wege der Informations- zur Wissensgesellschaft, in: Jahrbuch Arbeit und Technik. Bonn 1999/2000, 251–261.

62 Vgl. Anders, Die Welt als Phantom und Matrize, 126, und die Ausführung in Kapitel *2.5.2. Öffentlichkeit als Handlungsraum*, 114 f.

dungsrelevanz von Medienproduktionen in den Vordergrund. Diese Eigenschaft rechtfertigt normative und rechtliche Regelungen, die für den im engeren Sinne kunstvollen, fiktionalen und/oder unterhaltenden Bereich von Mediennutzung und -produktion nicht im gleichen Ausmaß herzuleiten sind.

3.2.2. Meinungsbildungsrelevanz

Medienproduktionen von hoher Meinungsbildungsrelevanz sind durch Breitenwirkung, Aktualität und Suggestivkraft gekennzeichnet. Diese Kriterien sind für Internetinhalte zwar zu identifizieren, sie treffen aber nur selten gemeinsam für ein Angebot zu. Trotzdem nimmt die Online-Kommunikation Einfluss auf die Meinungsbildung. Von Meinungsbildungsrelevanz im Rahmen kleiner Öffentlichkeiten sind beispielsweise politisch orientierte Blogs oder Netzseiten politischer Akteure.

Ordnungsrechtliche Vorgaben für die Medienproduktion und Verbreitung sind durch den Gesetzgeber insbesondere durch die lange Zeit vorherrschende Senderknappheit in Kombination mit einer hohen Meinungsbildungsrelevanz von Teilen der Massenmedienkommunikation begründet. Für Medienproduktionen mit hoher Meinungsbildungsrelevanz hat sich der Begriff Darbietung etabliert. Kriterien für eine Darbietung sind: (1) Breitenwirkung, (2) Aktualität und (3) Suggestivkraft.[63] Auf einen großen Anteil der Onlineangebote treffen diese Kriterien *gemeinsam* nicht zu. Angebote und Produktionen mit hoher Meinungsbildungsrelevanz müssen nicht notwendig mit dem Bereich der politischen Kommunikation verknüpft sein. Gegenstand der individuellen wie auch der öffentlichen Meinungsbildung können neben politischen Themen zum Beispiel auch einzelne Personen, Gruppierungen oder Geschmacksfragen in Bezug auf Unterhaltungsangebote sein. Allerdings treten die genannten Kriterien Breitenwirkung, Aktualität und Suggestivkraft insbesondere für die nachrichtlichen und politischen Programmsegmente in Erscheinung. Insofern sind für die Meinungsbildung relevante Beiträge in der Regel Bestandteil einer politischen Öffentlichkeit.[64]

63 Vgl. den Entscheid des Bundesverfassungsgerichts BverfGE 90, 60 (87). Sowie »Leitfaden: Medienrechtliche Aspekte von Business-TV«, Internetpublikation der Landesanstalt für Rundfunk NRW (LFR), S. 2 (http://www.alm.de/index2.htm).

64 Zur Meinungsbildung vgl. auch Kapitel 2.4.1. *Öffentliche Meinung*.

(1) Breitenwirkung. Das Internet ist in seiner Gesamtheit ein sehr pluralistisches und weit verbreitetes Medium, allerdings wird es in seiner Gesamtheit nicht rezipiert. Weder sendet es »für Millionen«, noch nutzt eine größere Anzahl von Rezipienten und Rezipientinnen gleichzeitig dieselben Angebote.[65] Es liegen keine Programmzeitschriften vor, die einen Einblick über die Mediendienste in ihrer Gesamtheit ermöglichten, und für die erfolgreiche Nutzung einer Suchmaschine ist von vornherein ein partikulares Informationsinteresse Voraussetzung. Die individuelle Perspektive auf die elektronischen Datennetze ist also in einem weit höheren Ausmaß ausschnittshaft als dies bei Hörfunk und Fernsehen, trotz der großen Senderanzahl, der Fall ist.[66]

(2) Aktualität. Unbestritten ist das Internet ein Medium von hoher Aktualität. Wichtige Ereignisse können hier wie im Fernsehen in der Regel live mitverfolgt werden, auch dann, wenn es sich um Beiträge handelt, die durch die Massenmedien keine Beachtung finden. Dokumente können schnell bereitgestellt werden und Meinungsäußerungen und Stellungnahmen finden unmittelbare Verbreitung.[67]

(3) Suggestivkraft. Der Rundfunk im Allgemeinen und das Fernsehen im Besonderen finden aufgrund ihrer hohen suggestiven Kraft durch das Ordnungsrecht besondere Aufmerksamkeit. Die Möglichkeit zur Manipulation der Meinungsbildung ist nach der Interpretation des Bundesverfassungsgerichts durch die Kombination der an sich schon suggestivkräftigen bewegten Bilder mit einer One-to-Many-Sendeform gegeben. Nachdem das Fernsehen das Radio und damit auch den »Volksempfänger« der Nationalsozialisten in der Gunst des Publikums abgelöst hatte, war man sich der manipulativen Kraft der

65 Eine Ausnahme von diesem Nutzungsverhalten bildeten in den 1990ern zum Beispiel die Exklusivveröffentlichungen der Landung der Marssonde »Pathfinder« 1996 und der Aussagen des US-Amerikanischen Präsidenten Bill Clinton zur »Lewinsky-Affäre« 1998 im Internet. Obwohl die Anzahl der Abfragen der jeweiligen Netzseiten sehr hoch war, bildete sich Öffentlichkeit in Bezug auf diese Ereignisse dennoch über die traditionellen Massenmedien, die in der Quantität der Verbreitung und der Qualität der Darstellung dem Internet überlegen waren. Das Internet war hier, wie es zunehmend der Fall ist, jedoch Quelle und Gegenstand journalistischer Berichterstattung.

66 Zumal die meisten Sendeanstalten annähernd das gleiche Nachrichten- und Informationsangebot haben (vgl. Rössler, Patrick, Vielzahl = Vielfalt = Fragmentierung?, in: O. Jarren u.a. (Hg.), Zerfall der Öffentlichkeit, Opladen 2000, 168–186). Vgl. hierzu auch die Ausführung zur gesellschaftlichen Fragmentierung in Kapitel 2.3.2.6. *Orientierungswissen*, 69ff.

67 Allerdings kann das Bereitstellungsdatum vieler Netzseiten nicht erkannt werden, da es häufig nicht vermerkt ist.

neuen Medientechnik besonders bewusst. Der Gedanke war, dass ein Medium von augenscheinlich sehr großer Realitätsnähe auch eine sehr große Wirkung entfaltet, weil man »seinen Augen traut«. Die Darstellung einer unwahren »Realität« hätte somit eine weit reichende Desorientierung zur Folge und wäre die Grundlage falscher kollektiver und individueller Handlungsweisen.

> Es kommt beim Fernsehen hinzu, daß es das erste ›natürliche‹ Medium ist, man sieht und hört, ohne daß, wie beim Lesen, eine weitere ›Entschlüsselung‹ [...] erforderlich ist. Dadurch hat der Fernsehzuschauer den Eindruck von Realität, er empfindet sich als Augenzeuge [...], ohne sich der Selektion bewußt zu sein, mit der die Fernsehkamera seine Augen führt.[68]

Auch das Internet suggeriert einen starken Realitätsbezug. Die Suggestivkraft ergibt sich hier jedoch aus der Vorstellung von ungefilterter Kommunikation, Authentizität und Teilhabe an der Medienproduktion. In der Filmberichterstattung sind es die bewegten Bilder, die den Eindruck von Unmittelbarkeit und Realitätsnähe entstehen lassen. Im Internet sind es vor allem die interaktiven Möglichkeiten, die eigene Aktivität in den Medien oder die individuelle Ansprechbarkeit anderer Medienteilnehmer, die das Medium unabhängig und unmittelbar erscheinen lassen.

Viele Angebote im Bereich der neuen Informationstechniken spielen auch mit der hohen Suggestivkraft, die *multimediale* Präsentationen und Simulationen haben. Vor allem multimediale Präsentationen werden als pädagogisches Instrument zur leichteren Erlernbarkeit bestimmter Stoffe verwendet. Sie stellen jedoch keine Konkurrenz zu den Angeboten dar, die zur Meinungsbildung geeignet sind. Der Vorteil einer dreidimensionalen oder multimedialen Darstellungsweise ist für den Bereich der für die Meinungsbildung wichtigen Kommunikation nicht zu erkennen. Die Tatsache, dass für manche Rezipienten und Rezipientinnen durch die Kombination von Schrift, (laufenden) Bild(ern), Ton und Interaktionsmöglichkeiten Themen leichter zu erschließen sind hat den Stellenwert eines pädagogischen Instruments, fällt für die Meinungsbildung jedoch nicht ins Gewicht.

Simulationen verfügen ebenfalls über eine hohe suggestive Kraft, die den eigentlichen Reiz der Interaktion mit solchen virtuellen Realitäten begründet. Es wurde bereits in Bezug auf die wahrheitsgemäße Kommunikation im Internet darauf hingewiesen, dass Simulationen paradoxe Surrogate der ganzheitlichen Erfahrung sind und unter anderem

68 Noelle-Neumann, Wirkung der Massenmedien auf die Meinungsbildung, 546.

deshalb unsere Wirklichkeitswahrnehmung beeinflussen können. Bei Simulationen handelt es sich zwar um Präsentationsformen von hoher Suggestivkraft, auch sie weisen jedoch keine Meinungsbildungsrelevanz im Sinne einer allgemeinen politischen Kommunikation auf.

Andere Gattungen des Internet fallen jedoch gerade durch eine hohe politische Meinungsfreudigkeit auf. Dazu zählen an erster Stelle die politisch orientierten Blogs, denen es jedoch an Breitenwirkung fehlt und deren Autoren charakteristischerweise einen dezidiert subjektiven Standpunkt einnehmen. Blogs zählen in Bezug auf ihre interaktiven Diskussionselemente zu den Foren politischer Meinungsbildung, welche den kleinen Öffentlichkeiten zugerechnet werden können, die also dem Gespräch auf der Straße, dem Kneipentisch oder der Versammlung zuzuzählen sind. Für die nicht-diskursive, sondern eher informationelle politische Meinungsbildung bieten sie von Fall zu Fall wertvolle Link-Sammlungen.

Zusammenfassend kann man festhalten, dass im Internet (vorausgesetzt, dass es nicht für die Rundfunkberichterstattung genutzt wird) kaum Darbietungen im Sinne der Kriterien im Rahmen der Massenmedienkommunikation zu finden sind. Bezogen auf die Teilnehmer/innen eines disparaten Nutzerkreises, wie er für Netzkommunikation typisch ist, ist die Meinungsbildungsrelevanz einzelner Internetangebote jedoch hoch. Die Bewertung der Meinungsbildungsrelevanz eines Mediums impliziert seine Beurteilung in Hinsicht auf die Förderung einer freiheitlichen Willensbildung. Das folgende Kapitel fragt grundlegend nach einem medial gespiegelten Freiheitsbegriff als weiterer normativer Rahmung der öffentlichen Kommunikation.

3.2.3. Der Freiheitsbegriff in Rundfunk und Internet

Normative Grundlage der Medienethik, wie sie im bundesdeutschen Grundgesetz oder in der Allgemeinen Erklärung der Menschenrechte zum Ausdruck kommt, ist das Grundrecht auf freie Meinungsäußerung und freie Informationsbeschaffung. Die Interpretation und Umsetzung dieser Grundrechte ist geleitet durch eine allgemeine Idee von Freiheit, die gemäß verschiedener Weltanschauungen variiert und auch gemäß verschiedener Medientechniken und ihren Nutzungsweisen unterschiedlich zum Ausdruck kommt. Der Rundfunk einerseits und das Internet andererseits spiegeln *ideologische Brüche im Kontext des Freiheitsverständnisses* besonders deutlich wider.

Im Folgenden soll gezeigt werden, welche Unterschiede Rundfunk- und Internettechnik in Bezug auf die ihren Anwendungen zugrunde liegenden Freiheitsbegriffe und den daraus hervorgehenden Kommunikationszielen aufweisen. Es wird der These nachgegangen, dass die Internetnutzung einem Verständnis korrespondiert, das Freiheit als Unabhängigkeit von allen Beschränkungen in normativer und materieller Perspektive interpretiert, wogegen der Rundfunk sich auf einen normgeprägten und kontextuell relativierten Autonomiebegriff bezieht. Es wird jedoch auch gezeigt, dass der Freiheitsbegriff vieler Netzaktivisten nur die Funktion einer regulativen Idee hat. Die Verfolgung dieser Idee hat das Ziel, das Interesse der Internetnutzer/innen an einer Selbststeuerung durch die individualisierte Massenkommunikation voranzubringen. Aus diesem Umstand ergeben sich neue Anforderungen an einen demokratisch verantworteten Begriff von Medienfreiheit, der in den interaktiven Medien individuell – statt wie bislang institutionell – verwirklicht werden soll. Eine Kritik der Gleichsetzung von Individualisierung und Freiheit in Bezug auf die Internetkommunikation verdeutlicht, dass Pluralität und Unabhängigkeit der Medien insgesamt nur dann gewahrt werden, wenn diese Werte nicht nur individuell, sondern auch hier durch allgemeine normative Rahmenbedingungen etabliert werden.

3.2.3.1. Staatlich organisierte Freiheit

Die Aufgaben des öffentlich-rechtlichen Rundfunks liegen in der Vermittlung zwischen dem Volk und den Staatsorganen, der Kontrolle des Staates und seiner Funktionsträger/innen und der Integration der Gemeinschaft. Zur Gewährleistung eines hohen Maßes an unabhängiger und vielseitiger Information ist der Rundfunk im Gegensatz zum Internet einer normgeprägten Veranstaltungsfreiheit verpflichtet.

Bei den Zielvorgaben der öffentlich-rechtlichen Medienordnung geht es an erster Stelle um die Erfüllung einer bestimmten gesellschaftlichen Funktion, nämlich der Förderung von Freiheit. Die Presse- und Rundfunkfreiheit ist eine aus der Meinungsfreiheit abgeleitete Größe. Dass sich im gesamten westeuropäischen Raum die Rundfunkfreiheit als eine vom Staat organisierte Freiheit konstituiert hat, ist eine bestimmte Interpretation der Menschenrechtskonvention, die davon ausgeht, dass dem Staat die so genannte Daseinsvorsorge auch im Bereich liberaler Freiheitsrechte anzuvertrauen ist.[69] Bestimmend ist hier die Ansicht,

69 Vgl. Eckart Klein, Maßstäbe für die Freiheit der öffentlichen und privaten Medien – Unter besonderer Berücksichtigung internationaler Verpflichtungen, *Die öffentliche Verwaltung* 1999/9, Heft 18, 758–766, 762.

dass Individuen vor allem deshalb frei sind, weil sie in einer Gesellschaft leben, die aufgrund bestimmter Vorgaben und Beschränkungen partikularen Handelns ein Höchstmaß an potenzieller Freiheit für alle ihre Mitglieder ermöglicht. Das »Lebach-Urteil« des Bundesverfassungsgerichts fasst die Anforderungen an den Rundfunk von öffentlicher Seite zusammen:

> Hörfunk und Fernsehen gehören in gleicher Weise wie die Presse zu den unentbehrlichen Massenkommunikationsmitteln, denen sowohl für die Verbindung zwischen dem Volk und den Staatsorganen wie für deren Kontrolle als auch für die Integration der Gemeinschaft in allen Lebensbereichen eine maßgebende Wirkung zukommt.[70]

Vermittlung, Kontrolle und Integration sind die erwünschten Aufgaben des Rundfunks »im öffentlichen Dienst« und Grundlage der Rundfunkordnungen der westeuropäischen Staaten. Sie schlagen sich nieder in den Programmaufträgen der öffentlich-rechtlichen Rundfunkanstalten, wie sie gesetzlich und in mehreren Rundfunkurteilen festgelegt wurden. Die öffentlich-rechtlichen Sender sollen mit einem Vollprogramm den Informations- und Unterhaltungsinteressen des gesamten Fernsehpublikums nachkommen. Der Vollständigkeit in der Qualität der Sendeinhalte entspricht auf quantitativer Ebene die umfassende Verbreitung von Empfangsmöglichkeiten im gesamten Bundesgebiet. Dieser Universaldienst erfüllt die gesetzlichen Forderungen nach einer informationellen Grundversorgung der gesamten Bevölkerung.[71]

Zu den angestrebten Qualitäten des öffentlich-rechtlichen Rundfunks gehört vor allem die Interessenferne, das heißt sowohl Staatsferne als auch Unabhängigkeit von Wirtschaftsunternehmen und Interessengruppen und die weitgehende Unabhängigkeit von Werbeeinnahmen. Aufgrund der Gebührenfinanzierung soll es den öffentlich-rechtlichen Rundfunkanstalten möglich sein, auch solche Sendungen in ihr Programm aufzunehmen, die nicht nur für die Mehrheit des Publikums von Interesse sind. Die Finanzierung des Rundfunks durch die Allgemeinheit soll also eine Programmfreiheit herbeiführen, welche die besondere Berücksichtigung von Minderheiten ermöglicht. Diese integrative Funktion der Massenmedien ist wiederum zum Vorteil der

70 BverfGE 35, 202 (222) – Lebach – 1973.

71 Die erwünschte informationelle Grundversorgung liegt nicht notwendig in der Hand der öffentlich-rechtlichen Rundfunkanstalten. Bislang ist jedoch keine Regelung in Sicht, die eine Grundversorgung durch den privaten Rundfunk sicherstellen könnte. Aus dieser Perspektive legitimiert sich die Integration von gebührenfinanzierten und privaten Sendern in einer dualen Rundfunkordnung. Vgl. Herzog, Grundgesetzkommentar, Art. 5, Rn. 238ff.

Gesamtheit des demokratischen Gemeinwesens. Die Vermittlungsfunktion der Medien soll somit einerseits als Kommunikationsmittel der gesellschaftlichen Gruppen untereinander verwirklicht werden und andererseits die politische Kommunikation zwischen der Bevölkerung und ihren Repräsentantinnen und Repräsentanten stützen. Daneben werden auch kulturelle Aspekte durch den öffentlich-rechtlichen Rundfunk berücksichtigt. Die soziokulturelle Identität partikularer Gemeinwesen soll durch Regionalprogramme gestärkt und gespiegelt werden.

Der Rundfunk unterliegt seit Gründung der Bundesrepublik der öffentlichen Hand und muss zahlreichen gesetzlichen Vorgaben entsprechen. Diese Vorgaben haben den Sinn, der Bevölkerung ein hohes Maß an unabhängiger und vielseitiger Information zu bieten. Es handelt sich hierbei um eine normgeprägte Veranstaltungsfreiheit,[72] die von einer »natürlichen« Freiheit nach liberalistischem Verständnis unterschieden werden muss.

Begründet wurden die Schaffung des öffentlichen Rundfunks und der damit einhergehende Ausschluss eines privaten Rundfunks bis 1984 mit der Exklusivität des Mediums. Der Grund hierfür lag wiederum in der bis in die 1980er bestehenden technisch bedingten Senderknappheit. Außerdem war der Betrieb eines Rundfunksenders mit sehr hohen Kosten verbunden, die von privater Seite das Aufkommen einer größeren Anzahl von Sendern nicht ermöglichte. Gerade die Vielzahl von Anbietern, wie sie auf dem Zeitungsmarkt üblich ist, ist jedoch Voraussetzung für die Gewährleistung eines Höchstmaßes an Informationsmöglichkeiten. Nach diesem außenpluralistischen Modell finden sich verschiedene Perspektiven der Berichterstattung nicht in einem Medienprodukt, sondern sind auf unterschiedliche Zeitungen verteilt. Unter den oben genannten Bedingungen der Senderknappheit und der hohen Kosten konnte diesem Modell durch einen privaten Rundfunk nicht entsprochen werden. Es bot sich deshalb als Lösung die öffentliche Finanzierung einer Sendeanstalt an, deren pluralistisches und freiheitliches Erscheinungsbild über gesetzliche Regelungen vorgegeben wurde. Die Vertretung der verschiedenen innergesellschaftlichen Meinungen und Perspektiven wurde nach einem binnenpluralistischem Modell den öffentlich-rechtlichen Rundfunkanstalten überantwortet.

72 Vgl. BverfGE 97, 298 (310). In diesem Zusammenhang ist auch von einer »dienenden Freiheit« die Rede, vgl. Martin Stock, Zwischenbilanz der Rechtsprechung zur Rundfunkregulierung: Anspruch, Wirklichkeit, Perspektiven, *Zeitschrift für Gesetzgebung* 14/1999, Sonderheft: Mediengesetzgebung – Zukunftsgestaltung oder Wettbewerbshindernis? 5–17, 11.

> Es liegt vielmehr in der Verantwortung des Gesetzgebers, daß ein Gesamtangebot besteht, in dem die für die freiheitliche Demokratie konstitutive Meinungsvielfalt zur Darstellung gelangt. Es muß der Gefahr begegnet werden, daß auf Verbreitung angelegte Meinungen von der öffentlichen Meinungsbildung ausgeschlossen werden und Meinungsträger, die sich im Besitz von Sendefrequenzen und Finanzmitteln befinden, an der öffentlichen Meinungsbildung vorherrschend mitwirken.[73]

Ganz im Unterschied zu den herkömmlichen elektronischen Medien bietet das Internet eine fast unendliche Anzahl von »Sendeplätzen« und verursacht für die private Nutzung vergleichsweise geringe Kosten. Damit entfallen die Gründe, die für starke ordnungsrechtliche Vorgaben im Rundfunksektor ausschlaggebend waren. Auch wenn die Möglichkeit zur Produktion eigener Beiträge in den interaktiven Onlinemedien nicht schrankenlos ist, so ist sie doch wesentlich erleichtert im Vergleich zu Hörfunk und Fernsehen. Im Unterschied zu den Anforderungen, die zur Herstellung eines Presseerzeugnisses notwendig sind, wie die Abfassung eines Textes, Druck und Vertrieb, ist die aktive Internetnutzung unaufwendiger zu organisieren. Vor diesem Hintergrund ließen sich rechtliche Regulierungen der Online-Medien, wie das Rundfunkprogramm- oder Rundfunkordnungsrecht, nicht rechtfertigen.

3.2.3.2. Freiheit als Selbsterfindung

In Proklamationen zur Ideologie der Internetnutzung sind Stellungnahmen zu finden, in denen Freiheit als Unabhängigkeit von allen Beschränkungen in normativer und materieller Perspektive interpretiert wird. In einer Analyse der ideengeschichtlichen Implikationen der »Netzphilosophie« können Inkonsistenzen in Bezug auf den Freiheitsbegriff, das Menschenbild und das Demokratieverständnis aufgewiesen werden. Anstatt Virtualität normativ zu überhöhen und Freiheit vermeintlich absolut zu setzen ist vielmehr nach den Möglichkeiten zur Verwirklichung eines positiven Freiheitsbegriffs durch die Internetkommunikation zu fragen, also nach solchen Handlungsoptionen, die das Selbstbestimmungsinteresse von Individuen nachhaltig und in intersubjektiver Verantwortung unterstützen.

Das Ziel der Gründung des Internet in den 1980er Jahren war die Gewährleistung einer schnellen und unbehinderten Individualkom-

73 Drittes Fernsehurteil des Bundesverfassungsgerichts vom 16. Juni 1981 (BverfGE 57, 295).

munikation.[74] Seine gesellschaftliche Etablierung war zudem auch deshalb so erfolgreich, weil das Internet freiere Kommunikations- und Informationsmöglichkeiten abseits der konventionellen Mainstream-Medien versprach.

Die »Unabhängigkeitserklärung des Cyberspace« von John Perry Barlow erlangte einige Bekanntheit auch über die Netzkommunikation hinaus. Als gerne zitiertes Manifest von hoher Ausdruckskraft dient es in den Diskussionen über die Neuen Medien zur Positionierung der »Philosophie« der Netzgemeinde, auch wenn die meisten Nutzerinnen und Nutzer der Onlinemedien dieses Papier weder kennen noch seine allgemeine Zustimmungsfähigkeit erprobt wurde. Es bot jedoch vor allem in der Boom-Phase des Internet Mitte der 1990er Jahre vielen Netzaktivisten eine ideelle Heimat und ist somit ein richtungweisendes Extrembeispiel für typische Argumentationsstrategien die Freiheit der Netzwelten betreffend. Barlow führt aus:

> Regierungen der industriellen Welt, Ihr müden Giganten aus Fleisch und Stahl, ich komme aus dem Cyberspace, der neuen Heimat des Geistes. Im Namen der Zukunft bitte ich Euch, Vertreter einer vergangenen Zeit: Laßt uns in Ruhe! Ihr seid uns nicht willkommen. Wo wir uns versammeln, besitzt Ihr keine Macht mehr. [...]
> Regierungen leiten Ihre gerechte Macht von der Zustimmung der Regierten ab. Unsere habt Ihr nicht erbeten, geschweige denn erhalten. Wir haben Euch nicht eingeladen. Ihr kennt weder uns noch unsere Welt. Der Cyberspace liegt nicht innerhalb Eurer Hoheitsgebiete. Glaubt nicht, Ihr könntet ihn gestalten, als wäre er ein öffentliches Projekt. Ihr könnt es nicht. Der Cyberspace ist ein natürliches Gebilde und wächst durch unsere kollektiven Handlungen. [...]
> Der Cyberspace besteht aus Beziehungen, Transaktionen und dem Denken selbst, positioniert wie eine stehende Welle im Netz der Kommunikation. Unsere Welt ist überall und nirgends, und sie ist nicht dort, wo Körper leben.[75]

Auffallend ist hier in Hinblick auf den Freiheitsbegriff die Entgegensetzung von frei gewählten Regierungen mit der anarchistischen Selbstregierung des Cyberspace. Begründet wird diese Entgegensetzung mit der Legitimationsfrage. Eine reale Regierung der virtuellen Welt ist nicht legitimiert, (1) weil deren Einwohner eine Regierung nicht aner-

74 Vgl. Ronda Hauben, Der Geburtstag des Internet. Am 1. Januar 1983 fand der Übergang vom NCP-Protokoll zum TCP/IP statt, *Telepolis*, 23.1.2003 (www.heise.de/tp/deutsch/inhalt/te/14016/1.html).

75 John Perry Barlow, Unabhängigkeitserklärung des Cyberspace. Übs. v. Stefan Münker, 1996 (http://www.uni-magdeburg.de/iphi/seminare/ethik/barlow.html). (Barlow war auch Songwriter der populären US-amerikanischen Rockband »The Greatful Dead«.)

kennen, (2) weil sie nicht in einem nationalen Hoheitsgebiet liegt, (3) weil die Netzwelt genetisch ein völlig anderes Gebilde als die reale Welt ist: eine Welt ohne Materie und Körper, (4) weil sie eigene moralische Normen entwickelt, die gesetzliche Vorschriften überflüssig macht.

Insbesondere der letzte Punkt rückt die Unabhängigkeitserklärung in die Nähe kommunitaristischer Positionen. Hier gilt der Gedanke, dem Guten, also gemeinschaftlichen Verbindlichkeiten und kontextuellen Moralvorstellungen, sei immer Vorrang gegenüber abstrakten und allgemeinen rechtlichen Regelungen einzuräumen. Diese Hierarchisierung wird mit der Opposition zu einem liberalen Menschenbild begründet, das nach kommunitaristischer Interpretation das isolierte Individuum zum Ideal erklärt hat.[76] Isolation bedeutet hier die Absonderung des Subjekts von einer natürlichen und sozialen Verankerung.

Philosophische Begründungsversuche der absolut bedingungslosen subjektiven Freiheit fanden in der Aufklärung und der Französischen Revolution besondere Aufmerksamkeit und prägten eine freiheitliche gesellschaftspolitische Praxis. Die subjektphilosophische Heuristik einer weltlichen Bindungslosigkeit des individuellen Geistes fand insbesondere Eingang in den Liberalismus. Eine in diesem Sinne unsoziale Konzeption (der Mensch als präsoziales Wesen) forderte die Kritik der Kommunitaristen heraus. Skizzenhaft wiedergegeben unterlaufe dieses Menschenbild als handlungsleitende Größe die moralischen Orientierungen der gesamten westlichen Gesellschaften und zerstöre auf diese Weise Grundqualitäten des menschlichen Zusammenlebens, die auch als ethische Fundierung freiheitlicher Staaten von Beginn ihrer Gründung an bestimmend waren. Dieser Spirale von pervertiertem Freiheitsverständnis und moralischem Verfall wollen die Kommunitaristen mit einer Rehabilitierung der Gemeinschaft Einhalt gebieten.

Auch die Einwohner des Cyberspace setzen auf Gemeinschaften, jedoch im virtuellen Raum. In dem gleichsam »natürlichen Gebilde« des Cyberspace sollen sich hier abseits von allen gesellschaftlichen und staatlichen Zwängen durch »Beziehungen, Transaktionen und dem Denken«[77] ungeschriebene Regeln entwickeln und Anwendung finden. Es geht hier um die Neuerfindung sozialer Normen in einer Parallel- oder Gegenwelt. Diese andere Welt soll ihren Einwohnern die Gelegen-

76 Vgl. Alasdair MacIntyre, Der Verlust der Tugend. Zur moralischen Krise der Gegenwart (Theorie und Gesellschaft, Bd. 5), Frankfurt am Main/New York 1987; Michael Walzer, Die kommunitaristische Kritik am Liberalismus, in: Axel Honneth (Hg.), Kommunitarismus. Eine Debatte über die moralischen Grundlagen moderner Gesellschaften (Theorie und Gesellschaft, Bd. 26), Frankfurt am Main 1993, 157–181.

77 Barlow, Unabhängigkeitserklärung des Cyberspace.

heit zur freien und unbelasteten Artikulation einer gegebenen Idee des Guten geben. Die moralischen und sozialen Normen des Cyberspace verdanken sich demnach einem unterstellten, »naturgegebenen« moralischen Konsens. Dieser Rekurs auf eine quasi-natürliche Kraft des Cyberspace findet sich auch in der Metaphorik der »Magna Carta for the Knowledge Age«, eines weiteren politischen Manifestes populärer Internetaktivistinnen und -aktivisten: »More ecosystem than machine, cyberspace is a bioelectronic environment that is literally universal«.[78]

Legitimiert sind die Normen der virtuellen Netzwerke durch die Form ihrer Kommunizierbarkeit in einer »weltumspannenden Konversation der Bits«[79], mit anderen Worten einen digitalisierbarem Universalismus. Die Entstehung einer neuen Ethik wäre hier also nicht an bestimmte Gegenstände der moralischen Auseinandersetzung geknüpft, sondern erste Voraussetzung ist ihre Kompatibilität mit einer informationstechnischen Vermittlung.[80]

Die Mitglieder der virtuellen Welten setzen nicht nur auf die moralischen Qualitäten intersubjektiver Gemeinschaften, sondern sie beziehen sich gleichzeitig auch in extremer Weise auf ein liberales Menschenbild, wie es als pathologisches in der Kritik der Kommunitaristen, rationalitätskritischer Ansätze oder der feministischen Philosophie steht. Die Bürger und Bürgerinnen des Cyberspace besitzen demnach keine leibliche Existenz: »Unsere Welt ist überall und nirgends, und sie ist nicht dort wo Körper leben«.[81] Die Schaffung neuer sozialer Regeln wird hier also nicht von einem sachbezogenem Diskurs realer kontextverbundener Menschen abhängig gemacht, sondern Voraussetzung für die diskursive Teilhabe am virtuellen Geschehen ist die Immunisierung gegen Einflüsse aus der realen Welt. Diese Forderung entspricht einem Autonomieverständnis, das nicht nur als Recht auf Selbstbestimmung respektive Selbstgesetzgebung bestimmt ist, sondern den menschlichen Geist als unabhängig von seiner leiblichen und sozialen Situierung begreift. Gerade diese Unabhängigkeit soll den Cyberspace zu einem moralischen Raum von besonderer Güte qualifizieren: »Wir erschaffen eine Welt, die alle betreten können ohne Bevorzugung oder Vorurteil bezüglich Rasse, Wohlstand, militärischer Macht und Herkunft«.[82] Ar-

78 Toffler u. a., Magna Carta, Teil 2, 1.

79 Barlow, Unabhängigkeitserklärung des Cyberspace.

80 Diese Form einer weltumspannenden Kommunikationsgemeinschaft unterscheidet sich jedoch auch in anderen wichtigen Punkten von der idealen Diskursgemeinschaft, wie sie in diskurstheoretischen Ethikbegründungen entfaltet wird, vgl. Roesler, Bequeme Einmischung, 171–192.

81 Barlow, Unabhängigkeitserklärung des Cyberspace.

82 Ebd.

gumentiert wird auch hier mit dem Bild vom ungebundenen Subjekt, das sich als frei von der »Gegenständlichkeit der materiellen Welt«[83] versteht.

Solch eine moralische Überhöhung von Virtualität, wie sie in der Unabhängigkeitserklärung des Cyberspace und anderen Positionen vorgeführt wird, gründet sich auf einer extremen Variante der liberalen Subjektkonzeption, aber leitet daraus Forderungen ab, die einem im Grunde antiliberalen, kommunitaristischen Ansatz entsprechen. Dieser Ansatz vertraut auf die »inneren« Selbstheilungskräfte einer sozialen Gemeinschaft anstelle von »äußeren« gesetzlichen Vorgaben. Während der Kommunitarismus aber gerade die Situierung des Subjekts in einem sozialen, materiellen Kontext zum Ausgangspunkt einer gemeinsamen Idee vom Guten macht, lebt der ideale »Netizen« in einem geistigen Urzustand, in einem Zustand vor dem materiellen Sündenfall. Die Idee der Gemeinschaft ist hier als konsequente Ausformulierung der geistigen Gemeinschaft, als spezielle, gleichsam spirituelle Bindungsform materiell befreiter Individuen zu verstehen. So zum Beispiel auch die Ausführungen des französischen Philosophen Pierre Lévy, der die virtuelle Kommunikation als säkulare Variante einer kollektiven Intelligenz von Geistwesen (Engeln) deutet oder die Positionen des Medienwissenschaftlers Vilém Flusser,

> Anders gesagt: ›Ich‹ meint, daß andere ›Du‹ dazu sagen. Die Informationsgesellschaft wäre demnach eine Strategie zur Verwirklichung der Virtualität ›Ich‹ in der Virtualität ›Du‹, also zum Abschaffen der Ideologie von einem Selbst zugunsten der Erkenntnis, daß wir einer für den anderen da sind und keiner für sich selbst da ist. Und Telematik wäre danach die Technik, die eine Abschaffung des Selbst zugunsten der intersubjektiven Verwirklichung automatisch herstellt.[84]

Diese Gedanken einer Absehung von der leiblichen Existenz des Menschen knüpfen an die ethischen Topoi von der vor-lebensweltlichen Gleichheit aller Menschen an, die auf normativer Ebene durch Gedankenspiele wie beispielsweise den *veil of ignorance* (Schleier des Nichtwissens) bei John Rawls fruchtbar gemacht werden sollen. Die Unkenntlichkeit der Kommunikationspartner in den elektronischen Netzwerken ist jedoch ein empirischer Befund und kein moralphilosophisches Konstrukt. Die technische Möglichkeit zur anonymen Kommunikation wird aufgegriffen als Mittel der selbst gewählten Abgrenzung von der Bedeutungsebene der netzexternen Sozial- und Kulturräume.

83 Ebd.
84 Flusser, Verbündelung oder Vernetzung?, 18.

Dieser Ausstieg aus der Realität der Lebenswelt ist zumindest aus Perspektive der normativen Ethik solange nicht problematisch, wie es sich hierbei um eine Negation von privater Reichweite, ohne Sollensansprüche für Andere, handelt. Sobald dieser Bereich jedoch überschritten wird und im virtuellen Raum Urteile und vor allem Handlungsstrategien für eine breitere Allgemeinheit entstehen, stellt sich hier wie in jedem anderen demokratischen System die Legitimationsfrage. Die Antwort auf diese Frage wird im Cyberspace mit »individuelle Freiheit« beantwortet. Wo jeder und jede sich im digitalen Diskurs selbst vertreten kann, ist die Legitimationsfrage überflüssig. Die reale Welt gilt als unfrei und damit als unfähig, gegebene moralische Potenziale zu entfalten. Alleine Freiheit soll das Mittel gegen Machtpolitik, Diskriminierung und Zensur sein. Allerdings – so soll hier deutlich gemacht werden – handelt es sich bei der Entgegensetzung von realer und virtueller Welt um eine regulative Idee, die auch nur als solche ernst genommen werden kann.

Die Betonung der Unabhängigkeit der »virtual communities« zieht ihren Impuls aus der Opposition zu real existierenden Missständen. Grundlage dieser Positionierung ist eine sozialromantische Vision der Erschaffung einer neuen Welt. Virtuelle Gemeinschaften sind somit als Krisenindikatoren[85] moderner, ausdifferenzierter Gesellschaften zu deuten. Diese Form von Gemeinschaftsideal basiert im Unterschied zu vergangenheitsorientierten Utopien jedoch gerade auf einer technischen Hervorbringung der modernen westlichen Gesellschaften – den elektronischen Kommunikationsnetzwerken – und einem ihrer geistesgeschichtlichen Ideale – einer dichotomischen Subjektkonzeption.

Diese Zuschreibung ist wichtig für das Verständnis und die Kritik der normativen Forderungen der »Netzphilosophie«, sie trifft jedoch nicht ihr Selbstverständnis. Der subjektphilosophische Hintergrund ist nur ein Nebeneffekt ihrer pragmatischen staatlichen Opposition: Die Abwehrhaltung der Netzaktivisten bezieht sich nicht auf eine Negation demokratischer Staaten im Ganzen, sondern auf bestimmte Modelle der Regulation, und zwar dem Top-Down-System. Mit der Gründung der ersten Datennetzwerke wurden andere, basisdemokratische Regelungssysteme kreiert. Sie waren dem Gedanken der Selbstregierung beziehungsweise dem Bottom-Up-Prinzip verpflichtet. Es drängt sich jedoch die Frage auf, unter welchen Bedingungen spontane, nicht-hierarchische Selbstregulierungsprozesse gelingen können.[86] Die Vermu-

85 Vgl. zur Kritik am Kommunitarismus aus dieser Perspektive Gérard Raulet, Die Modernität der ›Gemeinschaft‹, in: Micha Brumlik, Hauke Brunkhorst (Hg.), Gemeinschaft und Gerechtigkeit. Frankfurt am Main 1993, 72–97.

86 Hier soll jedoch nicht der Eindruck erweckt werden, demokratische Pro-

tung liegt nahe, dass solche Prozesse in unreglementierter Form vor allem in homogenen Gruppen zielführend sind. So handelt es sich auch bei den Selbstregelungen der Internetgemeinde um bereichsspezifische zumeist technische Problemstellungen, die relativ unkontrovers in Expertenrunden gelöst werden.[87] Es geht hier nicht um die Wahrnehmung politischer Aufgaben im Sinne einer übergeordneten Regelungskompetenz. Sobald Internetdiskurse ihren spezifischen selbstbezüglichen Themenkontext verlassen, ändern sich auch Qualität und Leistung der anarchischen Kommunikation. Abzulesen ist das zum Beispiel an den Dialogen in zahlreichen Chatrooms. Differenziertheit und Begründungsleistungen der Chats zu politischen Themen liegen in der Regel unterhalb der Ausführungen in geleiteten Kommunikationssituationen. Leitung meint in diesem Kontext: Moderation, redaktionelle Bearbeitung oder auch die Regeln institutionalisierter Diskurse in Parlamenten oder Bürgerversammlungen.

Das heißt, gesamtgesellschaftliche Diskurse in den Online-Medien werden nicht unter dem Vorzeichen der Ergebnisorientierung respektive eines Regulierungskonsenses geführt. Sie haben in diesem Fall keinen selbstregulativen Output. Darüber hinaus weist das Internet keine Expertendiskurse für allgemeine politische Problemlösungen aus. Selbstregulierungssysteme im Internet haben sich bislang für allgemeinwohlorientierte Steuerungsprozesse weder strukturell noch praktisch als erfolgreicher als der Rundfunk erwiesen. Selbststeuerung und Kommunikation sind hier nicht stärker miteinander verknüpft als in Hörfunk und Fernsehen. Es muss in Bezug auf die medienvermittelte Kommunikation unterschieden werden zwischen einem reinen Vermittlungsauftrag der Medien einerseits und zwischen Selbstgesetzgebungsprozessen einer medial hervorgebrachten Kommunikationsgemeinschaft andererseits. Diese letztgenannte Selbstmandatierung einer bestimmten Kommunikationsgemeinschaft kann sich aber nur auf Fragen der Selbstverwaltung in speziellen Belangen dieses Gesellschaftsbereichs beziehen. Politische Steuerungsfunktionen von gesamtgesellschaftlicher Tragweite darf eine computervermittelte Kommunikationsgemeinschaft ebenso wenig übernehmen wie die traditionellen Massenmedien.

Mit der Forderung nach individueller Selbstbestimmung ist die Frage nach der lebensweltlichen Verwirklichung des Freiheitsgedankens

zesse beruhten auf einem Top-Down-System. Der Idee nach bestimmt der Souverän autonom seine (Selbst-)Regierung. Deutlich ist jedoch, dass dies in der Praxis sehr vermittelt durch einen teilautonomen und intransparenten Verwaltungs- und Gesetzesapparat geschieht.

87 Vgl. *The economist*, June 10th, 2000, Regulating the internet. The consensus machine, 99–101.

gestellt. Auf einer analytischen Ebene erfordert der Freiheitsbegriff eine Unterscheidung zwischen negativer und positiver Freiheit. Negativ ist ein Freiheitsbegriff, der aus dem Postulat der Möglichkeit zur Verneinung aller heterogenen Bestimmungen der Willensfreiheit ein absolutes Verständnis der menschlichen Freiheit gewinnt. Der positive Begriff von Freiheit sucht nach der Wahrung größtmöglicher Autonomie als Handlungsfreiheit im Kontext der vielfältigen Determinanten des menschlichen Handelns.

Die virtuelle Freiheit von Körper und Materie wäre eine absolute Freiheit, die aus der Negation aller Beschränkungen des menschlichen Geistes gezogen wird: »... it is by their passage through virtual worlds, by acquiring an angelic body, that souls can best imagine humanity.«[88] Trotzdem kann man im Zusammenhang der Freiheit der Netzwelten nicht von der Vorstellung einer absoluten Willensfreiheit, wie sie von Kant begründet wurde, sprechen, denn das Cyber-Subjekt bestimmt und konstituiert sich heteronom im intersubjektiven Handeln, in der gemeinsamen Kommunikation mit Anderen. Es ist zwar frei von den Begrenzungen der realen Welt, wird gleichzeitig aber doch erst hervorgebracht durch das Netzwerk der virtuell kommunizierenden Ko-Subjekte. Die Existenz eines einzelnen freien Subjekts oder Willens wäre somit von seiner Entstehungsvoraussetzung her undenkbar. Der Rekurs der Netzgemeinde auf die Souveränität des Individuums als »powers of mind«[89] wird aus diesem Punkt nochmals fragwürdig. Die Konstruktion eines Individuums, das sein Dasein allein der Tatsache verdankt, dass eine Menge anderer ihren Computer einschalten, schwächt die Überzeugungskraft der Idee einer freien und individualistischen Netzgemeinde.

Überdies zeigt sich ein weiterer Widerspruch in der Vorstellung von der Dematerialisierung der Datennetze, der unter dem Titel *Naturalisierung der Technik als unerkannter Determinante* beschrieben werden kann. Die Informationstechnik als Ermöglichungsgrund der elektronischen Kommunikation zählt offenbar nicht zu den materiellen Abhängigkeiten, von denen die virtuelle Kommunikation Befreiung verspricht. Der unkritische Umgang vieler Anwender mit Technik zeigt sich auch in Naturalisierungstendenzen im Zusammenhang der Informationstechnik, wenn zum Beispiel von neuen Gerätegenera-

88 Pierre Lévy, Collective intelligence. Mankind's emerging world in cyberspace, übs. v. R. Bononno, London 1997, 103.

89 Toffler u. a., Magna Carta, Teil 1, 1.
Auch Projekte und Forschungen unter den metaphorischen Titeln Global Brain, Collective Intelligence oder Superorganism versuchen die Erschaffung einer unabhängigen, übergeordneten Struktur aus Einzelbeiträgen.

tionen, einem bioelektronischen Ökosystem, virtuellem Organismus oder dem Datenmeer die Rede ist. Dieser Sprachgebrauch täuscht über die künstliche Herstellung der virtuellen Umwelten hinweg. Ohne ein Bewusstsein über die technische Vermittlung menschlichen Handelns kann Technik als so genannter Sachzwang jedoch Oberhand über individuelle und politische Entscheidungsprozesse gewinnen. Mehr noch: die Naturalisierung der Technik zieht im Umkehrschluss auch die Technisierung des Menschen nach sich, wie die Reduktion des Individuums auf seine medientechnisch kommunizierbaren Anteile im Rahmen der Netz-Anthropologie verdeutlicht.[90]

Die Inkonsistenzen in Bezug auf die vorgestellte Unabhängigkeit des Subjekts zeigt die Notwendigkeit, die Freiheit des Internet positiv – im Zusammenhang der Wechselwirkung mit kulturellen und politischen Determinanten oder technischen Gegebenheiten – zu bestimmen. Die positive Bestimmung der individuellen Freiheitsrechte im Internet verlangt ihre Verknüpfung mit dem Problem der Handlungsfreiheit. Gerade wenn man den Beitrag des Internet zu einer freiheitlichen Gesellschaftsordnung fruchtbar machen will, gibt der Leitgedanke »virtuelle Freiheit« den falschen Weg vor. Es wurde bereits darauf hingewiesen, dass es geboten erscheint, die Proklamationen einer virtuellen Freiheit innerhalb zahlreicher Netztheorien und -ideologien im Sinne einer regulativen Idee zu interpretieren. Ein weiterer Schlüssel zu einer lebensweltlich und praxisorientierten Bestimmung von Freiheit ist die Wahrung von Privatheit als Substantiierung eines ethisch-normativ gesicherten Begriffs von Freiheitsrechten.

3.2.4. Privatheit

Im Privaten als Schutzraum vor heteronomen Bestimmungen ist die Möglichkeit zur Erfahrung eigener Unverfügbarkeit gegeben, die Voraussetzung ist für die Verwirklichung von Handlungsfreiheit und einer gelingenden Identitätsausbildung. Privatheit bezieht sich in verschiedenen Ausprägungen auf den einzelnen Menschen, beinhaltet aber auch eine gesellschaftliche Dimension, die sich in der Ausbildung verschiedener Gesellschaftssphären darstellt. In Anbetracht der großen Bedeutungsvielfalt des Privatheitsbegriffs, ist er nur nach spezifischen

90 Zu dem Problem der Mensch-Technik-Hybride vgl. auch Donna Haraway, Ein Manifest für Cyborgs. Feminismus im Streit mit den Technowissenschaften, in: Dies., Die Neuerfindung der Natur. Primaten, Cyborgs und Frauen, hg. und eingeleitet von Carmen Hammer und Immanuel Stiess, Frankfurt/New York 1995, 33–72.

Eingrenzungen für die apparativen Medien operationalisierbar. Eine Kombination von inhaltlichen Merkmalen (Ausschluss von Themen mit Bezug auf das Allgemeinwohl) mit der allgemeinen Beobachtbarkeit der Kommunikationssituation, lässt den Typus der öffentlichen Privatkommunikation entstehen. Ein historischer Aufriss des Begriffs des Privaten im Zusammenhang der elektronischen Medienkommunikation zeigt seine Wandlung an über die Politisierung der Privatsphäre, die Ästhetisierung des Alltäglichen und die Subjektivierung des Mediengebrauchs im eigenständigen Medienhandeln. Interaktive Kommunikationstechniken werden zunehmend zum selbstverständlichen Bestandteil des Privatbereichs, behalten aber ihre Vernetzung mit der Allgemeinheit. Die Bedeutung der Massenmedien für eine Aufweichung des Privatheitschutzes wird demgegenüber gering eingeschätzt, da die Fähigkeit der Rezipient/innen zu einer Differenzierung der Verhaltenskodizes in Fernsehen einerseits und Alltagswelt andererseits als wahrscheinlich betrachtet wird. Bei der Nutzung interaktiver Medien liegt die Trennungslinie zwischen privat und öffentlich zunehmend allein in der Verantwortung von Individuen. Eine Zunahme an interaktiven Informationstechniken kann den Eindruck einer allgegenwärtigen Beobachtung entstehen lassen und Effekte in Bezug auf Selbstinszenierung und Selbstdisziplinierung (Panopticon) hervorbringen, die in Bezug auf Freiheitspotenziale nicht nur negativ zu werten sind. So kann bei einer generellen Gleichheit der Kontrollmöglichkeiten Transparenz und nicht etwa Fremdbestimmung in den Vordergrund treten. Die Bestimmung des Privaten empfiehlt sich auf gesellschaftlicher Ebene als Wahrung der Selbstbestimmungsfähigkeit in medialen Umwelten, die frei sind von der Logik wirtschaftlicher und machtstrategischer Systeme. Die Möglichkeit zum Verbergen persönlicher Daten ist zwar eine notwendige, jedoch keine hinreichende Voraussetzung zur Wahrung einer nicht bloß defensiv, datenschutzrechtlich verstandenen Privatsphäre.

Das Verständnis davon, was als privat zu betrachten sei und was nicht, strukturiert in elementarer Weise den Aufbau der verschiedenen Gesellschaftsbereiche wie auch das Rollenverständnis der und des Einzelnen. Liberale Gesellschaftsordnungen schreiben dem Schutz der Privatsphäre einen hohen Stellenwert zu, insbesondere deshalb, weil der Schutz der Privatsphäre eine notwendige Voraussetzung für den Schutz der persönlichen Handlungsfreiheit ist.

> Mit dem Begriff des Privaten grenzen wir […] Bereiche oder Dimensionen ab für ein Individuum, die es braucht, um die in modernen Gesellschaften beanspruchte und rechtlich gesicherte individuelle Freiheit leben zu können. Solche Bereiche oder Dimensionen des Pri-

> vaten substantiieren nämlich die gesicherten Freiheiten, weil mit der bloßen Sicherung von *Freiheit* [...] noch nicht notwendig und zugleich die *Bedingungen* dafür gesichert sind, dass wir die Freiheiten so leben können, wie wir wirklich wollen.[91]

Das Private ist eine Abwehrstrategie in Bezug auf öffentliche Zurschaustellung und fremde Urteilsbildung. Die Privatsphäre bietet zudem Möglichkeiten zum persönlichen Rückzug, zu Erholung und Muße wie auch der Erfahrung von eigener Unverfügbarkeit. Nur in einem von heteronomen Bestimmungen weitgehend geschützten Raum kann sich die Spontaneität und Unbefangenheit des Verhaltens ausbilden, die mit dem Begriff der Handlungsfreiheit wie auch dem der Selbstverwirklichung verbunden ist.

> In einem elementaren Sinn ist die Privatheit als Sphäre der Autonomie ausgezeichnet. Es geht um die Freiheit in der Verfügung über sich selbst, das heißt die Freiheit in der Entscheidung über die Form der eigenen Lebensführung sowie über die dafür nötigen Mittel.[92]

Gemeinhin wird der Privatheitsbegriff insbesondere von den Zuschreibungen »geheim«, »öffentlich« und »intim« abgegrenzt. Ein Geheimnis bezieht sich auf solche Informationen, die der Kenntnis einer Person, die daran Interesse haben könnte, absichtsvoll entzogen wird,[93] unter Umständen ist das Geheime somit ein Teilbereich des Privaten; dieser Aspekt soll jedoch im Folgenden nicht näher vertieft werden, da Geheimhaltung kein eigenes Thema der Diskussion um Privatheit in den Medien ist.[94] Öffentlich ist das, was die Allgemeinheit betrifft und/oder allgemein zugänglich ist. Das Öffentliche ist damit das Gegenteil von privat, wobei Privates aber auch öffentlich gezeigt wird wie zum Beispiel die Kleidung.[95] Intim nennt man in der Regel die Beziehung des Menschen zu seinem Körper, Aspekte seiner Sexualität betreffend oder auch exklusive, sehr persönliche Beziehungen und Situationen

91 Beate Rössler, Der Wert des Privaten, Frankfurt am Main 2001, 138.

92 Ralph Weiß, Vom gewandelten Sinn für das Private, in: Ralph Weiß/Jo Groebel (Hg.), Privatheit im öffentlichen Raum. Medienhandeln zwischen Individualisierung und Entgrenzung (Schriftenreihe Medienforschung der LfR, Band 43), Opladen 2002, 27–88, 38.

93 Vgl. Joachim Westerbarkey, Das Geheimnis. Zur funktionalen Ambivalenz von Kommunikationsstrukturen, Opladen 1991.

94 Das Problem der Geheimhaltung durch die Medien wird hier eher als strukturelles Problem unter dem Thema »Gegenöffentlichkeit« diskutiert. Ansonsten ist es ein Thema im Zusammenhang von Verschwörungstheorien als Vorwurf der aktiven Verschleierung von Tatsachen und Zusammenhängen.

95 Vgl. Rössler, Der Wert des Privaten, 17.

insgesamt. Intimität ist damit ein Teilbereich des Privaten.[96] Generell werden systematisch drei Arten von Privatheit unterschieden:[97] Die *dezisionale* Privatheit, die sich auf die Ebene der Entscheidungsfreiheit bezieht. Die *lokale* Privatheit, in der es um den Schutz des Wohnbereichs und Aufenthaltsdaten, aber auch um die Wahrung der leiblichen Integrität geht. Die *informationelle* Privatheit, die den Schutz und die Kontrolle personenbezogener Daten beschreibt (informationelle Selbstbestimmung).

Im Zuge der Abgrenzung des Privatheitsbegriffs von dem der Öffentlichkeit, gewinnt Privatheit zusätzlich eine überindividuelle, gesellschaftsstrukturierende Bedeutung. Im historischen Kontext und auf Ebene der sozialen und politischen Gesellschaftsverhältnisse stellt sich die Unterscheidung zwischen privat und öffentlich als Trennung von Gesellschaftssphären dar. Wirtschaftsliberale Modelle verstehen die Unterscheidung von privat und öffentlich als solche zwischen Staat und Privatwirtschaft, also als Verfügungsrecht über Privatsachen.[98] Von Seiten des gesellschaftspolitischen Liberalismus wird die Unterscheidung als Gegenüberstellung von politisch-bürgerschaftlicher Zivilgesellschaft einerseits und Markt und Staat andererseits bestimmt.[99] Aus sozialgeschichtlicher und feministischer Perspektive wird die Trennlinie zwischen privat und öffentlich zwischen dem familiären beziehungsweise häuslichen Bereich auf der einen Seite und dem politischen und ökonomischen auf der anderen gelegt.[100]

96 Vgl. die umfassende Begriffsdefinition von Rössler, Wert des Privaten, 16–26.

97 Vgl. ebd., 25.

98 Vgl. Weiß, Vom gewandelten Sinn für das Private, 35.

99 Zu verschiedenen Dichotomisierungen von privat und öffentlich vgl. auch John B. Thompson, The Media and Modernity. A Social Theory of the Media, Cambridge 1996, 235.

100 Jeff Weintraub nennt diese weitere Unterscheidung: Anthropologische und soziologische Untersuchungen betrachten den Öffentlichkeitsbereich als Raum der Geselligkeit beziehungsweise Sozialisierung, in dem implizit bestimmte Normen und Konventionen für einen gelingenden Umgang der verschiedenen gesellschaftlichen Gruppen und Individuen miteinander gefunden werden. Nach diesem Modell stehen sich ein abstrakter und entfremdeter Gesellschaftsbereich auf der einen Seite und eine einigende Sphäre, die den Differenzierungstendenzen der Gesellschaft entgegenwirkt, gegenüber. »This notion of the ›public‹ realm, then, sees it as a realm of sociability, mediated by conventions that allow diversity and social distance to be maintained despite physical proximity« [Jeff Weintraub, The Theory and Politics of the Public/Private Distinction, in: Jeff Weintraub/Krishan Kumar (Hg.), Public and Private in Thought and Practice. Perspectives on a Grand Dichotomy (Moral and Society. Hg.

Die Differenzierungen sind jeweils für verschiedene einzelwissenschaftliche Untersuchungen (zum Beispiel der Politik-, Geschichts-, Wirtschaftswissenschaften und zur Geschlechterpolitik) oder ideologische Zugänge operationalisierbar. Ähnlich verhält es sich mit der Bestimmung des Privaten in Bezug auf die apparativen Medien. Auch hier sind nur spezifische Ansätze operationalisierbar, die dazu noch grundsätzlich mit der Paradoxie konfrontiert sind, dass hier Privates per se öffentlich repräsentiert wird. Daraus ergibt sich beispielsweise, dass Intimität als Teilbereich des Privaten grundsätzlich nicht durch allgemeine Medien erzeugt werden kann und demzufolge für den Medienbereich Privatheit insbesondere in seiner Bedeutung für Rollenmodelle, Identitäten oder Gesellschaftssphären in den Blick genommen werden muss. Die Beschreibung des Privaten für den Medienbereich verlangt eigene Kategorien. Im Zusammenhang der Identifizierung politischer Öffentlichkeiten wurde bereits eine Bestimmung von *politischer* öffentlicher Kommunikation vorgeschlagen.[101] Analog lässt sich private Kommunikation wie folgt bestimmen: Kriterium für die Bezeichnung von Medienkommunikation als privat ist erstens die beschränkte *Anzahl* der Kommunikationsteilnehmer/innen und zweitens der *Inhalt* der Kommunikation. Privat wäre in Bezug auf die Inhalte der Bereich von Kommunikation, der sich durch den Ausschluss von Themen von allgemeinwohlorientiertem Interesse definiert. In Bezug auf die Anzahl der Kommunizierenden kann die Kommunikation zu zweit ohne Beobachtung – wenn hier auch private Themen behandelt werden – als Form der reinen Privatkommunikation beschrieben werden.[102]

Das Private ist immer auch ein Teil der individuellen Lebensgestaltung, das sich öffentlich artikulieren kann. Insofern kann eine Fernsehsendung über das Zubereiten von Mahlzeiten der privaten Kommunikation zugeordnet werden, während ein Chat (der von anderen beobachtet werden kann) zum Thema Rente in den Bereich der politischen Kommunikation einer kleinen Öffentlichkeit fällt. Man kann also von Formen der öffentlichen Privatkommunikation sprechen, wie

v. Alan Wolfe), Chicago/London 1997, 1–42, 19]. Diese Beschreibung hebt jedoch eher ab auf die Unterscheidung zwischen Gesellschaft und Gemeinschaft und erlaubt analytisch keine Unterscheidung zwischen Privatsphäre und Öffentlichkeit, vielmehr geht es um eine Betonung der normativen Bedeutung beziehungsweise Disziplinierungseffekte von Öffentlichkeit, die im Zusammenhang der vorliegenden Arbeit unter den Funktionen der sozialisierenden Öffentlichkeit beschrieben wurden.

101 Vgl. Kapitel *2.5.2. Öffentlichkeit als Handlungsraum.*

102 Vgl. Kapitel *2.1. Konzepte öffentlicher Kommunikation.*

dies Richard Sennett zum Beispiel dem Sinne nach ausführlicher unter dem Titel »Die Tyrannei der Intimität« in einer sozialgeschichtlichen Herleitung getan hat.

In einer allgemeinen, auch für den Medienbereich gültigen Bestimmung, zeichnet sich Privatheit aus als *Kontrolle* über den Informationszugang in Bezug auf personenbezogene Daten. Dies ist ein Aspekt, den auch Beate Rössler zentral mit dem Privatheitsbegriff verbindet »... als privat gilt etwas dann, wenn man selbst den Zugang zu diesem ›etwas‹ kontrollieren kann.«[103] Der Begriff des Privaten kennzeichnet den Ausschluss verschiedener Personenkreise von der Kenntnisnahme bestimmter Bereiche und Daten eines individuellen Lebenszusammenhangs. Die Bestimmungen dieser Bereiche und Daten sind veränderbar im Kontext der jeweiligen sozialgeschichtlichen, kulturellen und rollenspezifischen Rahmenbedingungen.

Spätestens mit der Studentenbewegung 1968 begann eine Problematisierung der Tabuisierung der Privatsphäre. Vor allem die Verheimlichung der individuellen Beteiligung an der NS-Diktatur der damaligen Elterngeneration gegenüber ihren eigenen Kindern, die Problematisierung eines repressiven Geschlechterverhältnisses und der als illegitim empfundene Autoritätsanspruch von Öffentlichkeitsbereichen wie Politik, Verwaltung, Kirche und Universität führten zu einer kritischen Beobachtung des Privaten als Dispositiv und Ermöglichungsgrund der herrschenden Machtverhältnisse. Der auch von der Frauenbewegung mit dem Slogan »Das Private ist politisch« begleitete Trend zu einer Veröffentlichung des Privaten erfuhr über die Jahrzehnte zahlreiche Modifizierungen und insgesamt eine Entpolitisierung. Mit der Vervielfältigung der Massenmedien im Zuge der Digitalisierung und dem kommerziellen Druck, neue Sendeformate erfolgreich zu platzieren, rückte die Privatsphäre unter neuen Vorzeichen in den Blick. Container Shows, Doku-Soaps, bestimmte Talkshows und phasenweise der so genannte Pop-Journalismus bezeugen den Trend zu einer Ästhetisierung des Alltäglichen, aber auch die Lust an einem durch Sitten und Konventionen nicht eingeschränkten Voyeurismus.

Verstärkt, aber auch wiederum neu gewendet, wurde dieser Trend durch eine zunehmende Individualisierung der Mediennutzung. Dieser Trend bezieht sich nicht nur auf das Interesse der Massenmedien an individuellen und privaten Belangen, sondern ebenso auf die *selbstständige* individuelle Nutzungsperspektive eines neuen Spektrums von Medientechniken. Mit der Popularisierung des Internet Mitte

103 Rössler, Der Wert des Privaten, 23. Vgl. auch Philip Brey, The Importance of Workplace Privacy, in: S. Hansson & E. Palm, The Ethics of Workplace Privacy, Bern u. a. 2005, 97–118, 100.

der 1990er Jahre wurde es dem oder der Einzelnen möglich, aktiv an einem öffentlichen und sogar weltweiten Mediengeschehen teilzunehmen. Wie ausgeführt kennzeichnen private Homepages, Weblogs und öffentliche Chats eine Individualisierung des Zugangs zu öffentlichen Kommunikationsmitteln, der die Privatisierung der Mediennutzung unterstützt und modifiziert. Mit der Individualisierung oder auch Personalisierung[104] des Mediengebrauchs gerieten zu Beginn des neuen Jahrtausends mit dem Internet und den neuen Technologien des Ubiquitous Computing[105] zusätzlich solche Aspekte in den Blick, die die *subjektive* Seite der Mediennutzung beleuchten. Das heißt, im Vordergrund steht hier nicht länger der öffentliche Charakter der Mediennutzung, sondern individualisierte Nutzungsanforderungen und Nutzungsbedürfnisse, die im Unterschied zu Telefon oder Brief aber trotzdem in den Raum der öffentlichen Kommunikation hineinreichen. Interaktive Kommunikationstechniken werden zunehmend zum selbstverständlichen Bestandteil des Privatbereichs, behalten aber ihre Vernetzung mit der Allgemeinheit, durch welche die Funktion von Medien als »Fenster zur Welt« erst gewährleistet ist.

Gleichzeitig mit der Individualisierung der Mediennutzung ist eine Privatisierung des öffentlichen Raums zu beobachten. Die Massenmedien sind in einem zunehmenden Maße durch personenbezogene und private Themen gekennzeichnet, interaktive Medien flankieren diese Entwicklung, indem sie das Öffentliche als das Allgemeine, allen gemeinsam Zugängliche und alle gemeinsam betreffende zunehmend zergliedern und seine Gemeinschaft stiftende Funktion in Frage stellen. An der Akzeptanz und Verbreitung von privaten Homepages, Weblogs

104 Obwohl man die Begriffe Individualisierung und Personalisierung unterscheiden kann einerseits in Bezug auf den Menschen als einzelnem (Individualisierung) und andererseits in Hinblick auf eine allgemeine Rollenerfüllung (Personalisierung) werden die Begriffe zumeist synonym verwendet. Insbesondere in der englischsprachigen Literatur wird der Begriff »personalised« häufig genutzt, wenn es nach dem deutschsprachigen Verständnis eher um »individualisiert« geht. In anderen Zusammenhängen, zum Beispiel in Bezug auf ethische Probleme des Lebensanfangs- oder endes, steht der Personbegriff hingegen für Selbstbewusstsein und Selbstbestimmungsfähigkeit. Auch Ulrich Beck verwendet ihn in Bezug auf seine Theorie der Individualisierung in diesem Sinne: »Viele assoziieren mit ›Individualisierung‹ Individuation gleich Personwerdung gleich Einmaligkeit gleich Emanzipation« (Ulrich Beck, Risikogesellschaft. Auf dem Weg in eine andere Moderne, Frankfurt am Main 1986, 207).

105 Der Vision von Informations- und Kommunikationstechniken, die allgegenwärtig und jederzeit in instrumentierten Umgebungen oder mobilen Computern zur Verfügung stehen.

und anderen Nutzungsoptionen unter dem Etikett Web 2.0. wie auch der weit verbreiteten Sorglosigkeit in Bezug auf den Datenschutz lässt sich ablesen, dass der traditionelle Schutz der persönlichen Privatsphäre allgemein an Bedeutung verloren hat. Die Trennungslinie zwischen öffentlich und privat liegt zunehmend in der Verantwortung der betroffenen Personen. »Es gibt also nicht ›das Private‹ und ›das Öffentliche‹ an sich, auch nicht genuin ›private Orte‹ oder ›öffentliche Orte‹, sondern private und öffentliche Adressierungen…« hat Jo Reichertz treffend in Bezug auf die Big-Brother-Shows formuliert.[106]

Es drängt sich der Eindruck auf, dass die Entstehung neuer Formate in den Massenmedien wie auch dem Internet selbst schon Ausdruck eines gewandelten gesellschaftlichen Stellenwertes der Privatsphäre sind, dessen Neubestimmung durch eben diese Produktions- und Kommunikationsformen noch weiter vorangetrieben wird. Die Tragfähigkeit traditioneller Begriffe des Privaten steht in Anbetracht aktueller und zukünftiger Technologieentwicklungen auf dem Prüfstand. Der freie und individualisierte Umgang mit Informations- und Medientechniken steht häufig im Widerspruch zum Recht des Einzelnen auf Privatheit und informationelle Selbstbestimmung.

Die Bestimmung der Reichweite des Privaten hat eine Reihe von normativen und rechtlichen Folgen. Die Geschichte des Konflikts des Rechts auf freie Presse- und Rundfunkberichterstattung mit anderen Rechtsgrundsätzen, insbesondere dem Persönlichkeitsrecht und dem Ehrenschutz, ist aus den zahlreichen Urteilen des Bundesverfassungsgerichts abzulesen.[107] Der Öffentlichkeitscharakter der demokratischen Gesellschaften ist gleichzeitig auch eine Bedrohung für den Schutz der Person. Der Schutz der persönlichen Ehre und der Schutz der Privatsphäre ist insofern ein weitgehend unkontroverser Bestandteil der Medienethik und Grundlage vieler medienrechtlicher Vorgaben.

In den Medien ist der traditionelle Schutz der Privatsphäre etwa den Wohnbereich, die Familie, persönliche Daten und Einstellungen betreffend jedoch oftmals außer Kraft gesetzt. Während der Schutz der Privatsphäre in der lebensweltlichen sozialen Interaktion über Verhaltensregeln, Rollenmodelle und Tabuzonen weiterhin bestehen bleibt, existiert eine mediale Parallelwelt, in der diese Standards, zumindest in vielen Gattungen und Formaten, nicht gelten. Hier ist insofern ein Bruch zwischen der Ebene der Beobachtung der Medienöffentlichkeit einerseits und den Aspekten der individuellen Sozialisierung anderer-

106 Jo Reichertz, Masken des Authentischen, oder: Die Rückkehr des öffentlichen Menschen?, *medien praktisch: texte* Sonderheft, 4/2001, 16–26, 19.
107 Vgl. Ricker/Schiwy, Rundfunkverfassungsrecht.

seits festzustellen. Zu erklären ist diese nur scheinbare Inkonsistenz mit einer Differenzierung der Verhaltenskodizes in Massenmedien und Internet auf der einen Seite und der unmittelbaren lebensweltlichen Umgebung auf der anderen. Programmformate und Genres geben einen Rollenstandard vor, der in diesem spezifischen Rahmen die Absehung von alltäglichen Verhaltensnormen ermöglicht, wenn nicht sogar aufwertet.[108] Medienkompetentes Verhalten zeigt sich in diesem Zusammenhang einerseits durch die Fähigkeit, medienspezifische Rollenmuster als Theatralisierungen von denjenigen Bereichen öffentlicher Kommunikation zu trennen, die als öffentliche Meinung allgemeingültige medienexterne Verhaltensweisen und Bewertungsstandards prägen. Andererseits zeigt sich Medienkompetenz darin, die Verwechslung von Rollenanforderungen durch ein gelingendes Identitätsmanagement zu vermeiden. Insofern sind kritische Äußerungen zur Eliminierung der Privatsphäre durch eine wachsende Anzahl von Darstellungen aus dem Privatbereich in den Medien in Frage zu stellen,[109] denn es ist bislang nicht zu beobachten, dass lebensweltliche Konventionen im direkten interpersonalen Umgang an die niedrige Hemmschwelle der Medienindustrie und der entsprechenden Internetformate angepasst werden.[110]

Der Schutz der individuellen Privatsphäre scheint durch die Massenmedien nur in einem geringen Maße bedroht zu sein, die interaktiven Medien jedoch nehmen einen bedeutenderen Einfluss auf die persönlichen Dimensionen von Privatheit. In Bezug auf die individualisierte Mediennutzung und Informationsspeicherung ist häufig von einer quasi unvermeidlichen Reduktion des Schutzes privater Daten die Rede.[111] Innerhalb von Kommunikationswissenschaft und -ethik beschäftigt sich ein Forschungsstrang mit dem Begriff des Panopticons (beziehungsweise auf deutsch, aber hier sinnentstellend »Panoptikum«). Das Panopticon steht für den Gedanken, dass in Gesellschaften mit allgegenwärtiger Medienpräsenz ein hohes Potenzial für eine gegenseitige Überwachung besteht. Aus der Überwachung folge eine Veränderung des Verhaltens und gegebenenfalls eine Selbstdisziplinierung. Diesen angenommenen Effekt der Selbstdisziplinierung durch ein Gefühl

108 Vgl. Kapitel 2.3.1.2. *Öffentlichkeitseffekt und Orientierungswissen.*

109 Vgl. Joshua Meyrowitz, Post-Privacy America, in: Weiß/Groebel (Hg.), Privatheit im öffentlichen Raum, 153–206; Weiß, Vom gewandelten Sinn für das Private, 82.

110 Vgl. zu dieser Problematik auch Rössler, Wert des Privaten, 318f.

111 Vgl. Alexander Roßnagel, Das rechtliche Konzept der Selbstbestimmung in der mobilen Gesellschaft, in: J. Taeger/A. Wiebe (Hg.), Mobilität – Telematik – Recht, Köln 2005, 53–75.

der Überwachung hatte ursprünglich der Philosoph Jeremy Bentham im Zusammenhang seiner Überlegungen zur Reform des Strafrechts mit seiner Idee von einem idealen Gefängnisbau, dem Panopticon, aufgenommen. Das Panopticon ist eine sternförmig angelegte Gefängnisanlage. Die Gefängniswärter sind so positioniert, dass sie jederzeit alle Insassen beobachten könnten, aber selbst für die Gefangenen nicht sichtbar sind. Das Gefühl der ständigen Überwachung sollte bei den Gefangenen regelkonformes Verhalten herbeiführen, bei gleichzeitiger Minimierung des Aufwands für die tatsächlich stattfindende Überwachung.[112] Michel Foucault hat die Idee des Panopticons aufgegriffen und das Gefühl der Überwachung als wichtiges Prinzip zur Selbstdisziplinierung des Menschen in liberalen Gesellschaften interpretiert.[113] In der zu erwartenden Weiterentwicklung der Netzwerkkommunikation zu einem »Internet der Dinge«[114] im Rahmen des Ubiquitous Computing wird dieser Effekt der allgegenwärtigen Beobachtung positiv gewendet und als allgegenwärtige Assistenz als akzeptanzfähig betrachtet. Aus der Verbindung von Kontrolle und Assistenz in einer intelligenten Umgebung sind parasoziale Interaktionsformen der Mediennutzer/innen zu erwarten, die nicht nur Disziplinierungseffekte induzieren, sondern Verhaltensänderungen »positiv«, frei gewählt hervorbringen. Das heißt, Technik-anthropomorphe Verhaltensweisen nehmen zu und eine medialisierte, intelligente Umgebung erscheint als

112 Vgl. Jeremy Bentham, Panopticon: or, the Inspection-House: Containing the idea of a new principle of construction applicable to penitentiary-houses, prisons, houses of industry, work-houses, poor-houses, manufactories, mad-houses, hospitals, and schools. With a plan of management adapted to the principle. In a series of letters, written 1787, from Crecheff to a friend in England. Dublin, Thomas Byrne, 1791 (http://cartome.org/panopticon1.htm, http://cartome.org/panopticon2.htm).

113 Vgl. Michel Foucault, Überwachen und Strafen. Die Geburt des Gefängnisses, Frankfurt am Main 1977. Ausführlicher zur Diskussion der Literatur zum Panopticon, vgl. Michael Nagenborg, Privatheit unter den Rahmenbedingungen der IuK-Technologien. Ein Beitrag zur Informationsethik, mit einem Vorwort von Helmut F. Spinner (Studien zur Wissensordnung, Band 3), Wiesbaden 2005, 133–162; Reg Whitaker, Das Ende der Privatheit. Überwachung, Macht und soziale Kontrolle im Informationszeitalter, übs. v. Inge Leipold, München 1999; J. Reiman, Driving to the Panopticon: A Philosophical Exploration of the Risks to Privacy Posed by the Information Technology of the Future, in: Beate Rössler (Hg.), Privacies. Philosophical Evaluations, Stanford 2004, 194–214.

114 Vgl. Elgar Fleisch/Friedemann Mattern (Hg.), Das Internet der Dinge. Ubiquitous Computing und RFID in der Praxis: Visionen, Technologien, Anwendungen, Handlungsanleitungen, Berlin/Heidelberg 2005.

generalisierter Anderer[115], als eine virtuelle Bezugsgruppe nach dem der oder die Einzelne das Verhalten ausrichtet.

Kritiker einer panoptischen Mediengesellschaft betonen die durch Überwachung hervorgerufene wahrscheinliche Einschränkung des individuellen Verhaltens, während in anderen Positionen hervorgehoben wird, dass soziale Kontrolle ohnehin (und auch aus guten Gründen stattfinde) und sich nur als Problem der Legitimation darstelle. Überdies sind in interaktiven Kommunikationsstrukturen, die nicht wie Benthams Modell a priori auf ein Machtgefälle beziehungsweise auf eine einseitige Beobachtungsmöglichkeit aufgebaut sind, für die einzelnen Mediennutzerinnen und -nutzer auch mehr Möglichkeiten zur *gegenseitigen* Kontrolle gegeben. Mit anderen Worten: auch die Beobachter von Kommunikation können in interaktiven Kommunikationsnetzwerken selbst wieder kontrolliert werden.[116] So kann bei einer generellen Gleichheit der Kontrollmöglichkeiten Transparenz und nicht etwa Fremdbestimmung in den Vordergrund treten.

Zu diskutieren ist in diesem Zusammenhang auch die identitätsstiftende Rolle der Beobachtung und Wahrnehmung durch Andere. In den Ausführungen zum Begriff der beobachtenden Öffentlichkeit wurde bereits darauf hingewiesen, dass öffentliche Kommunikation – insbesondere in Form der öffentlichen Meinung – als Orientierungsgröße der persönlichen Individualisierung und Identitätsausbildung fungiert. In Bezug auf Gruppenidentitäten beziehungsweise der Repräsentierung und Artikulation von Gruppeninteressen im öffentlichen Diskurs wurde bereits im Rahmen der Thematisierung des Fragmentierungsbegriffs erwähnt, dass die Wahrnehmbarkeit verschiedener Teilöffentlichkeiten eine unabdingbare Voraussetzung zur Teilnahme am politischen Diskurs ist. Sichtbarkeit und Wahrgenommen werden sind somit wichtige Voraussetzungen für die Ausbildung von Individual- und Gruppenidentitäten, deren Wert gegenüber einem rigiden Schutz der Privatsphäre in der Mediennutzung abgewogen werden müssen.[117] David J. Phillips etwa betont die positive Bedeutung der Identifizierung:

115 Zum Begriff »generalized other« vgl. Mead, Mind, self and society.

116 Vgl. zu diesem Punkt auch Nagenborg, Privatheit unter den Rahmenbedingungen der IuK-Technologien, 133ff. Aufsehen erregen in diesem Zusammenhang immer wieder Hacker (vgl. Nagenborg, 157ff.), aber auch informationstechnisch induzierte Leitideen wie die »gläserne Verwaltung« stehen in diesem Kontext.

117 David J. Phillips hat den Zusammenhang von Identitätsausbildung und Kommunikation für Pseudonymisierungen in der Internetkommunikation ausgeführt und hält fest: »In short, pseudonymity software is informed by a politics of heroics rather than of community« (D.J. Phillips,

> ... visibility is not always detrimental to individuals and social groups. The construction of identity, the naming of a group, the claiming of membership in a group, the representation and dissemination of knowledge of the group, is a strategy of political power. The political (and epistemological) question is not whether individuals are known and typified. We always are. Rather, it is a question of how individuals are known and typified – by whom, to whom, as what, and toward what end we are made visible.[118]

Insofern ist die Möglichkeit zum Verbergen persönlicher Daten etwa durch Verfahren wie Anonymisierung und Pseudonymisierung oder zur Wahrung von Konventionen für die thematische Tabuisierung von Privatbereichen in der Medienkommunikation zwar eine notwendige, jedoch keine hinreichende Voraussetzung zur Wahrung einer nicht bloß defensiv, datenschutzrechtlich verstandenen Privatsphäre. Der Begriff des Privaten setzt an dieser Stelle an bei der liberal-demokratischen Entgegensetzung der Privatsphäre einerseits und des ökonomischen und staatlichen Bereiches andererseits.[119] Er schließt an die emanzipatorischen Erwartungen an, die mit dem Internet in Bezug auf Pluralismus, Mitbestimmung und Selbstorganisation verbunden sind. Wichtig für einen solchermaßen verstandenen Begriff von Privatsphäre ist die Schaffung von Voraussetzungen zur Etablierung eines Medienhandelns, dass die Bildung von sozialen und kulturellen Identitäten, persönlichen Netzwerken und Erfahrungsräumen in Absehung von ökonomischen oder staatlichen Vorgaben erlaubt.

> Als »Privatleute« machen sie [die Bürger/innen, J.H.] gegenüber den versachlichten Gesetzen des Marktes und der verselbstständigten bürokratischen Apparatur des Staates den Anspruch auf Teilhabe an der Gestaltungsmacht der öffentlichen Gewalt geltend. Sie führen so den Eigensinn der in privater Lebensführung entspringenden Erwartungen in die Verhandlung über das »Öffentliche« ein.«[120]

Negotiating the Digital Closet. Online pseudonymity and the politics of sexual identity, *Information, Communication & Society* 5/3, 2002, 406–424, 406).

118 David J. Phillips, From Privacy to Visibility. Context, Identity, and Power in Ubiquitous Computing Environments, *Social Text* 83, Vol. 23, No. 2, 2005, 95–108, 95.

119 Habermas nennt diesen Bereich auch »nicht-vermachtete Öffentlichkeit«, in dem sich private Autonomie und politische Willensbildung als zwei Ausfaltungen der bürgerlichen Gesellschaft Geltung verschaffen können. Zur Entstehungsgeschichte einer in diesem Sinne Privatisierten bürgerlichen Gesellschaft vgl. Habermas, Strukturwandel der Öffentlichkeit, 142ff.

120 Weiß, Vom gewandelten Sinn für das Private, 32.

In Bezug auf einen Vergleich der Konsequenzen für das Verständnis von Privatheit in der Nutzung des Fernsehens einerseits und den Online-Medien andererseits lässt sich also festhalten:

Zum einen, der Wunsch nach der Existenz von Privatheit beruht auf dem Idealbild des autonomen Individuums, das sowohl für den Wertekatalog moderner Demokratien in ihrer faktischen Erscheinungsform als Massenmediengesellschaften wie auch für die Internetnutzung vorherrschend ist.

Zum anderen, es ist zu unterscheiden zwischen dem Schutz und der Herstellung von Privatheit. Während der *Schutz* der Privatheit insbesondere für die Wahrung der Integrität der Person von Bedeutung ist, zielt eine Kombination von Schutzansprüchen und Verfahren zur *aktiven Herstellung* eines Privatbereichs auf die gesellschaftspolitische Bedeutung der Privatsphäre als Raum einer lebensweltlichen Ressource zur Kontrolle administrativer und ökonomischer Macht. Das Handeln mit apparativen Medien steht dementsprechend vor einer doppelten Verantwortung. Erstens geht es um eine Wahrung der persönlichen Integrität über Verhaltenskodizes für die Berichterstattung und Fernsehunterhaltung sowie Pseudonymisierungs- oder Anonymisierungsverfahren für die Internetkommunikation. Zweitens geht es um die (institutionell verankerte) Herstellung gesicherter und unabhängiger Nutzungsmöglichkeiten von Medien für die Angelegenheiten der lebensweltlichen Privatsphäre zur Garantie ihrer *Reproduktions*fähigkeit (zum Beispiel in Hinsicht kultureller Identitäten) wie auch ihrer *Artikulations*fähigkeit im Diskurs sozialer und politischer Geltungsansprüche.

4. Interaktivität, Individualisierung und Öffentlichkeit

In diesem Kapitel wird im Anschluss noch einmal gesondert nach den beiden aus normativer Perspektive besonders bedeutenden Vorstellungen in Hinsicht auf mediale Interaktivität gefragt. Wie verhalten sich als eben solche Individualisierung und Freiheit zueinander, und wie verhält sich Öffentlichkeit zu den Autonomieansprüchen interaktiver Mediennutzung? Dabei soll gezeigt werden, dass der emanzipatorische Anspruch des Öffentlichkeitsbegriffs wie auch der Selbstbestimmungsanspruch der oder des Einzelnen nicht alleine durch eine individualisierte Mediennutzung eingelöst werden kann.

4.1. Individualisierung und Autonomie

Die Individualisierung der Mediennutzung wird erneut differenziert nach den Aspekten Privatisierung und Autonomisierung. Die Konzentration auf den Einzelnen in den interaktiven Medien ist ambivalent, da die angestrebte Entfaltung des Individuums einer strukturellen Förderung des Eigennutzgedankens gegenübersteht, der selbst wieder der Schaffung eines Höchstmaßes an Freiheit für Alle entgegenläuft. Es muss unterschieden werden zwischen einer freiheitlichen Individualisierung, gekennzeichnet durch die Attribute selbstbestimmt, einmalig und kreativ, und einer repressiven Individualisierung, charakterisiert durch Standardisierung und die Abhängigkeit von entfremdeten Strukturen. Verschiedene Weisen der Internetnutzung verwirklichen freiheitliche beziehungsweise repressive Formen der Individualisierung. Einerseits erfährt der oder die Einzelne durch die aktive Teilhabe am Mediengeschehen eine Erweiterung der Handlungs- und Kommunikationsmöglichkeiten. Andererseits stellt sich Individualität im Internet häufig mit Hilfe von Angleichungen in Form von Verweisen oder vereinheitlichenden Nutzeroberflächen dar. Der Begriff der Privatisierung kann mit G. Anders auch als Weise, Welt als scheinvertraute zu erfahren, beschrieben werden. Mehr noch als die Massenkommunikation führt die Netzwerkkommunikation zu einer Normalisierung des Scheinvertrauten. Um die Totalisierungstendenzen medialer Wirklichkeitserfahrung zu kompensieren, aber auch um dem Ort und seinen spezifischen Anmutungsqualitäten Geltung zu verschaffen ist – neben der Pluralität auf Ebene der Meinungsbildung – eine Pluralität der Erfahrungsweisen an sich zu fordern. Ein Recht auf kommunikative Selbstbestimmung begründet die Freiheit, sich fremder Kommunikation zu verweigern. Mit der Schaffung Informationstechnik-Freier Bereiche erfährt dieser Grundsatz eine positive Erweiterung. Dabei geht es nicht darum, im Sinne einer Entfremdungstheorie die Medienerfahrung als Ganze zu negieren, sondern darum, informationstechnischen Totalisierungstendenzen durch differente Reflexionsperspektiven zu begegnen.

> Wider den Willen ihrer Lenker hat die Technik die Menschen aus Kindern zu Personen gemacht. Jeder solche Fortschritt der Individuation aber ist auf Kosten der Individualität gegangen, in deren Namen er erfolgte, und hat von ihm nichts übriggelassen als den Entschluß, nichts als den je eigenen Zweck zu verfolgen.[1]

Horkheimer und Adorno spielen an auf ein Problem der Individualisierung, dass grundlegend mit dem der Konstituierung von Subjektivität zusammenhängt. Was ist das je eigene und besondere und insofern Individuelle eines Menschen und was ist Ausdruck seiner bloßen Reaktion in Bezug auf gegebene Kontexte? Aus einer gesteigerten, Individualität negierenden Position wie sie etwa Biologisten vertreten, wäre sogar nur noch von der Erfüllung eines durch Kontexte gesteuerten Rollenspektrums, nicht aber von einer Ausbildung individueller Identität in einer Wechselbeziehung von Selbst und Kontext zu sprechen. Der Gedanke der Individualität jedes Menschen beinhaltet vor allem ein normatives Ideal: das der Selbstzweckhaftigkeit des Menschen und seiner Fähigkeit, sich selbst zu bestimmen. Die Freiheit zur Individualisierung wird in der Regel auch als Indiz und Ermöglichungsgrund für eine freiheitliche Gesellschaftsordnung, für Wahl- und Handlungsfreiheit gewertet. Horkheimer und Adorno verdeutlichen jedoch die Ambivalenz dieser Konzentration auf den Einzelnen, wenn sie indirekt andeuten, Selbstzweckhaftigkeit sei zu dem bloßen Verfolgen der eigenen Zwecke depraviert.

Analytisch ist zwischen zwei Formen der Individualisierung zu unterscheiden. Zum Einen das Ideal der *freiheitlichen Individualisierung*, mit den hiermit verbundenen Wertvorstellungen selbstgesetzgebend, einmalig und kreativ – und zum Anderen eine vor diesem Hintergrund *als repressiv zu beschreibende Individualisierung*, die durch Abhängigkeit von entfremdeten Strukturen und Standardisierung gekennzeichnet ist. Der Soziologe Ulrich Beck beschreibt die Standardisierung als

1 Max Horkheimer/Th. W. Adorno, Kulturindustrie. Aufklärung als Massenbetrug, in: Dies., Dialektik der Aufklärung. Philosophische Fragmente, Frankfurt am Main 1993, 164.

eine neue Art der sozialen Einbindung, nachdem das Individuum die Herauslösung aus historischen Sozialformen und traditionalen Sicherheiten erfahren hat.[2]

> [Die] Ausdifferenzierung von »Individuallagen« geht aber gleichzeitig mit einer hochgradigen *Standardisierung* einher. Genauer gesagt: *Eben die Medien, die eine Individualisierung bewirken, bewirken auch eine Standardisierung.* Dies gilt für den Markt, Geld, Recht, Mobilität, Bildung usw. in jeweils unterschiedlicher Weise. Die entstehenden Individuallagen sind durch und durch *(arbeits)marktabhängig*. [...] Sie entstehen in der *durchgesetzten* Markt- und Arbeitsmarktgesellschaft, die traditionale Versorgungsmöglichkeiten nicht oder kaum kennt.[3]

Nicht nur Steuerungsmedien wie Markt, Geld oder Recht sind starke Kontexte, nach denen der und die Einzelne ihren oder seinen individuellen Lebensentwurf ausrichten muss, seit dem 20. Jahrhundert sind die apparativen Kommunikationsmedien unausweichliche Projektionsfläche der Individualisierung. Anders als die von Beck genannten Handlungsräume standen die Massenmedien jedoch von Anfang an unter dem Verdacht der kulturellen Standardisierung und der ideologischen Gleichschaltung.

Warum verspricht nun das Internet im Unterschied zu den Massenmedien so große individuelle Freiheiten? Weil das Medium durch seine Nutzerinnen und Nutzer aktiv gestaltet werden kann, weil für jede und jeden das Angebot selbst zusammenzustellen ist und weil es theoretisch weltweit zur Verfügung steht. Interaktivität erlaubt die aktive Gestaltung der Medien gemäß der individuellen Vorlieben, der persönlichen Mobilität oder des Zeitbudgets in einem weit höheren Maße als es durch die herkömmlichen Massenkommunikationsmittel bislang der Fall war.

Ulrich Beck fand Mitte der 1980er Jahre große Aufmerksamkeit mit seiner Diagnose von der fortschreitenden Individualisierung der Gesellschaft. Axel Honneth reagierte darauf mit einer kritischen Differenzierung des Begriffs Individualisierung. Zu diesem Zweck führte er die Unterscheidungen Individualisierung, Privatisierung und Autonomisierung ein. Hinzuzufügen ist dem Begriffstrias aus Perspektive der Medienforschung der Begriff »Demassification« (»Entmassung«), der

2 Vgl. Ulrich Beck, Risikogesellschaft. Auf dem Weg in eine andere Moderne, Frankfurt am Main 1986, 206.

3 Beck, Risikogesellschaft, 210. Beck verweist in diesem Zusammenhang auf die Arbeiten G. Simmels, die zeigen, dass Geld individualisiert wie auch standardisiert. Die Theorien zur Individualisierung korrespondieren hier denen zur Entstehung der Privatsphäre aus der freien Marktwirtschaft und dem Recht auf Privateigentum.

in der englischsprachigen Literatur verwendet wird, um das Phänomen der Individualisierung aus der Warte institutioneller und politischer Veränderungen durch die interaktiven Medien zu beschreiben.[4] Geknüpft ist daran beispielsweise die Erwartung staatlicher Dezentralisierung und neuer Mitbestimmungsmöglichkeiten durch die Neuen Medien: »Accelerating demassification creates the potential for vastly increased human freedom.«[5]

Honneth versteht unter Individualisierung »die fortschreitende Differenzierung von Lebenslagen auf dem Weg einer institutionellen Erweiterung von individuellen Entscheidungsspielräumen.«[6] Privatisierung hingegen umschreibt Honneth mit Vereinzelung und führt aus: »[Darunter] wäre jener soziokultureller Vorgang zu verstehen, der auf dem Weg einer Zerstörung von intersubjektiv erlebbaren Gemeinschaftsbezügen die Individuen ihrer gesicherten Sozialkontakte beraubt und somit zunehmend voneinander isoliert...«[7] Während die Begriffe Individualisierung und Privatisierung Versuche einer Beschreibung moderner Lebensverhältnisse sind, kommt mit dem Begriff der Autonomisierung ein normativer Aspekt ins Spiel. Hieran knüpft sich der Sollensanspruch einer Selbstbestimmung des Lebensweges, der nach Honneth wie Beck auch im Zeitalter der Individualisierung keineswegs gleichsam automatisch gegeben sei. Im Gegenteil könne gerade die Isolierung des Subjekts seine Abhängigkeit von institutionellen und kommerziellen Gegebenheiten noch erhöhen.

Im Folgenden soll skizziert werden, auf welche Weise das Internet neue Impulse in Hinblick auf Individualisierung und Privatisierung setzt. Ausführlicher soll anschließend diskutiert werden, inwiefern die digitalen Datennetze durch ihre Nutzerinnen und Nutzer Mittel einer individuellen Autonomisierung sein können (Kapitel 4.2. *Eine freiheitliche Individualisierung braucht Öffentlichkeit*). Die in den Sozial- und Medienwissenschaften und bei Internetaktivisten diskutierte Erwartung einer Demassification wird nicht weiter aufgegriffen, da es sich zum einen um eine politisch-infrastrukturelle Fragestellung handelt, die zum anderen vor dem Hintergrund wirtschaftlicher und staatlicher Zentralisierungstendenzen zunehmend unwahrscheinlich erscheint.

Individualisierung bedeutet in Bezug auf das Internet Spezialisierung und Partikularisierung von Medienrezeption und -produktion. Eine

4 Vgl. zum Beispiel Denis McQuail, Mass Communication Theory. An Introduction, London/Thousand Oaks/New Delhi, third edition 1987, 87.

5 Toffler u. a., The Magna Carta for the Knowledge Age, 2.

6 Axel Honneth, Desintegration. Bruchstücke einer soziologischen Zeitdiagnose, Frankfurt am Main 2. Aufl. 1995, 24.

7 Ebd., 25.

Erweiterung seiner Handlungs- und Kommunikationsmöglichkeiten, wie Honneth und Beck sie als charakteristisch für Individualisierung beschreiben, erfährt das Individuum durch die Institutionalisierung der aktiven Teilhabe an der neuen Medientechnik. Eine herausragende Aufgabe des herkömmlichen Rundfunks liegt in der gesellschaftlichen Integration des Individuums. Hörfunk und Fernsehen sollen gesellschaftliche Teilhabe und demokratische Partizipation ermöglichen. Die Herausforderung des einzelnen Internetnutzers besteht dagegen umgekehrt darin, die Netzkommunikation sinnvoll in das eigene Leben zu integrieren, um auf diese Weise eine Ausweitung seiner medialen oder medienexternen Handlungsoptionen zu erlangen. Das kann auf der einen Seite bedeuten, die Anschlussfähigkeit der Netzkommunikation an netzexterne Umwelten herzustellen, zum Beispiel als aktiver oder passiver Informationsservice, als E-Mail-Kommunikation oder als Telearbeitsplatz. Führt man sich die Pluralität der Online-Medien und die vielfältigen eigenen Handlungsmöglichkeiten vor Augen, so bietet das Internet sicher einen Beitrag zur Individualisierung in Form einer fortschreitenden gesellschaftlichen Differenzierung und der Erweiterung persönlicher Handlungsspielräume. Andererseits ist auch das Internet nicht gegen die Einwände der radikalen Medien- und Kulturkritik gefeit in Bezug auf einen freiheitlichen (und wohl utopischen) Individualisierungsbegriff.[8] Auch das Internet standardisiert Individualität nach Maßgabe seiner Gattungen und technischen Funktionsformen. Die Internet-typischen Auftritte mit Linksammlungen, Gästebüchern und andauernden Aktualisierungen scheinen dazu geeignet, das Individuelle als *das per definitionem Unvergleichliche* unkenntlich zu machen, also Pseudo-Individualitäten anzulegen. Hier kann man insofern von einer Standardisierung, die gerade mit Hilfe der interaktiven Formate das Ich als Knotenpunkt von Beziehungen zeigt, sprechen. «... nur dadurch, daß die Individuen gar keine sind, sondern bloße Verkehrsknotenpunkte der Tendenzen des Allgemeinen, ist es möglich, sie bruchlos in die Allgemeinheit zurückzunehmen«[9] bemerken Horkheimer und Adorno zum Kult der Individualität in den Massenmedien und treffen damit auch die Standardisierungsformen der Online-Kommunikation.

Wie bereits erwähnt beschreibt Honneth *Privatisierung* als Vereinzelung und Lösung von sozialen Gemeinschaften. Schon mit dem Aufkommen der populären Romanlektüre im 18. Jahrhundert war »soziale Isolation« ein übliches Stichwort der Medienkritik. Der Rückzug in

8 Wie im Übrigen zumindest bei Adorno und Horkheimer aufgrund der Anlage der Kritik als absolute Negation, die ihre Ideale als Heuristik eines erlösten Denkens begreift, auch nicht zu erwarten ist.

9 Horkheimer/Adorno, Kulturindustrie, 164.

den privaten Medienkonsum als Ersatz für ein reales soziales Netzwerk wurde mit Hörfunk und Fernsehen nochmals attraktiver und etablierter.

Honneths Begriff der Privatisierung wird in Bezug auf die Massenmedien zum Beispiel getragen von dem Gründer der so genannten Cultural Studies, Raymond Williams. Er prägte 1974 den Begriff »mobile Privatisierung«.[10] Er beschrieb damit die auf den ersten Blick widersprüchliche Beobachtung, dass Mobilität Privatisierung erfordert und fördert. Williams beschrieb diese Tendenz unter dem Eindruck einer in den westlichen Gesellschaften damals zunehmenden Mobilität im beruflichen Bereich. Unter Privatisierung verstand Williams vor allem, (nach der Arbeit) zu Hause zu bleiben, weil entwurzelte Berufstätige und deren Familien in einer fremden Umwelt wenige Möglichkeiten zur Kontaktaufnahme haben. Soziale Kontakte – oder genauer: parasoziale Kontakte – müssen demzufolge über elektronische Massenmedien aufrechterhalten werden.

Auch Honneth greift mit seinem Privatisierungsbegriff nur einen negativ konnotierten Aspekt von Privatheit auf. Wie vorangehend erläutert, ist Privatheit jedoch ein konstituierender Bestandteil gelingender Identitätsausbildung einerseits und freiheitlicher Gesellschaftsordnungen andererseits. Vor dem Hintergrund einer allgemeinen Bestimmung des Privaten als *Kontrolle* über den Zugang zu personenbezogenen Informationen kann man bei Honneths Verwendung des Begriffs von einer Kontrolle über den Zugang, die als Vereinzelung missglückt ist, sprechen. Dieser Begriff von Privatisierung ist für die Internetnutzung kaum zutreffend. Durch die aktive Nutzung des Internet werden Gemeinschaftsbezüge hergestellt und Kontakte gepflegt, wenn auch in der Regel nicht vor Ort. Vielmehr scheint für das Internet mehr noch als für das Fernsehen eine Diagnose von Günther Anders zutreffend zu sein, die zwar eine Nähe zu Honneths und Williams Privatisierungsbegriff hat, aber ihr Augenmerk auf *Veränderungen der Erfahrungsweise* in der Medienrezeption legt. Anders erkennt darin, dass »die Welt zu uns ins Haus kommt«[11] eine Verbiederung der Haltung der Rezipientinnen und Rezipienten zu einer eigentlich fremden Umwelt, indem sie durch das Fernsehen vertraut gemacht wird. Anders Begriff der Verbiederung geht aus dem der Verfremdung (oder synomym bei Anders auch Entfremdung) hervor. Analog zur Lösung des Individuums aus gewachsenen Gemeinschaftsbezügen ist auch der Entfremdungs-

10 Raymond Williams, Television, Technology and Cultural Form, London 1992.

11 Sinngemäßes Zitat, vgl. Anders, Welt als Phantom und Matrize, 110f.

prozess ein scheinbar unvermeidbarer Bestandteil der Entwicklung moderner Gesellschaften. Die Massenmedien reagieren darauf mit dem Versuch einer Kompensation:

> In der Tat besteht [die Hauptleistung der Verbiederung] darin, die Ursachen und Symptome der Verfremdung, deren ganze Misere, abzublenden; darin, den Menschen, den man seiner Welt, und dem man seine Welt entfremdet hat, der Fähigkeit zu berauben, diese Tatsache zu erkennen; kurz darin: der *Verfremdung eine Tarnkappe aufzustülpen, die Realität der Verfremdung zu verleugnen, um ihr dadurch die Straße für ihre hemmungslose Tätigkeit frei zu halten*; was sie dadurch bewerkstelligt, daß sie pausenlos die Welt mit Bildern von Scheinvertrautem bevölkert, ja die Welt selbst, einschließlich ihrer fernsten räumlichen und zeitlichen Regionen, als ein einziges riesiges Zuhause, als ein *Universum der Gemütlichkeit*, darbietet.[12]

Die auf das Internet bezogenen Metaphern »Global Village« oder »Weltgesellschaft« unterstreichen die Erwartung an das Internet, die Welt zu verkleinern, Nationen zusammen rücken zu lassen und das Entfernte vertrauter zu machen. Die interaktive Netzwerkkommunikation kann zu einer Normalisierung des Scheinvertrauten führen, die aufgrund ihrer mobilen und allgegenwärtigen Anwendungsformen für das alltägliche Handeln und die individuelle Orientierung ein höheres Ausmaß annimmt als die Massenmedienkommunikation. Joshua Meyrowitz vermerkte bereits 1985 für tragbare elektronische Medien eine Privatisierung des Erfahrungsraums, die gerade durch eine Aufhebung der Partikularität einer Situation hervorgerufen wird.

> Electronic media destroy the specialness of place and time. Television, radio, and telephone turn once private places into more public ones by making them more accessible to the outside world. And car stereos, wrist-watch televisions, and personal sound systems such as the Sony »Walkman« make public spaces private. Through such media, what is happening almost anywhere can be happening wherever we are. Yet when we are everywhere, we are also no place in particular.[13]

Das Internet und damit verbundene Assistenzsysteme werden in Zukunft integraler Bestandteil vieler Alltagshandlungen sein wie man auch selber integraler Bestandteil der interaktiven Informationstechniken sein wird.[14] Man kommuniziert und bewegt sich also selber innerhalb des Scheinvertrauten, dessen man sich nur in den seltensten Fällen

12 Anders, Welt als Phantom und Matrize, 124f.

13 Joshua Meyrowitz, No Sense of Place. The Impact of Electronic Media on Social Behavior, New York/Oxford 1985, 125.

14 Vgl. dazu das Zukunftsszenario Google Epic 2015 (http://media.aperto.de/google_epic2015_de.html).

örtlich versichern wird beziehungsweise versichern kann. Der Ort aber hat eine eigene Erfahrungsqualität, er ist – wie bereits ausgeführt wurde – ein Teilbereich einer gegenständlichen Umgebung, der mit bestimmten kulturellen, traditionellen oder individuellen Bedeutungen versehen ist. Ein Ort entfaltet durch seinen unmittelbaren Eindruck und seine umfassende sinnliche Präsenz eine besondere Wirkmächtigkeit. Viele ästhetische Theorien haben sich mit den Einwirkungen der äußeren Umgebung auf die Verfassung des Menschen als sinnlich-leiblicher Existenz beschäftigt.[15] Gernot Böhme etwa hat im Zusammenhang eines Konzeptes zur Naturästhetik die Abhängigkeit der menschlichen Befindlichkeit von bestimmten Anmutungsqualitäten (die sich wiederum in Atmosphären vermitteln), betont:

> Dabei ist von Bedeutung, dass Atmosphären etwas zwischen Subjekt und Objekt sind, nämlich ihre gemeinsame Wirklichkeit. Sie werden erfahren in affektiver Betroffenheit, d.h. in der eigenen Befindlichkeit, haben aber jeweils einen Charakter bzw. eine charakteristische Weise, in der sie uns anmuten.[16]

Die Wirklichkeit eines Ortes hat ihren besonderen Stellenwert in der Erfahrung der spezifischen Anmutungs- und Umgebungsqualitäten[17] einer gegenständlichen Präsenz. Diese Besonderheit unterscheidet sie von medialisierten Wirklichkeiten und bietet deshalb die Möglichkeit zur Wahrnehmung einer Differenzerfahrung. In Bezug auf das menschliche Erleben von Natur etwa betonen Arbeiten zur Naturästhetik den Wert der Erfahrung von Spontaneität, Unabhängigkeit und Selbstzweckhaftigkeit, die häufig als Interpretation von Naturerfahrung zu finden sind. Die Achtung dieser Erfahrung ist selbst ein Wert und hat Konsequenzen für den Umgang des Menschen mit sich selbst, den Umgang der Menschen miteinander und mit der dinglichen Welt, nicht zuletzt weil Selbstzweckhaftigkeit, Freiheit und Kreativität Selbstzuschreibungen sind, die den Begriff der Menschenwürde erst konstituieren.

Die Allgegenwart einer medienvermittelten Wirklichkeit kann zu einem Verlust der Erfahrung einer unverfügbaren oder fremden Umgebung führen, die wir letztendlich auch mit unseren Vorstellungen von Freiheit assoziieren. In diesem Erleben von Freiheit spielt die

15 In der Vergangenheit beispielsweise prominent Friedrich Schiller in den Briefen »Über die ästhetische Erziehung des Menschen«.

16 Gernot Böhme, Anmutungen, Über das Atmosphärische, Ostfildern vor Stuttgart 1998, 8.

17 Vgl. Gernot Böhme, Für eine ökologische Naturästhetik, Frankfurt am Main 1989, 30.

Erfahrung des ganz Unterschiedlichen, also der Neuerfahrung, abseits der üblichen oder konventionellen Erfahrungsweise eine bedeutende Rolle.

Eine Gesellschaft, die die Konstituierung von Individualität und Persönlichkeit in den Zusammenhang von äußeren Erfahrungswelten und sozialen Bindungen stellt, steht vor der Aufgabe, dieses »Außen« als Erfahrungsraum zu gestalten. Nur so kann gewährleistet sein, dass Individuen dem nachkommen, was der eigentliche Wert des Individuellen als Ausdruck eines radikalen Freiheitsverständnisses ist: das Vermögen zu selbstständiger, spontaner Reflexion, zu grundsätzlicher Kritik und dem Neu-Denken eingefahrener Reflexionsgrundlagen. Ressourcen von Individualität liegen nicht nur im Subjekt selbst, sondern erfordern auch die mögliche Freiheit von einem omnipräsenten informationstechnisch vorstrukturierten Erfahrungsraum.

Vor diesem Hintergrund kann konstatiert werden, dass Pluralität nicht nur auf Ebene der Meinungsbildung gefordert ist, sondern ebenso auf einer höherstufigen Ebene eine Pluralität der Erfahrungsweisen an sich. Es steht außer Frage, dass ein Kontext, der von hoher Medienpräsenz geprägt ist anders wahrgenommen wird, als ein davon unberührter. Zu der unterschiedlichen Anmutungsqualität einer von Informationstechnik freien (IT-freien)[18] Umgebung trägt unter anderem die Abgeschlossenheit, die Beschränkung auf die lokale Situation und ihre spezifische Ausstrahlung bei. Die Negation von Massenmedien wie auch interaktiven Netzmedien verspricht die Abwesenheit von Kontrollmöglichkeiten, von Medienöffentlichkeit und der spezifischen Zweckrationalität von IT-Anwendungen und Mediensystemen. In Parallele zu bestimmten Argumentationsformen ästhetischer Theorien könnte eine IT-freie Umgebung Werte wie Spontaneität, Unabhängigkeit, Zweckfreiheit vermitteln. Individuelle Freiheit versteht sich hier als Möglichkeit zur Wahrnehmung einer Alternative zu einer allgegenwärtigen Organisation und Kommunikation nach Prinzipien der Informationstechnik. Darüber hinaus verspricht die Erfahrung eines radikalen Rückzugs von den vielen verschiedenen Formen von Medienöffentlichkeiten letztendlich eine Bereicherung von Öffentlichkeit in ihrer Funktion der Erkenntnissicherung. »Eine gemeinsame Welt verschwindet, wenn sie nur noch unter einem Aspekt gesehen wird; sie existiert überhaupt nur in der Vielfalt ihrer Perspektiven«, hält Hannah Arendt fest, nachdem sie vorher erläutert hat, dass eine Verständigung über das »Objektive« (als intersubjektiv gesichertem Wissen) nur dann

18 Informations- und Kommunikationstechnik soll hier als Überbegriff für Medientechniken im engeren Sinne dienen.

stattfinden kann, wenn die Dinge in der Differenz ihrer Erscheinungsformen erkannt werden können.[19]

Unter diesen Voraussetzungen steht es daher in Frage, ob eine Technik von solch hohem Einfluss auf die menschliche Fremd- und Selbstwahrnehmung, sowohl in sämtlichen Lebensbereichen als auch in der Fläche umfassend präsent sein muss. Mit den Forderungen nach einem Recht auf *kommunikative* Selbstbestimmung[20] existieren bereits Ansätze, um einer vermeintlichen Unvermeidlichkeit der Mediennutzung entgegen zu steuern. Das Recht auf kommunikative Selbstbestimmung basiert auf dem Recht auf eine freie Entfaltung der Persönlichkeit. Es ist das Recht des oder der Einzelnen, selbst zu bestimmen, ob, wann, über was und mit wem er oder sie kommunizieren will.[21] Bei diesem Recht geht es auch um den Schutz der wesentlichen Voraussetzungen von Handlungsfreiheit überhaupt.[22] Damit ist nicht nur wie im Fall der *informationellen* Selbstbestimmung die Freiheit gegeben, über die eigenen Daten zu verfügen, sondern auch die Freiheit, sich fremder Kommunikation zu verweigern. Das Recht auf freie Entfaltung der Persönlichkeit schützt nicht nur die positive Handlungsfreiheit, sondern auch das Unterlassen, das die Freiheit seiner Entfaltung begründet.[23] Der Rechtswissenschaftler Alexander Roßnagel folgert aus diesem Grund:

19 Arendt, Vita Activa, 57.

20 Vgl. Alexander Roßnagel, Das Recht auf (tele-)kommunikative Selbstbestimmung, *Kritische Justiz* 1990, 257–289.

21 Vgl. ebd., 283.

22 Vgl. ebd., 280. Vgl. im Zusammenhang einer Wertethik, wie sie bei Hubig ausgeführt wurde, auch die Unterscheidung zwischen Options- und Vermächtniswerten, die die Freiheit der Kommunikationsgestaltung wie auch die Möglichkeit zu ihrer Verweigerung auf beiden Ebenen gerechtfertigt sähe. Optionswerte beziehen sich auf die künftige Verfügbarkeit eines Gutes (z. B. die Möglichkeit zur informationellen Selbstbestimmung), es handelt sich also um solche Handlungsorientierungen, die »dem Handeln die Zukunftsfähigkeit garantieren«. Bei der Orientierung an Vermächtniswerten als Werthaltungen geht es um den Erhalt von Kompetenzen (die zum Beispiel in einem engen Zusammenhang mit einer gelingenden Identitätsausbildung in medialisierten Lebenswelten stehen), also um die Fähigkeit des handelnden Subjekts, sich seiner selbst bewusst zu sein und bewusst seine Prioritäten zu setzen (vgl. Christoph Hubig, Technikbewertung auf der Basis einer Institutionenethik, in: Hans Lenk/Günter Ropohl (Hg.), Technik und Ethik, 2. Aufl. Stuttgart 1993, 282–310, 296ff.). Zur Begründung moralischer Rechte aus dem Prinzip der Handlungsfähigkeit insgesamt vgl. Alan Gewirth, Reason and Morality, Chicago/London 1978.

23 Vgl. Roßnagel, Das Recht auf (tele-)kommunikative Selbstbestimmung, 274.

»Niemandem darf ... gegen seinen Willen eine Kommunikationssituation aufgenötigt werden«.[24]

Mit der Schaffung IT-freier Bereiche erfährt dieser Grundsatz eine positive Erweiterung, der von dem Druck einer allgegenwärtigen Erreichbarkeit entlastet und Selbstentfaltung um die Perspektive einer selbstständigen Vergegenwärtigung sozialer und gegenständlicher Kontexte erweitert. Wenn auch das Zurückdrängen der oftmals nützlichen und hilfreichen elektronischen Kommunikation aus der alltäglichen Umgebung unbegründet und illusionär erscheint, so gibt es doch gute Gründe für die gedankliche wie auch die praktische Einrichtung von IT-freien Gebieten. Die *Idee* von IT-freien Zonen dient als kontrafaktische Orientierungshilfe und als Gedankenexperiment zur Erweiterung der Vorstellungskraft in der Erfahrung von Wirklichkeiten.[25] Darüber hinaus erfährt die Möglichkeit zur Kommunikationsverweigerung einen symbolischen Ausdruck, der Selbstbestimmungsinteressen und Diskurse zu artikulieren hilft.[26] *Konkret* können IT-freie Zonen auf individueller Ebene temporär (keine Nutzung für einen bestimmten Zeitraum) oder lokal (es sind keine entsprechenden Technologien vorhanden) eingerichtet werden. Solche Versuche zur Kompensation medientechnischer Totalisierungstendenzen sind auch in öffentlichen Kontexten fruchtbar zu machen. Auf gesellschaftlicher Ebene und auf größerem Raum könnten IT-freie Zonen ähnlich wie Naturreservate ein anderes Erlebnis, eine ästhetische Bereicherung (eventuell mit ethischen Implikationen) der Erfahrung, bieten. Warum sollte nicht auch das Erleben einer IT-freien Umgebung – ähnlich wie Naturerfahrung[27] – zum Beispiel als notwendiger Bestandteil eines Entwurfs vom guten Leben betrachtet werden können? Auch wenn solche »Reservate« nicht für eine Mehrheit der Bevölkerung wünschbar und wichtig wären, so könnten sie doch, wie auch die Refugien der so genannten Hochkultur,[28] ein schützenswerter Beitrag zur Pluralität und Alternität menschlicher Erfahrung sein.

Die Pluralität der Erfahrungsweisen, Informations- und Meinungs-

24 Ebd., 284.

25 Vgl. Jessica Heesen, Universalisation, Totality and ICT, or: Are there any reasons for demanding ICT-free areas?, *IRIE. International Review of Information Ethics* 2/2004, (http://www.i-r-i-e.net).

26 Eine ähnliche Funktion hatte die Schaffung atomwaffenfreier Zonen in den 1980er Jahren.

27 Vgl. Konrad Ott, Ökologie und Ethik. Ein Versuch praktischer Philosophie, Tübingen 1993, 175 ff.

28 Zur Analogie in der Argumentation für Naturreservate und Museen/Theatern vgl. Ott, Ökologie und Ethik, 177.

vielfalt sind notwendige Voraussetzungen zur Pflege der menschlichen Identität, insofern sie auf dem Bild vom selbstbestimmungsfähigen Subjekt beruht. Dabei geht es nicht darum, im Sinne einer Entfremdungstheorie die Medienerfahrung als Ganze zu negieren, denn wie gezeigt wurde, entfalten mediale Umwelten eigene Wirklichkeiten, die normativ so ambivalent sind wie andere soziale Kontexte. Es geht jedoch darum, informationstechnischen Totalisierungstendenzen durch differente Reflexionsperspektiven zu begegnen, die eine Vergegenwärtigung der medialen Herstellungen von Wirklichkeiten, das heißt der Selektion, Modifikation und Selbstreferenzialität, überhaupt erst möglich macht.

4.2. Eine freiheitliche Individualisierung braucht Öffentlichkeit

Die Pflege der Meinungsäußerungsfreiheit ist Grundlage der Informations- und Medienethik wie auch Voraussetzung zum Erhalt der Entscheidungs- und Handlungsfreiheit. Der Meinungsäußerungsfreiheit korrespondiert auf gleicher Ebene das Recht auf Informationsfreiheit. Das Internet unterstützt aufgrund seiner Pluralität und seiner einfachen Möglichkeiten zur Bereitstellung und zum Empfang von Informationen die Informationsfreiheit. Massenmedien, die durch einen Funktionsauftrag gebunden sind, empfehlen sich jedoch weiterhin als Forum des allgemeinen und öffentlichen Meinungsstreits. Themenselektion, Allgemeinverständlichkeit, Interessenausgleich und institutionelle Kontrolle etwa sind Eigenschaften und Leitkriterien der Berichterstattung, die gerade komplementär zur Internetkommunikation geeignet sind, einen normativ anspruchsvollen gesellschaftlichen Diskurs in solidarischer Verantwortung hervorzubringen. Nur wenn das Internet als Medium der nicht-reglementierten Medienproduktion Bestand hat, werden seine Potenziale für die bürgerschaftliche Willensbildung und die Ausbildung von Identitäten ausgeschöpft. Medienfreiheit und der emanzipatorische Anspruch der interaktiven Mediennutzung lassen sich nur dann einlösen, wenn Individualisierung konzeptionell mit institutionell abgesicherten Formen der Differenzwahrung verbunden ist.

Honneth charakterisiert *Autonomisierung* als die Vorgänge »durch die Individuen dazu befähigt werden, mit vorgegebenen Handlungsalternativen auf eine reflektierte, selbstbewußte Weise umzugehen«.[29]

29 Honneth, Desintegration, 25.

Handlungsfreiheit als Ermöglichungsgrund individueller Selbstbestimmung ist, in einer groben Bestimmung, dann gegeben, wenn für das individuelle und kollektive Handeln ein größtmöglicher Entscheidungsraum gegeben ist. Eine der bedeutendsten Strategien zur Erhaltung und Ausweitung dieses Entscheidungspotenzials ist die Pflege der *Meinungsäußerungsfreiheit*. Die Meinungsäußerungsfreiheit wurde zu Beginn dieser Arbeit als normative Grundlage der Informations- und Medienethik eingeführt. Als Grundrecht wird sie zurückgeführt auf das individuelle Freiheitsrecht und auf den Demokratiegedanken. Im Folgenden soll deutlich werden, warum Meinungsfreiheit auch in einem individualisierten Medium wie dem Internet nur dann positiv verwirklicht werden kann, wenn eine normative Rahmung der Internetkommunikation gegeben ist.

Meinungsfreiheit impliziert die Freiheit zur Äußerung, sonst endete sie als zynischer Verweis auf einen solipsistischen Begriff der Gedankenfreiheit. In diesem Zusammenhang ist der Kontext einer Meinungsäußerung von größter Bedeutung. Der Kontext entscheidet über die Wirkung der Äußerung und über ihre beabsichtigten und unbeabsichtigten Folgen.

Wie ist es jedoch in einer auf Pluralisierung und Spezialisierung ausgelegten Medienlandschaft zu gewährleisten, dass zumindest Meinungsäußerungen, die die Allgemeinheit im Sinne der res publica betreffen öffentliche Aufmerksamkeit finden? Folgt aus den neu gewonnenen Möglichkeiten zur medialen Meinungsäußerung auch ein Anspruch auf öffentliche Wahrnehmung? Diese Frage muss selbstredend abschlägig beantwortet werden.[30] Ansprüche auf öffentliche Aufmerksamkeit für sämtliche individuellen Meinungsäußerungen könnten schon allein aus praktischen Gründen nicht umgesetzt werden. Zur Sicherung eines offenen demokratischen Diskurses ist die Erfüllung dieses Anspruches jedoch auch nicht notwendig. Wichtiger ist auf individueller Ebene die Einlösung eines der Meinungsfreiheit korrespondierenden Rechts, dem Recht auf *Informationsfreiheit*. Die »Freiheit, sich aus allgemein zugänglichen Quellen zu informieren«[31], findet im Internet ihre medientechnische Entsprechung. Für die Vielfalt des Angebots ist im Unterschied zu den herkömmlichen Massenmedien die aktive Leistung der Nutzerinnen und Nutzer in der Rezeption und Bereitstellung der Information ausschlaggebend. Gerade diese individualisierte Nutzungsweise der interaktiven Medien wiederum ist jedoch der Grund für eine

30 Vgl. Herzog, Grundgesetzkommentar Abs. I, II Art. 5, Rn. 64 »Kein Recht auf Ermöglichung der Meinungsäußerung durch den Staat«, und ff.

31 GG Abs. I, II Art. 5.

bessere Eignung der herkömmlichen Rundfunktechnik als Medium für die *Austragung* eines *allgemeinen öffentlichen* Meinungsstreits. Hörfunk und Fernsehen haben aus ihrer Entstehungsgeschichte begründet einen öffentlichen Funktionsauftrag. Sie sollen den demokratischen Diskurs heterogener Gruppen möglich machen und sind damit von vorneherein auf einen politischen Auftrag von gesamtgesellschaftlicher Relevanz festgelegt. Festgelegt sind damit auch die Bedingungen für die Herstellung einer allgemeinen, öffentlichen Kommunikation: die Breite des Themenspektrums, die Ungleichartigkeit der Kommunikationsteilnehmerinnen und -teilnehmer und vor allem: die Schaffung gleicher Informationsmöglichkeiten und ausgeglichener Artikulationsmöglichkeiten der verschiedenen gesellschaftlichen Gruppierungen. Diese Gleichheit betrifft inhaltlich solche Informationen, die für gesellschaftliche Partizipation und politische Meinungsbildung Voraussetzung sind. Im Zusammenhang der vorangegangenen Überlegungen wurde bereits darauf hingewiesen, dass ein Öffentlichkeitsbegriff, der sich allein auf eine strukturelle Komponente, nämlich der Zugänglichkeit der Kommunikation für Alle stützt, im Zeitalter der interaktiven Massenkommunikation inflationär wird. Eine öffentliche Äußerung ist nur durch eine qualitative, inhaltliche Bestimmung von einer privaten Äußerung in Öffentlichkeit zu unterscheiden. Informationen dieser Qualität müssen technisch leicht verfügbar (Bedienungsfreundlichkeit) und weitgehend unabhängig vom Bildungsniveau erschließbar sein (Laienkommunikation). Medienvermittelte Öffentlichkeit hat die Funktion, Orientierungswissen zu bieten. Aus dieser Warte zeigt eine durch Rechtsvorschriften geprägte Kommunikationsfreiheit der öffentlich-rechtlichen Rundfunkanstalten Vorteile unter der Zielvorgabe, einen Interessen- und Kompetenzenausgleich aller Kommunikationsteilnehmerinnen und -teilnehmer herzustellen.[32] Dieser gesamtgesellschaftliche Auftrag impliziert auch die *Kontrolle der Kommunikationsbedingungen durch die Allgemeinheit* zur Gewährleistung einer von Wirtschafts- und Partikularinteressen unbehinderten Kommunikation sowie zur Wahrung von Pressekodizes und Jugendschutz.

Die elektronischen Massenmedien in Form der öffentlich-rechtlichen Rundfunkanstalten sind für ihre Mitwirkung an der Entstehung

32 Zu den diesbezüglichen Vorteilen des Rundfunks gegenüber den Online-Medien vgl. Albrecht Hesse, Öffentlich-rechtlicher Rundfunk im Online-Zeitalter, *epd medien* 10. Mai 2000, Nr. 37, 3–6; sowie Raimund Hasse/Josef Wehner, Vernetzte Kommunikation. Zum Wandel strukturierter Öffentlichkeit, in: Barbara Becker/Michael Paetau (Hg.), Virtualisierung des Sozialen. Die Informationsgesellschaft zwischen Fragmentierung und Globalisierung, Frankfurt am Main/New York 1997, 53–81, 54.

politischer Öffentlichkeit und individueller Meinungsbildung aufgrund ihres Grundversorgungsauftrages und ihrer Kontrollstrukturen konzeptionell also in besonderer Weise geeignet. Sie sollen Funktionen erfüllen, die in dieser Form bei den Online-Medien nur teilweise vorzufinden sind. Das soll nicht heißen, dass politische Diskussionen im Internet nicht wichtig oder sogar überflüssig wären. Im Gegenteil sind sie eine Form von kleinen Öffentlichkeiten, die ähnlich wie die episodische Kommunikation in der Schule, auf dem Markt oder in der Kneipe einen unverzichtbaren Beitrag zur individuellen Meinungsbildung und zur Ausbildung der größeren gesellschaftlichen Öffentlichkeit leisten. Stärken dieser einfachen Kommunikationsformen wie auch der Internet-Chats sind ihre weitgehende Unreglementiertheit, ihre thematische Offenheit wie auch ihre weit reichende Unkontrollierbarkeit von Seiten politischer Regime. Sie bieten Nischen der Kommunikation, deren Potenzial auch gerade in der Autonomisierung einer allgemeineren Öffentlichkeit liegt.[33]

Trotzdem entsprechen auch die real existierenden öffentlich-rechtlichen Sender aufgrund von Werbeabhängigkeit, Qualitätsverlust und dem Aufbau von Spartenprogrammen häufig nicht den Erwartungen und gesetzlichen Vorgaben und es ist zu erwarten, dass sie bei einer weiteren Vernachlässigung ihrer Sonderrolle, den Anspruch auf besondere Wahrnehmung und Gebührenfinanzierung verlieren.

Für die Internetkommunikation hingegen sind gerade die Strukturen, die die herkömmlichen Medien mit ihrem Sender-Empfänger-Modell als Ort der öffentlichen Meinungsbildung empfehlen, wie institutionelle Anbindung, öffentliche Kontrolle oder Programmrecht nicht zu wünschen. Die Qualitäten des Internet bestehen gerade in der Abgrenzung von anderen Medientypen. In Bezug auf einen normativ anspruchsvollen öffentlichen Diskurs erweist das Internet seinen Wert vor allem parallel zu den klassischen Medien. Eine völlig individualisierte Internetkommunikation allein könnte die Herstellung einer demokratischen Öffentlichkeit nicht gewährleisten.

> ... die Aussicht darauf, daß mit Hilfe der Medien in Zukunft jeder zum Produzenten werden kann, bliebe unpolitisch und borniert, sofern diese Produktion auf individuelle Bastelei hinausliefe. [...] Die Diapositiv-Serie von der letzten Urlaubsreise kann hierfür als Muster gelten.[34]

33 Zur episodischen Kommunikation vgl. Gerhards/Neidhardt 1991, 50ff.

34 Hans Magnus Enzensberger, Baukasten zu einer Theorie der Medien, in: *Kursbuch* 20, 1970, 159–186, 179.

Zu diesem Fazit kam Hans Magnus Enzensberger 1970 in Bezug auf die individualisierte Medienproduktion mit Kleinbildkameras, Super-8-Kameras und Kurzwellensendern, und es gilt gleichermaßen für die neuen interaktiven Medien. *Mediale Öffentlichkeit als Ausdruck und Vollzug individueller und kollektiver Freiheit reflektiert notwendig auf eine solidarische Verwirklichung der Freiheitsidee:* Im Unterschied zu einem negativen Freiheitsbegriff, der darauf abzielt, die Freiheitsrechte anderer nicht zu beschneiden, bezeichnet ein solidarischer Freiheitsbegriff eine positive Pflicht zur Aufrechterhaltung der öffentlichen Kommunikation im Hinblick auf eine Gemeinwohlorientierung. Hierin steckt die eigentliche ethisch-politische Dimension der Medienfreiheit. Der Ort der solidarischen Strukturierung von Öffentlichkeit in den herkömmlichen Massenmedien war der Gesetzgeber, und damit ein öffentlich legitimiertes Organ.[35] Der Impuls zu einer solidarischen Verankerung der öffentlichen Kommunikation in den interaktiven Medien dagegen geht von den einzelnen Medienteilnehmerinnen und -teilnehmern aus.

Die Wahrnehmung individueller Freiheitsrechte im Internet steht darüber hinaus jedoch auch im Kontext einer freiheitlichen Medienordnung insgesamt. Die Integration des Internet in den öffentlichen Meinungsbildungsprozess darf nicht durch eine Angleichung der verschiedenen Medientechniken erfolgen. Die Potenziale des Internet für die bürgerschaftliche Willensbildung werden nur dann ausgeschöpft, wenn das Internet als Medium der spontanen, nicht reglementierten Medienproduktion Bestand hat. Die Freiheit des Internet bedarf an dieser Stelle einer institutionellen Absicherung, denn wie die Entwicklung der Online-Medien bislang vor Augen geführt hat, stehen die Freiheit des Marktes und die Freiheit der Medien hier einmal mehr in einem Konkurrenzverhältnis.

Vielfalt und Unabhängigkeit sind die Kriterien zur Bewertung von Medienfreiheit. Sie lassen sich nur dann herstellen, wenn der Gedanke der Individualisierung mit dem der Differenz verbunden ist. Individuelle Freiheit kann auch die Freiheit zur Einförmigkeit bedeuten. Der emanzipatorische Anspruch einer individualisierten, interaktiven Mediennutzung wird nur dann eingelöst, wenn der Vielzahl der Mediennutzer auch eine gesellschaftlich abgesicherte Vielfalt von Medienproduktionen und Medientechniken gegenübersteht.

35 Zur Bedeutung der Solidarität für die Verfassung des Staatswesens vgl. Michael Baurmann, Solidarität als soziale Norm und als Norm der Verfassung, in: Kurt Bayertz (Hg.), Solidarität: Begriff und Problem, Frankfurt am Main 1998, 345–389.

Literatur

Abromeit, Heidrun, Wozu braucht man Demokratie? Die postnationale Herausforderung der Demokratietheorie, Opladen 2002.

Adorno, Theodor W., Über Technik und Humanismus, in: Günter Ropohl/ Hans Lenk (Hg.), Technik und Ethik, Stuttgart 2. Aufl. 1993, 22-31.

Alphonso, Don/Kai Pahl (Hg.), Blogs! – Text und Form im Internet, Berlin 2004.

Anders, Günther, Die Antiquiertheit des Menschen. Bd. 1: Über die Seele im Zeitalter der zweiten industriellen Revolution. Band 2: Über die Zerstörung des Lebens im Zeitalter der dritten industriellen Revolution, München 7. Aufl. 1994.

Anderson, C. A./K. E. Dill, Video games and aggressive thoughts, feelings, and behavior in the laboratory and in life, *Journal of Personality and Social Psychology* 78/4, 2000, 772–779.

Apel, Karl-Otto, Diskurs und Verantwortung. Das Problem des Übergangs zur postkonventionellen Moral, Frankfurt am Main 1988.

ARD/ZDF Online-Studie 2001, *Media Perspektiven* 8, 2001.

ARD/ZDF Online-Studie 2007, *Media Perspektiven* 8, 2007.

Arendt, Hannah, Vita Activa, oder, Vom tätigen Leben, Stuttgart 1960.

Arens, Edmund, Die Bedeutung der Diskursethik für die Kommunikations- und Medienethik, in: Rüdiger Funiok (Hg.), Grundfragen der Kommunikationsethik. Konstanz 1996, 73-96.

Baacke, Dieter, Sprachlose Bürger? Medienkompetenz als zentrales Ziel von Medienpädagogik, in: Wolfgang Wunden (Hg.), Beiträge zur Medienethik. Bd. 2: Öffentlichkeit und Kommunikationskultur, Hamburg/ Stuttgart/Frankfurt am Main 1994, 231–243.

Baudrillard, Jean, Agonie des Realen, Berlin 1978.

Baudrillard, Jean, La guerre du golfe n'a pas lieu, Paris 1991.

Baurmann, Michael, Solidarität als soziale Norm und als Norm der Verfassung, in: Kurt Bayertz (Hg.), Solidarität: Begriff und Problem, 1998, 345–389.

Beck, Stefan, Umgang mit Technik. Kulturelle Praxen und kulturwissenschaftliche Forschungskonzepte, Berlin 1996.

Beck, Ulrich, Risikogesellschaft. Auf dem Weg in eine andere Moderne, Frankfurt am Main 1986.

Becker, Jörg, Weltweite Kommunikation: Medienimperialismus und Hybridkultur revisited, in: Johannes Müller/Michael Fleck (Hg.), Globale Solidarität durch weltweite Kommunikation? (Globale Solidarität – Schritte zu einer neuen Weltkultur, Bd. 7), Stuttgart 2002, 1–13.

Benjamin, Walter, Das Kunstwerk im Zeitalter seiner technischen Reproduzierbarkeit, in: Ders, Illuminationen. Ausgewählte Schriften 1, Frankfurt am Main 1977, 136–170.

Berger, Peter/Thomas Luckmann, Die gesellschaftliche Konstruktion der Wirklichkeit. Eine Theorie der Wissenssoziologie, Frankfurt am Main 1969.

Bergmann, Werner/Rainer Erb, Kommunikationslatenz, Moral und öffentliche Meinung. Theoretische Überlegungen zum Antisemitismus in der Bundesrepublik Deutschland, *Kölner Zeitschrift für Soziologie und Sozialpsychologie* 38/1986, 223–246.

Bickenbach, Matthias/Harun Maye, Zwischen fest und flüssig. Das Medium Internet und die Entdeckung seiner Metaphern, in: Soziologie des Internet. Handeln im elektronischen Web-Werk, Frankfurt am Main/New York 1997, 80–99.

Bieber, Christoph/Claus Leggewie, Demokratie 2.0. Wie tragen neue Medien zur demokratischen Erneuerung bei?, in: Claus Offe (Hg.), Demokratisierung der Demokratie. Diagnosen und Reformvorschläge, Frankfurt am Main 2003, 124-151.

Bockholt, Andrea u. a., ISDN – eine Technik auf dem Weg zur Allgegenwart. Sprachlich repräsentierte Leitbilder einer neuen Informations- und Kommunikationstechnik (Gesellschaft zur Förderung Arbeitsorientierter Forschung und Bildung), Frankfurt am Main 1993.

Böhme, Gernot, Anmutungen. Über das Atmosphärische, Ostfildern vor Stuttgart, 1998.

Böhme, Gernot, Für eine ökologische Naturästhetik, Frankfurt am Main 1989.

Bolter, Jay David, Turing's man. Western Culture in the computer age, London 1984.

Bonfadelli, Heinz, Die Wissenskluftforschung, in: Michael Schenk (Hg.), Medienwirkungsforschung, Tübingen 1987, 305–323.

Breidenbach, Joana/Ina Zukrigl, Tanz der Kulturen. Kulturelle Identität in einer globalisierten Welt, Reinbek 2000.

Brey, Philip, The Importance of Workplace Privacy, in: S. Hansson & E. Palm: The Ethics of Workplace Privacy, Bern u. a. 2005, 97–118.

Bundesverfassungsgericht 35, 202 (222) – Lebach 1973.

Capurro, Rafael, Das Internet und die Grenzen der Ethik. Eine neue Informationstechnik stellt sich den Ergebnissen der Medienwirkungsforschung, in: Matthias Rath (Hg.), Medienethik und Medienwirkungsforschung, Wiesbaden 2000, 105–126.

Chill, Hanni/Hermann Meyn, Funktionen der Massenmedien in der Demokratie, *Informationen zur politischen Bildung* 260/1998: Massenmedien, 3–6.

Debatin, Bernhard, Ethik und Internet. Überlegungen zur normativen Problematik von hochvernetzter Computerkommunikation, in: Beatrice Dernbach (Hg.), Publizistik im vernetzten Zeitalter. Berufe, Formen, Strukturen, Opladen 1998, 207–221.

Debatin, Bernhard, Ethische Grenzen oder Grenzen der Ethik, Überlegungen zur Steuerungs- und Reflexionsfunktion der Medienethik, in: G. Bentele/M. Haller (Hg.), Aktuelle Entstehung von Öffentlichkeit, Konstanz 1997, 281–290.

Debray, Régis, Für eine Mediologie, in: Claus Pias u. a. (Hg.), Kursbuch Medienkultur. Die maßgeblichen Theorien von Brecht bis Baudrillard, Stuttgart 1999, 67–77.

Debray, Régis, Manifestes médiologiques, Paris 1994.

Delhees, Karl H., Soziale Kommunikation. Psychologische Grundlagen für das Miteinander in der modernen Gesellschaft, Opladen 1994.

Dewey, John, Die Öffentlichkeit und ihre Probleme. Aus dem Amerikanischen von Wolf-Dietrich Junghanns. Hg. und mit einem Nachwort versehen von Hans-Peter Krüger, Bodenheim 1996.

Dietz, Simone, Die Legitimationsmacht der Öffentlichkeit: Die öffentliche Meinung der Mediendemokratie, in: G. Göhler (Hg.), Macht der Öffentlichkeit – Öffentlichkeit der Macht, Baden-Baden 1995, 115–133.

Döring, Nicola, Sozialpsychologie des Internet. Die Bedeutung des Internet für Kommunikationsprozesse, Identitäten, soziale Beziehungen und Gruppen, Göttingen 1999.

Donsbach, Wolfgang/Rainer Mathes, Rundfunk, in: E. Noelle-Neumann/W. Schulz/J. Wilke, Fischer Lexikon, Publizistik, Massenkommunikation, Frankfurt am Main 10.–13. Tausend Mai 1996, aktualisierte, vollständig überarbeitete Neuausgabe November 1994, 475–518.

Duden »Fremdwörterbuch« (Der Duden in 10 Bänden, Bd. 5), bearb. von Wolfgang Müller unter Mitwirkung von Rudolf Köster und Marion Trunk und weiteren Mitarbeitern der Dudenredaktion sowie zahlreichen Fachwissenschaftlern, 4. neu bearbeitete und erweiterte Aufl., Mannheim/Wien/Zürich 1982.

The Economist, June 10th, 2000, Regulating the internet. The consensus machine, 99–101.

Eder, Klaus, Öffentlichkeit und Demokratie, in: Markus Jachtenfuchs/Beate Kohler-Koch (Hg.), Europäische Integration, 2. Aufl. Opladen 2003, 85–120.

Eifert, Martin; Primatenlehre Funktionsauftrag: Funktionserfüllung als Auftrag und Aufgabe, *epd medien;* Nr.11/12, Februar 2000.

Elsner, Monika u. a., Zur Kulturgeschichte der Medien, in: Klaus Merten/Siegfried J. Schmidt/Siegfried Weischenberg (Hg.), Die Wirklichkeit der Medien. Eine Einführung in die Kommunikationswissenschaft, Opladen 1994, 163–187.

Enzensberger, Hans Magnus, Baukasten zu einer Theorie der Medien, in: *Kursbuch* 20/1970, 159–186.

Erikson, Erik H., Identity and Life Cycle. Three Essays, New York 1959.

Esposito, Elena, Veränderungen der Öffentlichkeit: Vom Ideal der Transparenz zur Wiederentdeckung des Mysteriums, in: Baacke, D./Schnatmeyer; D. (Hg.), Neue Medien – Neue Gesellschaft? (Schriften zur Medienpädagogik 25), Bielefeld 1997, 37–54.

Ess, Charles, Can the Local Reshape the Global? Ethical Imperatives for Humane Intercultural Communication Online, Paper zum Konferenzvortrag: International ICIE Congress 2004: Localizing the Internet: Ethical Issues in Intercultural Perspectives, Karlsruhe 4–6 October 2004.

Fink, Gabriele/Rudolf Kammerl, Virtuelle Identitäten. Ein Ausdruck zeitgemäßer Identitätsarbeit?, *medien praktisch. Zeitschrift für Medienpädagogik* 1/2001, 10–16.

Fleisch, Elgar/Friedemann Mattern (Hg.), Das Internet der Dinge. Ubiquitous Computing und RFID in der Praxis: Visionen, Technologien, Anwendungen, Handlungsanleitungen, Berlin/Heidelberg 2005.

Flusser, Vilém, Die Revolution der Bilder. Der Flusser-Reader zu Kommunikation, Medien und Design, Mannheim 2. Aufl. 1996.

Flusser, Vilém, Verbündelung oder Vernetzung?, in: Stefan Bollmann (Hg.), Kursbuch Neue Medien. Trends in Wirtschaft und Politik, Wissenschaft und Kultur, Mannheim 1996, 15–20.

Foucault, Michel, Die Ordnung des Diskurses, mit einem Essay von Ralf Konersmann, Frankfurt am Main 1997.

Foucault, Michel, Überwachen und Strafen. Die Geburt des Gefängnisses. Aus dem Französischen übersetzt von Walter Seitter, Frankfurt am Main 1994.

Foucault, Michel, Von der Subversion des Wissens. Herausgegeben und aus dem Französischen und Italienischen übertragen von Walter Seitter, mit einer Bibliographie der Schriften Foucaults, Frankfurt am Main 1987.

Funiok, Rüdiger (Hg.), Grundfragen der Kommunikationsethik, Konstanz 1996.

Funiok, Rüdiger/Schmälzle, Udo F./Werth, Christoph H. (Hg.), Medienethik – die Frage der Verantwortung, Bonn 1999.

Gerhards, Jürgen/Friedhelm Neidhardt, Strukturen und Funktionen moderner Öffentlichkeit: Fragestellungen und Ansätze, in: Müller-Doohm, Stefan/Klaus Neumann-Braun (Hg.), Öffentlichkeit, Kultur, Massenkommunikation. Beiträge zur Medien- und Kommunikationssoziologie (Studien zur Soziologie und Politikwissenschaft), Oldenburg 1991, 29–89.

Gewirth, Alan, Reason and Morality, Chicago/London 1978.

Gibson, William, Neuromancer, London 1984.

Giddens, Anthony, Die Konstitution der Gesellschaft. Grundzüge einer Theorie der Strukturierung. Mit einer Einführung von Hans Joas (Theorie und Gesellschaft, hg. v. Hans Joas/Claus Offe, Bd. 1), Frankfurt/New York 1995.

Goethe, Johann Wolfgang, Gedenkausgabe der Werke, Briefe und Gespräche. Bd. 3 (Artemis Gesamtausgabe), Zürich 1948.

Göttlich, Udo, Kritik der Medien. Reflexionsstufen kritisch-materialistischer Medientheorien am Beispiel von Leo Löwenthal und Raymond Williams, Opladen 1996.

Groebel, Jo, Zwischenruf: Präsenzelite oder die Demokratisierung der Prominenz, in: Ralph Weiß/Jo Groebel (Hg.), Privatheit im öffentlichen Raum. Medienhandeln zwischen Individualisierung und Entgrenzung, (Schriftenreihe Medienforschung der LfR, Band 43), Opladen 2002, 507–522.

Großklaus, G., Medien-Zeit, Medien-Raum. Zum Wandel der raumzeitlichen Wahrnehmung in der Moderne, Frankfurt am Main 1995.

Grossman, Lawrence K., The Electronic Republic. Reshaping Democracy in the Information Age, New York/London 1995.

Habermas, Jürgen, Anerkennungskämpfe im demokratischen Rechtsstaat, in: Charles Taylor, Multikulturalismus und die Politik der Anerkennung. Mit Kommentaren von Amy Gutmann (Hg.), Steven C. Rockefeller, Michael Walzer, Susan Wolf. Mit einem Beitrag von Jürgen Habermas, Frankfurt am Main 1993, 147–196.

Habermas, Jürgen, Erkenntnis und Interesse. Mit einem neuen Nachwort, Frankfurt am Main 1973.

Habermas, Jürgen, Ist der Herzschlag der Revolution zum Stillstand gekommen? Volkssouveränität als Verfahren. Ein normativer Begriff der Öffentlichkeit?, in: Forum für Philosophie Bad Homburg (Hg.), Die Ideen von 1789 in der deutschen Rezeption, Frankfurt am Main 1989, 7–37.

Habermas, Jürgen, Erläuterungen zum Begriff des kommunikativen Handelns (1982), in: Ders., Vorstudien und Ergänzungen zur Theorie des kommunikativen Handelns, Frankfurt am Main 2. Aufl. 1986, 571–606.

Habermas, Jürgen, Moralbewußtsein und kommunikatives Handeln, Frankfurt am Main 1983.

Habermas, Jürgen, Strukturwandel der Öffentlichkeit. Untersuchungen zu einer Kategorie der bürgerlichen Gesellschaft. Mit einem Vorwort zur Neuauflage 1990, Frankfurt am Main 5. Aufl. 1996.

Habermas, Jürgen, Technik und Wissenschaft als »Ideologie«, Frankfurt am Main 1968.

Habermas, Jürgen, Theorie des kommunikativen Handelns. Bd. 1: Handlungsrationalität und gesellschaftliche Rationalisierung, Frankfurt am Main 2. Aufl. 1997.

Habermas, Jürgen, Theorie des kommunikativen Handelns. Bd. 2: Zur Kritik der funktionalistischen Vernunft, Frankfurt am Main 1997.

Handel, Ulrike, Die Fragmentierung des Medienpublikums. Bestandsaufnahme und empirische Untersuchung eines Phänomens der Mediennutzung und seiner Determinanten, Wiesbaden 2000.

Haraway, Donna, Ein Manifest für Cyborgs. Feminismus im Streit mit den Technowissenschaften, in: Donna Haraway, Die Neuerfindung der Natur. Primaten, Cyborgs und Frauen, hg. und eingeleitet von Carmen Hammer und Immanuel Stiess, Frankfurt/New York 1995, 33–72.

Hasse, Raimund/Josef Wehner, Vernetzte Kommunikation. Zum Wandel strukturierter Öffentlichkeit, in: B. Becker/M. Paetau, (Hg.), Virtualisierung des Sozialen. Die Informationsgesellschaft zwischen Fragmentierung und Globalisierung, Frankfurt am Main/New York 1997, 53–81.

Hausmanninger, Thomas, Angriff der Kontrolleure. Teil 1. Welche Ethik braucht das Internet? *medien praktisch* 2/2001, 48–53, Teil 2. Wege zu Ethiken für das Internet, *medien praktisch* 3/2001, 55–58.

Hausmanninger, Thomas/Thomas Bohrmann (Hg.), Mediale Gewalt. Interdisziplinäre und ethische Pespektiven, München 2002; Michael Kunczik, Gewalt und Medien, 4., aktualisierte Aufl. Köln u.a. 1998.

Heesen, Jessica, Technik als Mission: Wie Vereinte Nationen und G8 die digitale Spaltung überwinden wollen, in: Rupert M. Scheule/Rafael Capurro/Thomas Hausmanninger (Hg.), Vernetzt gespalten. Der Digital Divide in ethischer Perspektive (Schriftenreihe des ICIE, Bd. 3), München 2004.

Heesen, Jessica, Ethik und Ethos der privaten Homepage, in: Thomas Hausmanninger (Hg.), Handeln im Netz. Bereichsethik und Jugendschutz im Internet (Schriftenreihe des ICIE, Bd. 2), München 2003, 131–150.

Heesen, Jessica, Medienethik, in: Marcus Düwell/Christoph Hübenthal/Micha H. Werner (Hg.), Handbuch Ethik, 2. Aufl. Stuttgart 2006, 263–268.

Heesen, Jessica, Individuelle Freiheitsrechte als Grundlage einer Ethik des Internet, in: Thomas Hausmanninger/Rafael Capurro (Hg.), Netzethik. Grundlegungsfragen der Internetethik (Schriftenreihe des ICIE, Bd. 1), München 2002, 163–180.

Heesen, Jessica, Medienrealitäten – Ansätze der Ethik, *Ethik und Unterricht* 2/2002, 20–23.

Heesen, Jessica, Ubiquitous Computing als subjektzentrierte Technikvision, in: Alfons Bora/Michael Decker/Armin Grunwald/Ortwin Renn (Hg.), Technik in einer fragilen Welt. Die Rolle der Technikfolgenabschätzung, Berlin 2005, 183–192.

Hellige, Hans Dieter, Technikleitbilder als Analyse-, Bewertungs- und Steuerungsinstrumente: Eine Bestandsaufnahme aus informatik- und computerhistorischer Sicht, in: Ders. (Hg.), Technikleitbilder auf dem Prüfstand. Leitbild-Assessment aus Sicht der Informatik- und Computergeschichte, Berlin 1996, 15–39.

Herzog, Roman, Artikel 5 GG, in: T. Maunz/G. Dürig/R. Herzog, Kommentar zum Grundgesetz. München: Beck.

Hesse, Albrecht, Öffentlich-rechtlicher Rundfunk im Online-Zeitalter, *epd medien,* 10. Mai 2000, Nr. 37, 3–6.

Heuser, Uwe Jean, Tausend Welten. Die Auflösung der Gesellschaft im digitalen Zeitalter, Berlin 1996.

Hofmann, Jeanette, Verfahren der Willensbildung und Selbstverwaltung im Internet – Das Beispiel ICANN und die AT-Large-Membership. Studie Wissenschaftszentrum Berlin für Sozialforschung (WZB) 2002.

Höffe, Otfried, Demokratie im Zeitalter der Globalisierung, München 1999.

Hohendahl, Peter Uwe (Hg.) unter Mitarbeit von Russell A. Berman, Karen Kenkel und Arthur Strum, Öffentlichkeit. Geschichte eines kritischen Begriffs, Stuttgart/Weimar 2000.

Holderegger, Adrian (Hg.), Kommunikations- und Medienethik. Interdisziplinäre Perspektiven Freiburg (Schw.)/Freiburg i. Br. 2. Aufl. 1999 (zuerst: Ethik der Medienkommunikation 1992).

Holtz-Bacha, Christina/W. Peiser, Verlieren die Massenmedien ihre Integrationsfunktion?, in: Patrick Rössler/Uwe Hasebrink (Hg.), Publikumsbindungen, München 1999, 41–53.

Honneth, Axel, Desintegration. Bruchstücke einer soziologischen Zeitdiagnose, Frankfurt am Main 2. Aufl. 1995.

Horkheimer, Max/Theodor W. Adorno, Dialektik der Aufklärung. Philosophische Fragmente, darin, Kulturindustrie. Aufklärung als Massenbetrug, Frankfurt am Main 1993, 128–176.

Hubig, Christoph, Mittel, Bielefeld 2002.

Hubig, Christoph, Das Spannungsfeld zwischen Risiko, Angst und Vertrauen, in: J. Eberspächer (Hg.), Vertrauenswürdige Telekommunikation (Forum Telekommunikation, Bd. 14), Heidelberg 1999, 131–143.

Hubig, Christoph, Technikbewertung auf der Basis einer Institutionenethik, in: Hans Lenk/Günter Ropohl (Hg.), Technik und Ethik, 2. Aufl. Stuttgart 1993, 282–310.

Hubig, Christoph, Wirklichkeiten und Virtualitäten. Vertrauensverluste auf dem Wege der Informations- zur Wissensgesellschaft, in: Jahrbuch Arbeit und Technik, 1999/2000, Bonn, 251–261.

Hubig, Christoph, Wirklichkeitsverengung oder Wirklichkeitserweiterung? Über Kompetenzverluste und ihre Kompensation in der Wissensgesellschaft, in: Colloque/Kolloquium: Du réel au virtuel? Von der realen zur virtuellen Welt? L'individu dans une nouvelle culture de communication/ Die Zukunft des Einzelnen in der neuen Kommunikationskultur, 15 et 16 mai 2000, Bâtiment Jean Monnet, Luxembourg, Luxemburg 2000.

Innis, Harold Adams, The bias of communication. Reproduktion der Ausgabe 1951, Toronto 1964.

Innis, Harold Adams, Empire and communications. Ed. by D. Godfrey, Victoria/Toronto 1986 (Erstauflage 1950).

Jäckel, Michael, Öffentlichkeit, Öffentliche Meinung und die Bedeutung der Medien, in: Ders., Medienwirkungen. Ein Studienbuch zur Einführung, Wiesbaden 1999, 215–248.

Jarren, Otfried/Patrick Donges, Ende der Massenkommunikation – Ende der Medienpolitik?, in: Hermann Fünfgeld/Claudia Mast (Hg.), Massenkommunikation. Ergebnisse und Perspektiven, Opladen 1997, 231–252.

Jarren, Otfried, Internet – neue Chancen für die politische Kommunikation?, *Aus Politik und Zeitgeschichte* B 40/1998, 13–21.

Jarren, Otfried/Kurt Imhof/Roger Blum (Hg.), Zerfall der Öffentlichkeit? Wiesbaden 2000.

Kant, Immanuel, Die Metaphysik der Sitten, Rechtslehre, in: Immanuel Kant. Werke VIII, Schriften zur Ethik und Religionsphilosophie 2 (Hg. von Wilhelm Weischedel), Frankfurt am Main 1956.

Karmasin, Matthias, Paradoxien der Medien. Über die Widersprüche technisch erzeugter Wirklichkeiten, Wien 2004.

Kepplinger, Hans Mathias, Die Demontage der Politik in der Informationsgesellschaft, Freiburg/München 1998.

Kepplinger, Hans Mathias/Helga Weissbecker, Negativität als Nachrichtenideologie, *Publizistik* 36/1986, 330–342.

Kettner, Matthias/Maria-Luise Schneider, Öffentlichkeit und entgrenzter politischer Handlungsraum: Der Traum von der »Weltöffentlichkeit« und die Lehren des europäischen Publizitätsproblems, in: Hauke Brunkhorst/Matthias Kettner (Hg.), Globalisierung und Demokratie. Wirtschaft, Recht, Medien, Frankfurt am Main 2000, 369–411.

Klein, Eckart, Maßstäbe für die Freiheit der öffentlichen und privaten Medien – Unter besonderer Berücksichtigung internationaler Verpflichtungen, *Die öffentliche Verwaltung* 1999/9, Heft 18, 758–766.

Koselleck, Reinhart, Kritik und Krise. Eine Studie zur Pathogenese der bürgerlichen Welt (Orbis Academicus. Geschichte der politischen Ideen in Dokumenten und Darstellungen, hg. v. Fritz Wagner), Freiburg/München 2. Aufl. 1969.

Krämer, Sybille, Subjektivität und neue Medien. Ein Kommentar zur Interaktivität, in: Mike Sandbothe/Winfried Marotzki (Hg.), Subjektivität und Öffentlichkeit. Kulturwissenschaftliche Grundlagenprobleme virtueller Welten, Köln 2000, 102–117.

Krüger, Hans-Peter, Perspektivenwechsel. Autopoiese, Moderne und Postmoderne im kommunikationsorientierten Vergleich, Berlin 1993.

Kübler, Hans-Dieter, Vom Gewaltvoyeur zum virtuellen Täter? Warum die üblichen Fragen der Gewaltforschung bei Ego-Shootern nicht ausreichen, *medien praktisch, Zeitschrift für Medienpädagogik* 1/2003, 4–12.

Lang, Gladys Engel/Kurt Lang, Einige Gedanken zu den Makro-Effekten der Massenkommunikation, in: G. Bentele/M. Rühl (Hg.), Theorien öffentlicher Kommunikation. Problemfelder, Positionen, Perspektiven (Schriftenreihe der Deutschen Gesellschaft für Publizistik- und Kommunikationswissenschaft, Bd. 19), München 1993, 257–271.

Lang, Kurt/Gladys Engel Lang, Ordeal by Debate: Viewer Reactions, *Public Opinion Quarterly* 25/1961, 277–288.

Leggewie, Claus/Christoph Bieber, Interaktivität – Soziale Emergenzen im Cyberspace?, in: Dies. (Hg.), Interaktivität. Ein transdisziplinärer Schlüsselbegriff (Interaktiva. Schriftenreihe des Zentrums für Medien und Interaktivität, hg. von Christoph Bieber/Claus Leggewie/Henning Lobin), Frankfurt am Main/New York 2004, 7–15.

Lévy, Pierre, Collective intelligence. Mankind's emerging world in cyberspace, übs. v. R. Bononno, London 1997.

Löffler, Martin/Reinhart Ricker, Handbuch des Presserechts. Begründet von Martin Löffler/Reinhart Ricker. 3., neu bearbeitete Auflage, bearbeitet von Reinhart Ricker, München 1994.

Luhmann, Niklas, Gesellschaftliche Komplexität und öffentliche Meinung, in: Soziologische Aufklärung 5. Konstruktivistische Perspektiven, Opladen 1990, 170 -183.

Luhmann, Niklas, Die Realität der Massenmedien, Opladen 2. Aufl. 1996.

Luhmann, Niklas, Vertrauen. Ein Mechanismus der Reduktion sozialer Komplexität, 3. Aufl. Stuttgart 1989.

Machilek, Franz/Astrid Schütz/Bernd Marcus, Selbstdarsteller oder Menschen wie du und ich? Intentionen und Persönlichkeitsmerkmale von Homepagebesitzer/inne/n, *Zeitschrift für Medienpsychologie* 16 (N.F.4) 3, 2004, 88–98.

MacIntyre, Alasdair, Der Verlust der Tugend. Zur moralischen Krise der Gegenwart (Theorie und Gesellschaft, Bd. 5), Frankfurt am Main/New York 1987.

Mahrenholz, Ernst Gottfried, Medien und Macht. Wie sichern wir Pluralismus und Transparenz?, in: Wolfgang Wunden (Hg.), Beiträge zur Medienethik. Bd. 2: Öffentlichkeit und Kommunikationskultur, Hamburg u. a. 1994, 41–50.

Marz, Lutz/Meinolf Dierkes, Leitbildprägung und Leitbildgestaltung. Zum Beitrag der Technikgenese-Forschung für eine prospektive Technikfolgen-Regulierung, Veröffentlichungsreihe der Abteilung Organisation und Technikgenese des Forschungsschwerpunkts Technik-Arbeit-Umwelt des Wissenschaftszentrums Berlin für Sozialforschung (WZB), FS II, 92-105.

Marz, Lutz/Meinolf Dierkes, Leitbildprägung und Leitbildgestaltung (Zum Beitrag der Technikgenese-Forschung für eine prospektive Technikfolgen-Regulierung), in: Gotthard Bechmann/Thomas Petermann (Hg.), Interdisziplinäre Technikforschung. Genese, Folgen, Diskurs, Frankfurt am Main/New York 1994, 35–72.

McLuhan, Marshall, Die magischen Kanäle, Frankfurt am Main 1970 (engl.: Understanding media. The extensions of man).

McQuail, Denis, Mass Communication Theory. An Introduction, London/Thousand Oaks/New Delhi, 3. Aufl. 1987.

Mead, George Herbert, Mind, self and society, Chicago/London 1934.

Melzer, Arthur M., The Natural Goodness of Man: On the System of Rousseau's Thougt, Chicago 1990.

Merten, Klaus, Medienwirkungen, in: Ders./Siegfried J. Schmidt/Siegfried

Weischenberg (Hg.), Die Wirklichkeit der Medien. Einführung in die Kommunikationswissenschaft, Opladen 1994, 291–328.

Mettler-Meibom, Barbara, Wie kommt es zur Zerstörung zwischenmenschlicher Kommunikation? Überlegungen über längerfristige Tendenzen und die Anwendung von Computern, in: Werner Rammert (Hg.), Computerwelten – Alltagswelten. Wie verändert der Computer die soziale Wirklichkeit? (Sozialverträgliche Technikgestaltung, Bd. 7), Opladen 1990, 65–91.

Meyrowitz, Joshua, Die Fernsehgesellschaft. Wirklichkeit und Identität im Medienzeitalter, übs. v. Michaela Huber, Weinheim 1987.

Meyrowitz, Joshua, No Sense of Place. The Impact of Electronic Media on Social Behavior, New York/Oxford 1985.

Meyrowitz, Joshua, Post-Privacy America, in: Ralph Weiß/Jo Groebel (Hg.), Privatheit im öffentlichen Raum. Medienhandeln zwischen Individualisierung und Entgrenzung (Schriftenreihe Medienforschung der LfR, Bd. 43), Opladen 2002, 153–206.

Müller, Klaus-Detlef (Hg.), Bertolt Brecht. Epoche – Werk – Wirkung. Von Jörg-Wilhelm Joost, Klaus-Detlef Müller und Michael Voges, München 1995.

Müller-Doohm, Stefan/Klaus Neumann-Braun, Öffentlichkeit, Kultur, Massenkommunikation – Bezugspunkte für die Aktualisierung der Medien- und Kommunikationssoziologie, in: Dies. (Hg.), Öffentlichkeit, Kultur, Massenkommunikation. Beiträge zur Medien- und Kommunikationssoziologie (Studien zur Soziologie und Politikwissenschaft), Oldenburg 1991, 7–29.

Münker, Stefan, Was heißt eigentlich: »Virtuelle Realität«?, in: Ders./Alexander Roesler (Hg.), Mythos Internet, Frankfurt am Main 1997, 108–131.

Nagenborg, Michael, Privatheit unter den Rahmenbedingungen der IuK-Technologien. Ein Beitrag zur Informationsethik, mit einem Vorwort von Helmut F. Spinner (Studien zur Wissensordnung, Band 3), Wiesbaden 2005.

Negroponte, Nicolas, Being Digital, London 1995.

Neidhardt, Friedhelm, Jenseits des Palavers. Funktionen politischer Öffentlichkeit, in: Wolfgang Wunden (Hg.), Beiträge zur Medienethik. Bd. 2: Öffentlichkeit und Kommunikationskultur, Hamburg u. a. 1994, 19–31.

Noelle-Neumann, Elisabeth, Wirkung der Massenmedien auf die Meinungsbildung, in: Dies./W. Schulz, W./J. Wilke, Fischer Lexikon, Publizistik, Massenkommunikation, Frankfurt am Main 10.–13. Tausend Mai 1996, aktualisierte, vollständig überarbeitete Neuausgabe November 1994, 518–571.

Noelle-Neumann, Elisabeth, Öffentliche Meinung, in: Dies./Winfried Schulz/Jürgen Wilke (Hg.), Fischer Lexikon Publizistik, Massenkommunikation, Frankfurt am Main, aktualisierte, vollständig überarbeitete Neuausgabe 1994, 366 -382.

Nohlen, Dieter (Hg.), Wörterbuch Staat und Politik, München 1991.

Ott, Konrad, Ökologie und Ethik. Ein Versuch praktischer Philosophie, Tübingen 1993.

Paetau, Michael, Sozialität in virtuellen Räumen?, in: Barbara Becker/Michael Paetau (Hg.), Virtualisierung des Sozialen. Die Informationsgesellschaft zwischen Fragmentierung und Globalisierung, Frankfurt am Main/New York 1997, 103–134.

Phillips, David J., From Privacy to Visibility. Context, Identity, and Power in Ubiquitous Computing Environments, *Social Text* 83, Vol. 23, No. 2, 2005, 95–108.

Phillips, David J., Negotiating the Digital Closet. Online pseudonymity and the politics of sexual identity, *Information, Communication & Society* 5/3, 2002, 406–424.

Pias, Claus u. a. (Hg.), Kursbuch Medienkultur. Die maßgeblichen Theorien von Brecht bis Baudrillard, Stuttgart 1999.

Poser, Hans u. a., Algorithmus und Unsicherheit, in: Rainer Mackensen (Hg.), Konstruktionshandeln. Nicht-technische Determinanten des Konstruierens bei zunehmendem CAD-Einsatz, München/Wien 1997, 83–152.

Postman, Neil, Wir amüsieren uns zu Tode. Urteilsbildung im Zeitalter der Unterhaltungsindustrie, Frankfurt am Main 1988.

Powell, Walter W., Weder Markt noch Hierarchie: Netzwerkartige Organisationsformen, in: Patrick Kenis/Volker Schneider (Hg.), Organisation und Netzwerk. Institutionelle Steuerung in Wirtschaft und Politik (Europäisches Zentrum Wien: Wohlfahrtspolitik und Sozialforschung, hg. v. Bernd Marin, Bd. 2), Frankfurt am Main/New York 1996, 213–272.

Pressekodex. Vom Deutschen Presserat in Zusammenarbeit mit den Presseverbänden beschlossen und Bundespräsident Gustav W. Heinemann am 12. Dezember 1973 in Bonn überreicht. In der Fassung vom 2. 3. 2005.

Rath, Matthias (Hg.), Medienethik und Medienwirkungsforschung, Wiesbaden 2000.

Raulet, Gérard, Die Modernität der ›Gemeinschaft‹, in: Micha Brumlik, Hauke Brunkhorst (Hg.), Gemeinschaft und Gerechtigkeit, Frankfurt am Main 1993, 72–97.

Reiman, J., Driving to the Panopticon: A Philosophical Exploration of the Risks to Privacy Posed by the Information Technology of the Future, in: Beate Rössler (Hg.), Privacies. Philosophical Evaluations, Stanford 2004, 194–214.

Rheingold, Howard, Die Zukunft der Demokratie und die vier Prinzipien der Computerkommunikation, in: Stefan Bollman (Hg.), Kursbuch Neue Medien. Trends in Wirtschaft und Politik, Wissenschaft und Kultur, Mannheim 2. Aufl. 1996, 189–198.

Ricker, Reinhardt/Peter Schiwy. Unter Mitw. von Hans-Joachim Schütz, Joachim Krech, Friedrich Müller-Malm, Rundfunkverfassungsrecht, München 1997.

Riehm Ulrich/Bernd Wingert, Multimedia – Mythen, Chancen und Herausforderungen, Mannheim 1995.

Rifkin, Jeremy, The Age of Access, New York 2000.

Ritzer, George, Die McDonaldisierung der Gesellschaft, Frankfurt am Main 1995.

Röll, Franz Josef/Manuela Maurer, Medien als Mittler von Identitätskonstruktionen. Lebenswelterkundungen in der Mediengesellschaft, *medien praktisch. Zeitschrift für Medienpädagogik* 1, 2001, 26–31.

Roesler, Alexander, Bequeme Einmischung. Internet und Öffentlichkeit, in: Stefan Münker/Alexander Roesler (Hg.), Mythos Internet, Frankfurt am Main 1997, 171–192.

Rössler, Beate, Der Wert des Privaten, Frankfurt am Main 2001.

Roßnagel, Alexander, Das Recht auf (tele-)kommunikative Selbstbestimmung, *Kritische Justiz* 1990, 257–289.

Roßnagel, Alexander, Das rechtliche Konzept der Selbstbestimmung in der mobilen Gesellschaft, in: J. Taeger/A. Wiebe (Hg.), Mobilität – Telematik – Recht, Köln 2005, 53–75.

Rousseau, Jean-Jacques, Vom Gesellschaftsvertrag, oder Grundsätze des Staatsrechts. In Zusammenarbeit mit Eva Pietzcker neu übersetzt und herausgegeben von Hans Brockard, Stuttgart 1986 (ursprünglich 1762).

Scheule, Rupert M., Digitale Spaltung und Vernetzungsgerechtigkeit, in: Ders./Rafael Capurro/Thomas Hausmanninger (Hg.), Vernetzt gespalten. Der Digital Divide in ethischer Perspektive [Schriftenreihe des International Center for Information Ethics (ICIE), Bd. 3], München 2004, 121–139.

Schiwy, Peter/Walter Schütz (Hg.), Medienrecht. Lexikon für Wissenschaft und Praxis, Neuwied/Kriftel/Berlin 3. Aufl. 1994.

Schmidt, Manfred G., Demokratietheorien, Stuttgart 3. Aufl. 2000.

Schmidt, Siegfried Johannes, Kognitive Autonomie und soziale Orientierung, Frankfurt am Main 1994.

Schönberger, Klaus, The Making of the Internet. Befunde zur »Wirkung« und Bedeutung medialer Internet-Diskurse, in: Patrick Rössler (Hg.), Online-Kommunikation. Beiträge zu Nutzung und Wirkung, Opladen/Wiesbaden 1998, 65–84.

Schütz, Alfred/Thomas Luckmann, Strukturen der Lebenswelt, Band 1, Frankfurt am Main 1979.

Schulz, Winfried, Massenmedien und Realität. Die ›ptolemäische‹ und die ›kopernikanische‹ Auffassung, *Kölner Zeitschrift für Soziologie und Sozialpsychologie,* 1989, 135–149.

Schwan, Alexander, Politische Theorien des Rationalismus und der Aufklärung, in: Hans-Joachim Lieber (Hg.), Politische Theorien von der Antike bis zur Gegenwart, Bonn 1991, 157–199.

Sennett, Richard, Verfall und Ende des öffentlichen Lebens. Die Tyrannei der Intimität, Frankfurt am Main 2. Aufl. 1983.

Simmel, Georg, Soziologie. Untersuchungen über die Formen der Vergesellschaftung (Georg Simmel Gesamtausgabe, hg. v. Otthein Rammstedt, Bd. 11), Frankfurt am Main 1992.

Staab, Joachim Friedrich, Nachrichten-Theorie. Formale Struktur und empirischer Gehalt, Freiburg/München 1990.

Staatsvertrag über den Rundfunk im vereinten Deutschland (Rundfunkstaatsvertrag). Vom 31. August 1991, zuletzt geändert durch Artikel 1 des Siebten Staatsvertrags zur Änderung rundfunkrechtlicher Staatsverträge vom 23. bis 26. September 2003 (GBI. BW 2004).

Stegbauer, Christian, Grenzen virtueller Gemeinschaft. Strukturen internetbasierter Kommunikationsforen, Wiesbaden 2001.

Stock, Martin, Zwischenbilanz der Rechtsprechung zur Rundfunkregulierung: Anspruch, Wirklichkeit, Perspektiven, *Zeitschrift für Gesetzgebung* 14/1999, Sonderheft: Mediengesetzgebung – Zukunftsgestaltung oder Wettbewerbshindernis?, 5–17.

Thompson, John B., The media and modernity. A social theory of the media, Stanford: California 1995.

Tillmann, Klaus-Jürgen, Sozialisationstheorien. Eine Einführung in den Zusammenhang von Gesellschaft, Institution und Subjektwerdung, Reinbek bei Hamburg 1989.

Walzer, Michael, Die kommunitaristische Kritik am Liberalismus, in: Axel Honneth (Hg.), Kommunitarismus. Eine Debatte über die moralischen Grundlagen moderner Gesellschaften (Theorie und Gesellschaft, Bd. 26), Frankfurt am Main/New York 1993, 157–181.

Weber, Max, Idealtypus, Handlungsstruktur und Verhaltensinterpretation (Auszüge), in: Max Weber, Methodologische Schriften. Studienausgabe. Mit einer Einführung besorgt von Johannes Winckelmann, Frankfurt am Main 1968, 65–168.

Wehner, Josef, Interaktive Medien – Ende der Massenkommunikation?, *Zeitschrift für Soziologie,* Heft 2, 1997.

Weintraub, Jeff, The Theory and Politics of the Public/Private Distinction, in: Jeff Weintraub/Krishan Kumar (Hg.), Public and Private in Thought and Practice. Perspectives on a Grand Dichotomy (Moral and Society. Hg. v. Alan Wolfe), Chicago/London 1997, 1–42.

Weischenberg, Siegfried, Journalismus als soziales System, in: Klaus Merten/Siegfried J Schmidt/Siegfried Weischenberg (Hg.), Die Wirklichkeit der Medien. Eine Einführung in die Kommunikationswissenschaft, Opladen 1994, 427–454.

Weischenberg, Siegfried, Nachrichten-Schreiben 2000 plus, Leverkusen 2001.

Weiß, Ralph/Jo Groebel (Hg.), Privatheit im öffentlichen Raum. Medienhandeln zwischen Individualisierung und Entgrenzung (Schriftenreihe Medienforschung der LfR, Bd. 43), Opladen 2002.

Welsch, Wolfgang, Virtual to Begin With?, in: Mike Sandbothe/Winfried Marotzki (Hg.), Subjektivität und Öffentlichkeit. Kulturwissenschaftliche Grundlagenprobleme virtueller Welten, 25–60, Köln 2000.

Westerbarkey, Joachim, Das Geheimnis. Zur funktionalen Ambivalenz von Kommunikationsstrukturen, Opladen 1991.

Westerbarkey, Joachim, Öffentlichkeit als Funktion und Vorstellung. Versuch, eine Alltagskategorie kommunikationstheoretisch zu rehabilitieren, in: Wolfgang Wunden (Hg.), Beiträge zur Medienethik. Bd. 2: Öffentlichkeit und Kommunikationskultur, Hamburg 1994, 53–64.

Whitaker, Reg, Das Ende der Privatheit. Überwachung, Macht und soziale Kontrolle im Informationszeitalter, übs. v. Inge Leipold, München 2002.

Wiegerling, Klaus, Kultur versus Globalisierung – Zu ethischen Konsequenzen informationstechnologisch disponierter Globalisierungsstrategien, in: Rupert Scheule/Rafael Capurro/Thomas Hausmanninger, Vernetzt gespalten. Die Digital Divide in ethischer Perspektive (Schriftenreihe des ICIE, Bd. 3), München 2004, 97–110.

Wiegerling, Klaus, Medienethik, Stuttgart 1998.

Wiegerling, Klaus, Medienethik als Symbolphilosophie. Handeln im Zeitalter virtueller Welterzeugungen und Weltordnungen, in: Thomas Hausmanninger/Rafael Capurro (Hg.), Netzethik. Grundlegungsfragen der Internetethik (Schriftenreihe des ICIE, Bd. 1), München 2002, 89–105.

Williams, Raymond, Television, Technology and Cultural Form, London 1992.

Wunden, Wolfgang, Freiheitliche Medienmoral. Konzept einer systematischen Medienethik, in: R. Funiok/U.F. Schmälzle, C.H. Werth (Hg.), Medienethik – die Frage der Verantwortung, Bonn 1999, 36–56.

Internetpublikationen

Barlow, John Perry (1996), Unabhängigkeitserklärung des Cyberspace, übs. v. Stefan Münker, http://www.uni-magdeburg.de/iphi/seminare/ethik/barlow.html (Zugriff: 29.4.2008).

Bentham, Jeremy, Panopticon: or, the Inspection-House: Containing the idea of a new principle of construction applicable to penitentiary-houses, prisons, houses of industry, work-houses, poor-houses, manufactories, madhouses, hospitals, and schools. With a plan of management adapted to the principle. In a series of letters, written 1787, from Crecheff to a friend in England. Dublin, Thomas Byrne, 1791, http://cartome.org/panopticon1.htm, http://cartome.org/panopticon2.htm (Zugriff: 29.4.2008).

The European Institute for the Media »World Internet Project 2004 (WIP)«, http://www.eim.de/start.htm (Zugriff 23.2.2005).

Fanzines, http://www.zinebook.com (Zugriff 29.4.2008).

Google Epic 2015, http://media.aperto.de/google_epic2015_de.html (Zugriff 29.4.2008).

Hargittai, Eszter, Do you »google«? Understanding search engine use beyond the hype, 2004, http://www.firstmonday.org/issues/issue9_3/hargittai/index.html (Zugriff 23.9.2006).

Hauben, Ronda, Der Geburtstag des Internet. Am 1. Januar 1983 fand der Übergang vom NCP-Protokoll zum TCP/IP statt, *Telepolis. Magazin der Netzkultur* 23.1.2003, http://www.heise.de/tp/deutsch/inhalt/te/14016/1.html (Zugriff 29.4.2008).

Heesen, Jessica, Universalisation, Totality and ICT, or: Are there any reasons for demanding ICT-free areas?, *IRIE. International Review of Information Ethics* 2/2004, http://www.i-r-i-e.net/issue_2.htm (Zugriff: 29.4.2008).

Kleinwächter, Wolfgang, Darwinismus im Cyberspace, *Telepolis. Magazin der Netzkultur* 18.5.2004, http://www.heise.de/tp/r4/artikel/17/17449/1.html (Zugriff 29.4.2008).

Landesanstalt für Rundfunk NRW (LFR), Leitfaden: Medienrechtliche Aspekte von Business-TV, http://www.lfm-nrw.de/recht/satzungen/leitfaden-business/ (Zugriff 23.9.2006).

Lasica, J.D., The Promise of the Daily Me, *USC Annenberg. Online Journalism Review,* http://www.ojr.org/ojr/technology/1017778824.php (Zugriff 28.9.2004).

Lasica, J.D., Search engines and editorial integrity, www.jdlasica.com/articles/OJR-search.html (Zugriff 29.4.2008).

Leggewie, Claus, Laßt die Inhalte für sich selbst streiten! (20.4.1998), *telepolis* archiv: »Special über Internet und Politik«, http://www.heise.de/tp/deutsch/inhalt/co/2326/1.html (Zugriff 29.4.2008).

Negroponte, Nicholas, Das Internet und die Umwandlung der *Polis*. Institute for Prospective Technological Studies der Europäischen Kommission, IPTS-Report 75, Juni 2003, http://www.jrc.es/home/report/german/articles/vol75/GOV8G756.htm (Zugriff 8.4.2005).

NDR Presseportal vom 7.7.2004, »Tagesschau höchste Quote seit 20 Jahren«, http://www.presseportal.de/story.htx?nr=573799 (Zugriff 23.9.2006).

Okinawa Charter on Global Information Society, http://www.jura.uni-sb.de/archiv/FinalITCharter.html (Zugriff 29.4.2008).

Online-Journalismus, Netzseite, www.onlinejournalismus.de/forschung/journalistische_weblogs_haupttext1-2.php (Zugriff: 4.8.2004).

Pax, Salam, Weblog, http://dear_raed.blogspot.com (Zugriff 29.4.2008).

Sixtus, Mario, Medienrevolution oder Tagebücher. *Telepolis. Magazin der Netzkultur* 15.12.2003, http://www.telepolis.de/deutsch/special/med/16308/1.html (Zugriff 20.10.2004).

Supportnet, »Einladung zur Demonstration gegen Netzzensur am 6.4.2002 in Düsseldorf.« http://www.supportnet.de/stat/2002/4/id82057.asp (Zugriff 29.4.2008).

Toffler, Alvin u.a., The Magna Carta for the Knowledge Age. http://www.alamut.com/subj/ideologies/manifestos/magnaCarta.html (Zugriff 29.4.2008).

WSIS, Declaration of Principles »Building the Information Society: a global challenge in the new Millennium«, http://www.itu.int/wsis/ (Zugriff 29.4.2008).

Die Zeit, weblog, http://www.zeit.de/blogs/index (Zugriff 29.4.2008).

Zuiker, Anton, Blogging 101, last updated 2.27.2004; http://weblogs.about.com (Zugriff: 29.4.2008).

Namenregister

Sachregister